国家哲学社会科学成果文库
NATIONAL ACHIEVEMENTS LIBRARY
OF PHILOSOPHY AND SOCIAL SCIENCES

文化生产力与人类文明的跃迁

李春华 著

中国社会科学出版社

李春华 曾先后就读于东北师范大学、黑龙江大学、中国人民大学，获哲学学士、硕士、博士学位。现为中国社会科学院马克思主义研究院马克思主义原理研究部副主任、研究员。主要从事马克思主义理论、文化理论、思想政治教育研究。著有《新时期中国共产党文化创新研究》、《当前思想政治教育若干重大问题研究》等；在《光明日报》、《红旗文稿》、《马克思主义研究》等国家重要报刊发表论文多篇。

《国家哲学社会科学成果文库》
出版说明

　　为充分发挥哲学社会科学研究优秀成果和优秀人才的示范带动作用，促进我国哲学社会科学繁荣发展，全国哲学社会科学规划领导小组决定自2010年始，设立《国家哲学社会科学成果文库》，每年评审一次。入选成果经过了同行专家严格评审，代表当前相关领域学术研究的前沿水平，体现我国哲学社会科学界的学术创造力，按照"统一标识、统一封面、统一版式、统一标准"的总体要求组织出版。

全国哲学社会科学规划办公室
2011年3月

目　　录

引言 …………………………………………………………………… (1)

绪论 …………………………………………………………………… (4)
 一　研究意义 …………………………………………………… (4)
 二　思想资源 …………………………………………………… (9)
 三　分析维度 …………………………………………………… (18)

第一章　文化生产力：当代生产力发展的新形态 …………………… (27)
 第一节　文化生产力：满足人的精神文化需求的现实力量 ……… (28)
  一　文化生产力的内涵及其表现形态 ………………………… (28)
  二　文化生产力的一般特征：客观现实性 …………………… (35)
  三　文化生产力的本质特征：精神文化属性 ………………… (38)
  四　文化生产力的终极价值：满足人的精神文化需求 ……… (41)
 第二节　文化生产力：社会生产力发展的逻辑必然 ……………… (46)
  一　物质生活水平提高，文化消费日益增长 ………………… (46)
  二　劳动生产率提高，闲暇时间日益增多 …………………… (49)
  三　产业结构发生变化，第三产业迅速发展 ………………… (52)
 第三节　当代文化生产力产生的现实条件 ………………………… (56)
  一　文化生产力：经济与文化互动发展的当代范畴 ………… (56)
  二　社会化大生产和市场经济：文化生产力的依托 ………… (61)
  三　现代高科技：文化生产力的技术手段 …………………… (63)
 第四节　当代文化生产力的特征 …………………………………… (66)
  一　国际化：当代文化产业发展的重要特征 ………………… (66)

二　产业融合:当代文化产业发展的显著特征 ……………… (68)
　　三　娱乐产业:当代文化产业中最活跃的业态 ……………… (70)
　　四　数字化:当代文化生产力发展的突出特征 ……………… (72)

第二章　当代中国文化生产力的发展 ………………………………… (77)
　第一节　当代中国文化生产力的崛起 …………………………… (77)
　　一　新中国成立以来文化生产力发展的经验启示 …………… (77)
　　二　当代中国文化生产力崛起及其发展 ……………………… (80)
　　三　当代中国文化产业发展的状况 …………………………… (83)
　第二节　中国文化生产力发展的具体路径 ……………………… (90)
　　一　进一步调整文化产业布局,构建现代文化产业体系 …… (90)
　　二　进一步健全和完善文化产业的政策法规及制度机制 …… (91)
　　三　培养创新型人才,增强文化产业原创能力 ……………… (92)
　　四　把资源潜力转化为产业实力,增强我国文化产业国际
　　　　竞争力 ……………………………………………………… (94)
　第三节　文化生产力对当代中国发展的作用 …………………… (95)
　　一　日益成为支柱产业:推动社会经济的快速发展 ………… (95)
　　二　文化大发展大繁荣:建设先进文化的重要途径 ………… (97)
　　三　增强国家文化软实力:建设社会主义文化强国 ………… (99)

第三章　文明时代的划分:"物质时代"与"精神时代" ……………… (102)
　第一节　"文明"概念:历史考察与内涵新解 ………………… (102)
　　一　"文明"语词溯源与中西文明观 ………………………… (103)
　　二　马克思主义的文明观 ……………………………………… (108)
　　三　对文明发展本质内涵的再阐释 …………………………… (110)
　第二节　文明时代划分的新维度 ………………………………… (113)
　　一　人类文明发展阶段划分的多重维度 ……………………… (113)
　　二　马克思社会形态理论对文明时代划分的重要意义 ……… (117)
　　三　"物质时代"与"精神时代":区分文明时代的新维度 …… (120)
　第三节　人类文明发展的加速度趋势 …………………………… (124)
　　一　人类文明发展的加速度现象 ……………………………… (125)

二　人类文明发展加速度现象的原因 …………………………（129）
　　三　人类文明加速度发展的特征及规律 ………………………（132）

第四章　由"物质"到"精神"：人类文明的跃迁 ……………………（139）
第一节　"物质时代"：以追求物质财富为主要目标 ………………（139）
　　一　物质性需求：物质时代的主导性需求 ……………………（139）
　　二　物质生产：物质时代的主要生产活动 ……………………（142）
　　三　"物质主义"："物质时代"的意识形态 ……………………（144）
第二节　"物质时代"的弊端：呼唤人类文明的转换 ………………（148）
　　一　生态危机：人与自然关系的冲突 …………………………（148）
　　二　社会问题：人与人的社会关系的冲突 ……………………（151）
　　三　精神困惑：人与自身的矛盾冲突 …………………………（153）
第三节　"精神时代"：充满人文关怀的新文明时代 ………………（157）
　　一　"以人为本"："精神时代"的价值观 ………………………（157）
　　二　精神需求："以人为本"的最高层次和最高境界 …………（162）
　　三　由"谋生"到"乐生"：人类生活方式的休闲化 ……………（165）

第五章　文化生产力：走向新文明的一种直接现实力量 ……………（168）
第一节　文化生产力：使人类生产活动走向"人文化" ……………（168）
　　一　"为人生产"："精神时代"生产的价值追求 ………………（169）
　　二　物质生产活动：更加注重"人文关怀" ……………………（172）
　　三　文化生产活动：直接满足人的精神文化需求 ……………（175）
第二节　文化生产力：让人类生活方式走向休闲化 ………………（177）
　　一　人类"休闲"的历史发展 ……………………………………（178）
　　二　当代社会人类休闲的主要内容 ……………………………（183）
　　三　休闲的本质：丰富人的精神世界 …………………………（189）
第三节　文化生产力：促进人自身走向自由而全面发展 …………（191）
　　一　"占有自己的全面的本质"：人的全面发展的内涵 ………（191）
　　二　不断突破和超越限制：人自身发展的历史进程 …………（194）
　　三　文化生产力：人自身走向自由全面发展的重要力量 ……（196）

第六章　实现新文明转换的保障条件 ……………………………（201）
第一节　创造强大的物质基础：新文明转换的物质保障 ………（201）
　　一　社会物质生产力的高度发展 ………………………（202）
　　二　人的精神文化需求的不断增长 ……………………（203）
　　三　个人可支配的自由时间的增多 ……………………（204）
第二节　文明的生产主体与消费主体：新文明转换的
　　　　　主体保障 ……………………………………………（205）
　　一　文化生产与文化消费的同一性特点 ………………（205）
　　二　文化生产主体的责任担当：以先进文化"化人" ………（207）
　　三　文化消费主体素质的提高：正确的价值观和文明
　　　　修养 …………………………………………………（212）
第三节　超越资本局限：人类文明新转换的制度保障 …………（217）
　　一　文化生产：资本运动的必然逻辑 …………………（217）
　　二　社会主义的文化生产：利用资本又超越资本 ………（221）
　　三　文化生产力与人类文明的未来 ……………………（226）

参考文献 ……………………………………………………………（232）

学术索引 ……………………………………………………………（241）

后记 …………………………………………………………………（246）

Contents

Preface ··· (1)

Introduction ·· (4)
    I   The Origin of the Problem: Theoretical Significance and Practical
       Significance ·· (4)
    II Ideological Resources: Research Situation and Existing
       Problems ·· (9)
    III Logical Structure: Main Problems and Research Methods ········· (18)

**Chapter One Productivity of Culture: New Development Form of
                Productivity of Culture** ································ (27)
    Section One   Productivity of Culture: Realistic Power for Meeting
                     People's Spiritual and Cultural Needs ···················· (28)
    Section Two   Productivity of Culture: Logic Necessity of the
                     Development of Social Productivity: ························ (46)
    Section Three Realistic Condition for the Emergence of Productivity
                     of Modern Culture ···································· (56)
    Section Four Features of Productivity of Contemporary Culture ······ (66)

**Chapter Two Development of Productivity of Contemporary
               Chinese Culture** ··· (77)
    Section One   Rise of Productivity of Contemporary Chinese
                     Culture ·· (77)

Section Two	Specific Development Path of Chinese Productivity of Culture	(90)
Section Three	Function of Productivity of Culture in Contemporary China's Development	(95)

Chapter Three Division of Age of Civilization: "Material Age" and "Spirit Age" .... (102)

Section One	Concept of Civilization: Historic Review and New Explanation of the Connotation	(102)
Section Two	New Dimensions of the Division of Age of Civilization	(113)
Section Three	Accelerated Development Trend of Human Civilization	(124)

Chapter Four From "Material" to "Spirit": Transition of Human Civilization .... (139)

Section One	Material Age: Targeting at Pursuing Material Wealth	(139)
Section Two	Disadvantages of Material Age: Call for Transformation of Human Civilization	(148)
Section Three	Spirit Age: New Civilization Age full of Humanistic Care	(157)

Chapter Five Productivity of Culture: A Direct and Realistic Force for Moving Towards New Civilization .... (168)

Section One	Productivity of Culture: Make Human Production Activities More Humanistic	(168)
Section Two	Productivity of Culture: Making People's Lifestyle More Leisure	(177)
Section Three	Productivity of Culture: Promoting People's All-round Development for Freedom	(191)

**Chapter Six Conditions for Guaranteeing the Transformation into
          A New Civilization** ·· (201)

    Section One   Creating A Strong Material Base: Material Guarantee for
                 the Transformation into A New Civilization ············· (201)

    Section Two   Production and Consumption Subjects of Civilization:
                 Subject Guarantee for the Transformation into A New
                 Civilization ·· (205)

    Section Three Transcending Capital Limitation: Institutional Guarantee
                  for the Transformation into A New Civilization ······ (217)

References ·· (232)

Academic Index ··· (241)

Postscript ··· (246)

引　言

依据马克思的唯物史观，生产力是人类文明发展的最终决定力量，任何一种新型生产力的出现，都会对文明的发展产生影响甚至引发文明的变革。既然文化生产力是一种新型生产力形态，那么文化生产力的出现也必然引起文明的变革。由于文化生产力是生产满足人的精神文化需求的文化产品的能力和力量，因而文化生产力所引起的文明变革，应是由以物质需求和物质利益为主的时代向以人的精神需求和精神利益为主的时代的转换，即由"物质时代"向"精神时代"的转变。在马克思那里已有这一思想，即由"人类社会的史前时期"向"真正的人类社会或社会化的人类时期"（共产主义社会）的转变。而"物质时代"的危机对文明转向的客观要求，恰好与文化生产力引起文明变革的结果相对接：这一方面使人类文明的这次转换由可能变为现实，另一方面使文化生产力成为解决当下人类文明困境的一种现实力量。这不是一种简单的"对接"或"巧合"，而是人类文明发展的必然逻辑。

马克思社会形态理论的"二形态说"，对于分析人类文明的发展具有重要意义。如果把马克思的"史前时期"看作是人类文明的"物质时代"，那么，共产主义社会作为人类真正历史的开端，将是人类文明的"精神时代"。这样，人类文明便可划分为"物质时代"和"精神时代"。"物质时代"的根本特征是物质活动占主导地位；"精神时代"的根本特征则是精神活动占主导地位。由"物质时代"发展到"精神时代"，是人类文明发展的必然趋势。

迄今为止的人类文明依然处于"物质时代"。"物质时代"创造了巨大的物质财富。物质财富是人类文明的基石，物质财富的创造活动是人类一切活动的基础。20世纪中叶以来，人类借助于科学技术进步的成果，使社会生产力突飞猛进地发展，由此创造了巨大的物质财富。但是，人类在享受生产力和科学技术带来的福祉的同时，也遭遇了前所未有的复杂难题和严峻挑战。环境污染、生态恶化；人际关系紧张、社会冲突加剧；信念失落、精神空虚……自然—人—社会（关系）的链条不断发生缺损，导致人与自然的关系、人与人的社会关系以及人与自身关系的失衡、紧张，甚至冲突。借用现代社会学的"自反性"，特别是德国著名社会学家乌尔里希·贝克（Ulrich Beck）讲的"自反性现代化"（reflexivity modernization）概念来理解，就是发展日益走向自己的反面，走向自我否定。"生产主义"必然导致经济的"自反性"，它激起的欲望所造成的社会自反性，以及它的财富创造机制所形成的价值自反性。[①] 正如台湾著名学者徐复观所言的："现代文化的危机"在于"人的情感，因得不到安顿以趋向横决；人的关系，因得不到和谐以至于断绝"。[②]

面对"物质时代"的弊端，人类深切地呼唤新文明时代的到来。如何走出"物质时代"的困境与危机？人们从经济、政治、文化、科技等多方面寻求走出困境与危机的"诺亚方舟"。导致"物质时代"困境与危机的原因是多方面的，走出困境与危机也必然需要多种途径。过度追逐物欲无疑是导致人类文明这次危机的一个重要原因。正因为如此，人们在反思2008年全球金融危机时，几乎一致把金融大佬们的贪婪物欲当成众矢之的。经济第一、物质至上、单纯追求经济的无限增长的"物质主义"膨胀，是造成当下人类文明危机的一个重要原因。因此，人类要转向的新文明，应该是由"物本位"向"人本位"的转换，其具体内容是由满足"物质需求"到满足"精神需求"的转变，是人类文明由"物质时代"向"精神时代"的转换，其实质则是人类告别物质纠缠回归人的意义本性。

人类文明由"物质时代"向"精神时代"转换的内容和要求，决定了作为创造和生产精神文化产品的现实力量——"文化生产力"，必然在这次文明转化中发挥重要作用，成为新文明转化的一种直接现实力量。如同人体自身具有某种"自愈"能力一样，人类既然创造了文明，也一定能够创造出使文明健康发展的途径。这正如马克思在谈到资本主义产生阶级对抗的同

---

① 何怀远：《发展观的价值维度："生产主义"的批判与超越》，社会科学文献出版社2005年版，第141页。

② 徐复观：《谈礼乐》，台湾学生书局1970年版，第241页。

时也创造了解决对抗的条件时曾说的那样："在资产阶级社会的胎胞里发展的生产力，同时又创造着解决这种对抗的物质条件。"①

　　文化生产力是指当代社会以社会化生产和市场经济为依托、以现代科学技术为手段、以文化产业的兴起为标志和典型形态、创造和生产精神文化产品的能力。文化生产力固然要创造经济效益，但文化生产力的根本价值，在于生产和提供健康和丰富的精神文化产品，满足人的精神文化需求。在先进的社会制度下，文化生产将使人的生存方式（生产方式和生活方式）发生深刻变化，人的生存方式将呈现出"生产"与"消费"、"工作"与"休息"、"劳动"与"享受"高度统一的特点，人类将开始由"生存"转为"优存"，由"谋生"走向"乐生"。人类社会将告别物质的绝对匮乏，摆脱"物的纠缠"，超越"物的困扰"，在更大程度上摆脱肉体需要而从事创造性活动，人类自身将成为智力高超、情感丰富、兴趣广泛、意志坚强的新型人类，人类文明将成为"利"、"真"、"善"、"美"和谐统一的新文明。

　　真正的"精神时代"，实质上就是马克思所说的共产主义。因此，人类文明由"物质时代"向"精神时代"的转换，还有相当漫长和遥远的路程。但是，人类文明的转换是一个历史过程，人类每前进一步，都是向这一时代的迈进。当今时代，人类从总体上告别了物质绝对匮乏的时代，精神文化需求越来越成为人的主导性需求，生产精神文化产品的文化创造和文化生产活动越来越成为社会的主要生产活动。

　　新文明的转化不能自然而然地实现，而是需要诸多条件作为保障。其基本条件可以归结为物质条件、主体条件、制度条件。社会物质生产的高度发展是基本前提，但还必须有高素质的社会主体，而这两个条件又需要先进社会制度的保障。社会主义制度，是迄今为止人类文明发展的最先进制度。社会主义通过大力发展物质生产和文化生产，为人的自觉能动性和创造性的充分发挥提供了广阔的舞台，为人的自由而全面发展提供了有利条件，为人类文明走向新文明开辟了广阔道路。

---

① 《马克思恩格斯选集》第 2 卷，人民出版社 1995 年版，第 38 页。

绪　论

　　当今时代的重大变化，必然对科学研究的各个领域产生重大影响。理论的价值在于解释世界和改造世界，理论的生命力在于随着实践的发展而不断与时俱进。增强理论自觉，深入研究文化生产力问题，是学术研究的责任和使命。面对当代文化生产力的发展，马克思主义理论应作出正确的解释并引导实践沿着正确的方向发展。早在2004年，具有权威性的《中国文化产业发展报告》就指出："要引导和鼓励知识界、学术界和文化界，就当前和今后相当一段时期我国社会和文化发展中一系列根本性的问题进行学术探索和理论突破；要鼓励勇于以马克思主义的科学理论和世界观超越长期以来形成的对马克思主义理论的片面理解，提出适应于21世纪中国社会发展需要的新马克思主义文化产业理论。"① 十几年来，我国文化生产力的理论研究取得了可喜成果。但理论总是灰色的，只有实践才是常青之树。相对于当代文化生产力发展的生机勃勃的现实，我国文化生产力的理论研究依然明显滞后，亟待进一步深化研究。

一　研究意义

　　中国的文化生产力研究，是在经济全球化背景下，在建立和完善社会主义市场经济体制的历史进程中起步和发展的。其中，有许多理论、政策和实践问题需要深入研究。进一步研究这些问题，既为推动中国文化生产力的现实发展提供指导，又为阐释文化生产力在人类文明中的作用提供有益帮助，

---

① 江蓝生、谢绳武主编：《2001—2002年：中国文化产业发展报告》，社会科学文献出版社2002年版，第26页。

也为丰富马克思主义理论有所贡献，这无疑具有重大的理论意义和现实意义。

（一）为正确认识和处理经济与文化辩证关系提供理论指导

文化与经济之间存在着客观的不可分割的密切联系。但在我国很长的一段时间里，人们总是将文化与经济割裂开来，认为文化与经济就像两条道上跑的车。而在改革开放之后，人们开始认识到了文化与经济的密切关系，但又出现了把文化过度经济化的认识偏差和实践偏颇。深入研究文化生产力问题，既可以增强经济文化一体化的理论自觉，同时也可以避免走上把文化过度经济化的另一极端。

自20世纪以来，世界的普遍联系比以往任何时代都更为突出，许多在传统观念看来是风马牛不相及的两个领域，在现代社会的发展中却紧密地联系在一起，结合成一种新事物。"经济与文化一体化"就是突出的表现。从20世纪中叶开始，特别是20世纪80年代以来，世界经济—文化一体化的特征尤为明显。"经济的文化化"和"文化的经济化"已是当下一个活生生的事实。经济现象与文化现象之间固有的客观联系越来越明显地表现出来。经济与文化在当代的融合，间接表现为经济活动的"泛文化"特征，即精神文化因素渗透到经济活动的全过程，产品的文化含量大大提高；直接表现为文化本身成为一种产业，文化与经济成为一体。面对当代世界经济与文化一体化的迅猛发展，日益引起世界各国的普遍关注，越来越多的国家和民族认识到文化对于经济发展与社会生活的巨大影响。许多国家纷纷制定相应的政策，大力推动文化生产力发展。发展文化生产力，固然是时代发展的必然要求，但也依赖于实践主体的觉醒。清醒的理论自觉和高度的文化自觉是推动文化生产力发展的前提。可以说，对文化生产力的研究，正是对经济与文化一体化的一种理性自觉、反思与回应。

然而，认识到文化的经济属性是一种进步，但是，如果将文化过度经济化，就走向了另一个极端。当下，一提到发展文化生产，一些人就会用诸如："电影产业票房价值多少"来理解。"去年票房出现井喷奇迹，中国市场跨入百亿时代";①"我国图书出版品种与出版总量居世界第一，年生产图书30多万种、70多亿册"②……似乎发展文化产业只是为了促进经济发展，衡量文化产业发展只能看经济效益。这种"文化GDP观"实际上是"唯GDP观"在文化领域的反映。如今"唯GDP观"已经受到质疑，具有特殊意义的文化产业，如果只追求数量增长，更是有失偏颇。文化的宗旨是"化人"，但不仅仅如此，我们是要把人的素质"化"高，而不是相反，确切说是要用进步、高雅、健康的文化来影响人、塑造人。因此，为了保证"化人"的正确方向，必须以"先进文化"引导"化人"。片面追求经济效益，违背了文化生产活动的这种特殊本质和规律，是导致"三俗"产品出现的重要原因。毫无疑问，精神属性或人文属性是文化生产活动的根本属性，满足人的精神文化需求是其价值指向和最终归宿。因而，发展文化生产不能以追求经济效益为根本甚至唯一目标，而必须把最大限度地满足人民群众的精神文化需求作为基本出发点和根本任务。这是对文化生产本质与功能的定位，是以人为本的最高层次和最高境界，是中国特色社会主义的本质要求。

（二）为推动社会主义文化大发展大繁荣提供理论支撑

推动社会经济的发展只是文化生产力的直接结果，解放和发展文化生产力的最终目的是要推动社会主义文化大发展大繁荣，生产丰富而健康的文化产品和提供优质的文化服务，以不断满足人民日益增长的多层次的文化需求。这是当前构建社会主义和谐社会、全面建成小康社会的重要任务。当代社会，人们精神生活质量的高低，已成为衡量一个国家和民族整体社会生活水平发展及其社会文明进步的重要尺度。党的十六大报告指出："发展文化产业是市场经济条件下繁荣社会主义文化、满足人民群众精神文化需求的重要途径"，因此，要"完善文化产业政策，支持文化产业发展，增强我国文化产业的整体实力和竞争力"。2007年，党的十七大报告中有专门阐述文化问题的一章："推动社会主义文化大发展大繁荣"，指出要"推进文化创新，

---

① 中国社会科学院：《文化蓝皮书：2011年中国文化产业发展报告》，社会科学文献出版社2011年版。

② 戴群：《谈谈图书出版业如何转型》，《出版发行研究》2011年第8期。

增强文化发展活力",通过"实施重大文化产业项目带动战略,加快文化产业基地和区域性特色文化产业群建设,培育文化产业骨干企业和战略投资者,繁荣文化市场,增强国际竞争力";2012年,党的十八大再次强调要"扎实推进社会主义文化强国建设"。

推动社会主义文化大发展大繁荣,要坚持"双轮驱动":既需要发展公益性文化事业,尽快建成公共文化服务体系;也需要加快发展经营性的文化产业,兼顾公益性文化事业和经营性文化产业发展。但是,公共文化服务体系主要是满足广大人民群众的基本文化需求。要满足人民群众多层次、多样化的文化需求,还有赖于大力发展文化产业。文化产业是社会主义市场经济条件下满足人民多样化精神文化需求的重要途径,是充分发挥市场在文化资源配置中的积极作用、激发全社会文化创造活力的必然要求。在经济全球化的背景下,运用社会化大生产的形式、以市场经济为运作机制、依托现代科学技术手段生产文化产品和提高文化服务,是中国文化大发展大繁荣的必然途径。因此,要充分发挥市场配置资源的积极作用,坚持以市场为导向,着力培养一批有实力、有竞争力的骨干文化企业,提高我国文化产业整体实力和竞争力,形成公有制为主体、多种所有制共同发展的文化产业格局。只有大力发展文化生产力,促进文化的繁荣与发展,生产出更多更好的精神文化产品,才能最大限度地满足人民群众日益增长的精神文化需求,更好地丰富社会文化生活,保障人民的基本文化权益。

(三)深化文化生产力与人类文明发展关系的研究

马克思唯物史观揭示了生产力是人类文明发展的最终决定力量,生产力的每一次变革都必然引起人类文明的重大变化。正如马克思所言,"手推磨产生的是封建主的社会,蒸汽磨产生的是工业资本家的社会。"[①] 从手工生产力到机器生产力再到信息生产力,生产力的每一次重大变革,不仅引起生产力自身突飞猛进的发展,而且不能不对社会生产关系产生极大影响,不能不使人类文明发生深刻变化。机器生产力取代手工生产方式,使生产力的发展进入了一个狂飙猛进时期,也使人类进入到资本主义文明时

[①] 《马克思恩格斯选集》第1卷,人民出版社1995年版,第142页。

代。信息生产力通过大力发展"高效益、低消耗型"的新型产业,促进经济规模与布局、产业结构、产品结构与就业结构,甚至社会结构的调整、优化与升级,信息生产力使经济增长方式发生了根本变革,将工业经济、工业社会推进到信息经济、信息社会。信息生产力是人类文明的又一次飞跃与进步。

  文化生产力是一种新型生产力形态,它的出现也必然引起文明的变革。由于文化生产力是生产满足人的精神文化需求的文化产品的能力和力量,因而文化生产力所引起的文明变革,应是由以物质需求和物质利益为主的时代向以人的精神需求和精神利益为主的时代的转换,即由"物质时代"向"精神时代"的转变。在那个时代,人类社会将告别物质的绝对匮乏,人将摆脱"物的纠缠",超越"物的困扰",在更大程度上摆脱肉体需要而从事创造性活动。人的生存方式将呈现出"生产"与"休息"、"劳动"与"享受"高度统一的特点,人类将开始由"生存"转为"优存",由"谋生"走向"乐生"。人类文明的发展将最终实现马克思所描绘的图景:"任何人都没有特殊的活动范围,而是都可以在任何部门内发展,社会调节着整个生产,因而使我有可能随自己的兴趣今天干这事,明天干那事,上午打猎,下午捕鱼,傍晚从事畜牧,晚饭后从事批判,这样就不会使我老是一个猎人、渔夫、牧人或批判者。"① 这一理想的实现虽然最终需要物质生产力奠定的基础和生产关系的变革,即需要物质条件、主体条件、制度条件等条件的保障,但这一步转向无疑需要直接提供或生产精神文化产品,因而文化生产力的发展将成为实现这一理想的一种直接现实力量。

  理论研究具有前瞻性。考察文化生产力的当下意义是理论研究的任务,探讨其未来趋势也是学术研究的责任。既然马克思唯物史观和人类文明的发展,都表明了生产力的每一次变革将引起人类文明的重大变化,那么,文化生产力作为一种新型的生产力形态,也必然会引起人类文明的新变化。这种变化的实质是什么?这种变化怎样才能实现?这些问题都需要深入研究。

---

① 《马克思恩格斯选集》第 1 卷,人民出版社 1995 年版,第 85 页。

二　思想资源

20世纪中叶以来，随着社会生产力和市场经济的发展、产业结构的升级和人们消费结构的变化，特别是新的信息技术革命和文化资本全球化竞争的推动，文化生产日益成为社会生产的重要组成部分，文化生产力也成为社会生产力的重要组成部分。文化生产力的兴起不仅在实践上产生重大作用，同时也引起了国内外学术界的高度关注。尽管"文化生产力"这一概念出现得较晚，对"文化生产力"的研究也尚未形成独立的研究领域，但与其相关的研究还是出现了大量的研究成果。根据笔者现在能够掌握的情况，对相关研究资源加以概括。

（一）国外相关研究资源概况

"文化生产力"是中国共产党和中国理论界原创的一个概念范畴。西方学术界没有这个概念，当然也就没有以此概念为核心展开的研究。但是，与之相关的研究却早已展开并取得了很多有价值的成果。

1. 西方马克思主义"文化生产"理论的主要观点

20世纪上半叶，西方马克思主义者最早提出了"文化生产"（文化工业、文化产业）的概念。1947年，西方马克思主义的法兰克福学派学者阿多诺和霍克海默在他们合写的《文化工业：作为大众欺骗的启蒙》一文中，首次使用了"文化产业"一词。自此，世界各国开始对文化产业进行广泛研究，其研究历程大致可分为三个阶段：第一阶段，即20世纪三四十年代，以法兰克福学派为代表对文化产业的批判阶段，主要针对资本主义工业化生产和文化的商业化对艺术的影响问题；第二阶段，即20世纪六七十年代，以英国文学学派为代表对文化产业的中立阶段，开始侧重文化产业意识形态方面的探讨，辩证地看待大众文化的消极和积极方面；第三阶段，即20世纪90年代，对文化产业开始实践层面的研究，也是对文化产业的全面肯定阶段。在这三个阶段中，政府和学者都对文化产业进行了大量的研究。应当说，他们所揭示的资本主义文化工业的许多问题，对我们今天发展健康的文化产业有警示和借鉴意义。但他们的有些理论带有他们所处时代的特点，对文化工业过于悲观，未免有些极端和幼稚。

法兰克福学派从保护审美文化和追求人性解放的视角来研究文化产业问题，在强烈的批判性和否定意义上使用"文化产业"这一概念。他们认为"文化产业"具有与其他资本主义工业一样的特征，如追求利润的商品生产原则、异化劳动、依靠技术的标准化模式、致力于生产"消费者"的意识形态功能；认为大众文化塑造了大众消费心理，使大众与制度认同和同化，从而失去了批判意识和否定意识。与阿多诺和霍克海默对文化工业的批判立场不同，法兰克福学派的另一代表人物本雅明则对文化工业和大众文化持乐观态度，肯定其积极意义。

法国学者侧重于从民主和个人自由的视角来研究文化产业问题，主要代表有阿尔都塞和福柯。尽管他们都不是专门研究文化产业的，但他们的理论中关于文化产业的观点很有启发和借鉴意义。阿尔都塞认为，学校、教堂、媒介、家庭等都是意识形态的国家机器，它为每一个个体在这架机器中提供了一个位置，唤出个体并赋予它一个名称，然后通过自我形象或再现的形式给个人提供一种抚慰性的关于整体的幻景，其功能就是保证或担保在表现领域中象征暴力垄断能够永远存在下去。福柯把权力组织形式概念引进了传播研究领域。电视可以被看作是一种组织时间的制度模式，持续监视个人和保证个人行为的正面性。这里起作用的不是纪律机制，而是产业幻想、诱惑和敞式。电视是一个"组织机器"，成为"被颠倒的敞式"，可以象征权力的功能。

英国伯明翰学派与法兰克福学派不同，其文化理论的核心问题是对知识的拥有以及对信息的控制。1964 年，英国伯明翰大学成立了"当代文化研究中心"，后来被称为"伯明翰学派"，其影响扩展到美国、加拿大、澳洲、法国和印度等地，文化研究被广泛接受，并出现了学科化趋势，成为当代文化研究中最显赫的流派之一，在一定程度上塑造了文化产业研究的基本格局。与法兰克福学派一样，伯明翰学派摆脱单一学科的藩篱，打破精英文化与通俗文化之间的界限，关注大众文化，把文化研究变成对现实问题进行反思的文化批判，使文化研究与社会运动和实践紧密结合，使得英国文化研究的影响远远超出了学院范围。

2. 关于知识经济的理论

知识经济是文化生产力产生的宏观背景，知识经济的理论也是文化生产力研究的重要思想资源。第二次世界大战结束后，欧美各国的经济得到了迅速发展，特别是计算机技术和数字通信网络的惊人发展，使得以信息产业为核心的一些新型产业开始崛起，并逐步在国民经济中占据相当大的份额。与此同时，人们的生活方式和价值观也开始发生了变化。1962年，美国经济学家马赫鲁普发表《美国的知识生产和流通》，首次提出了较为系统的"知识产业论"。他认为知识产业可分为五类：教育、研究开发、宣传工具、信息工具、信息服务，它们与经济增长的关系更为密切。1973年，美国社会学家丹尼尔·贝尔又提出一个"后工业化社会"的概念来描述正在到来的新时代。他认为在"后工业化社会"，经济部门的重点将由传统的物品生产转向服务业。这些服务业并不包括工业社会中的运输、发送等生产辅助部门，而是对个人的服务，银行、保险等商业，运输、通信、公共事业，保健、教育、研究、政府等四个方面。在"后工业化社会"，知识特别是理论性知识将日益重要，基本系统分析、信息理论和游戏理论等新理论的技术（知识技术）开始出现，它们与计算机相结合，将为解决社会、经济问题提供新的手段。

美国未来学家阿尔温·托夫勒在其《第三次浪潮》中，揭示了一个与工业文明截然不同的社会。在这一社会里，煤炭、铁路、纤维、汽车、橡胶、机床制造等"第二次浪潮"的传统工业已经过时，其地位将被以信息为主要资源、耗能少的新产业所取代。托夫勒认为，在"第三次浪潮"的社会里，电子工业和计算机工业、宇宙产业、海洋开发、生物产业将会大幅度成长起来并成为新时代的中坚产业。这一切必将会形成人类历史上从未有过的技术革新的巨大浪潮。另一位未来学家约翰·奈斯比特出版了《大趋势——改变我们生活的十个新趋向》一书，提出"信息经济"的概念。他指出，"知识的生产力已经成为生产力、竞争力和经济成就的关键因素"，"是我们经济的推动力"。奈斯比特认为，"在信息经济中，价值的增加不是靠劳动而是靠知识"，"需要创立一种知识价值论来代替马克思过时的劳动价值论"。1983年，美国加州大学伯克利分校的保罗·罗默发表了一篇论文，提出"新经济增长理论"，把知识作为一个独立的因素纳入增长模式，并且认为知识积累（包括增加人力资本和产生新思想、新发明）是促进现代经济增长的最重要的因素。

1985年，日本学者堺屋太一出版了《知识价值革命》，全面地分析了人类社会的发展历史和经济特征，认为即将到来的新社会是"知识价值社会"。人类社会正无可避免地经历着一场"知识价值革命"，他写道："由于技术、资源环境以及人口的变化，将创造出'知识的价值'成为经济增长和资本积累主要源泉的知识价值社会，并因此而产生使人们的伦理观念和审美观发生急剧变化的社会大变革。"1990年，联合国研究机构提出了"知识经济"的概念。1993年，日本《钻石》周刊载文认为，"脑业社会"即将到来，这"是以知识产业为核心的社会"，"知识产业以各种尖端技术产业、信息产业、文化产业及专业知识提供型的服务产业为代表"。文章认为，在这一新的时代，将发生被称为"灰领革命"或"脑民革命"的职业变革。企业应该相应地建立起"脑民体制"和新的企业文化。1994年，C.温斯洛和W.布拉马在《未来工作：在知识经济中把知识投入生产》一书中，对知识经济、管理智力和知识工人等作了明确的界定。

3. 关于"文化经济学"理论的研究

文化与经济的客观联系人们早就有所意识。早在20世纪初期，德国学者马克斯·韦伯的《经济与社会》和《新教伦理与资本主义精神》都是研究文化与经济关系的著作。目前，尽管西方学术界的主流仍将文化经济与服务业、商业和娱乐业视为等同，但有越来越多的学者已经感到有必要单独建立"文化经济学"，来专门分析文化活动中的经济问题。日本学者名和太郎写的《经济与文化》以及日本另一位学者并木信义发表的《日本文化的经济学》，分析了经济与文化的关系、日本的文化时代、文化力和文化立国等问题，阐述了文化在经济发展中的作用。美国经济学家布林克曼撰写的《文化经济学》一书，则依据文化发展的理论来分析各种经济现象的实质，阐释经济发展道路，从宏观上说明文化与经济的相互关系。

20世纪70年代末，苏联和一些东欧国家开始注重对社会主义文化经济理论与实践的研究。匈牙利的孔波、库蒂，苏联的莫肖夫、普纳谟夫，捷克斯洛伐克的诺沃特尼、维特克，民主德国的罗德、霍·马延、雷·瓦尔特等，均发表过这方面的文章。其中，民主德国的霍·马延和雷·瓦尔特合写的《文化领域经济学的迫切问题》一文,阐述了创建社会主义文化经济学的必要性及具体内容,指出:"为了有效利用文化领域的投资,许多国家(包括民主德国)对文化发展的经济问题开展了经济学的研究工作。由此产生了一门新的经济学。文化经济学不仅要求从经济学的观点开展对经济与文化关系的整体研究,而且还要从文化领域的各个部门出发研究,例如电影经济、戏剧经济和图书馆经济学。"[①] 1980年,苏联出版了由沙洛特科夫主编的《非生产领域经济学》教科书,系统分析了文艺、教育、科研、体育、卫生和服务等非物质生产领域的经济学问题。该书包括服务在内,其涵盖面比文化经济学更广泛。进入21世纪,澳大利亚经济学家戴维·思罗斯在其《经济学与文化》一书中提出,文化是人类生存和发展的内在需要与方式,将特定的文化资源进行再赋形和商品化、对传承传统文化有深远的意义。在一个日益全球化的世界里,经济驱动力和文化驱动力可以被视为影响人类行为的两种重要力量。该书采用广义的"文化"定义,分别从学术话语领域和社会组织系统两个层面思考了经济学与文化之间的关系,考察了文化的经济学视角和经济学的文化语境,发展了经济价值与文化价值这样两个概念,讨论了经济发展中的文化、文化产业与文化政策等问题。

(二)国内相关研究资源概况

国内与"文化生产力"相关的研究,可以说从改革开放初期就已经开始了。包括20世纪80年代开展的关于"非经济因素对经济的影响"的研究,以及90年代开展的关于"文化经济学"的研究。但这其实还不是严格意义上的文化生产力研究。"文化生产力"概念,最早出现于薛永应任顾问、王恒富任主编的《文化生产力的崛起》一书中。党的十六届四中全会通过的《中共中央关于加强党的执政能力建设的决定》,要求"深化文化体制改革,解放和发展文化生产力"。自此,对文化生产力的研究也进入了高潮,并取得了丰富的成果。

1. 关于"文化经济学"的研究

事实上,以往的经济学者已经发现了文化与经济的联系。但无论是从世

---

① [德] 霍·马延、雷·瓦尔特:《文化领域经济学的迫切问题》,《经济科学》1982年第8期。

界范围还是从中国来看，整个经济学界的研究仍然较少关注文化问题，尚未把文化产品的生产作为重点研究对象。而无论是西方马克思主义的大众文化理论，还是中国学术界，大多是从文化学而不是从经济学的角度研究文化。文化经济学的兴起，恰恰开辟了从经济学角度研究文化的新领域。

在我国，文化领域中的经济问题一直未被重视。从20世纪80年代起，我国开始重视分析文化活动中的经济问题。我国对这一领域的研究，可以追溯到改革开放初期关于"非经济因素对经济的影响"的思想。1985年，上海在全国率先举办了文化发展战略的大型研讨会。经济学家于光远在研讨会上正式倡议建立我国自己的文化经济学，接着，广州、上海、北京等地也相继组织了较大规模的研讨活动。文化经济学的研究逐渐开展起来，并且取得了很大进展。80年代中期以来，上海等地区为配合经济发展而先后开展文化发展战略和文化管理的研究，从不同的侧面研讨了文化领域中的经济问题。如卢莹辉主编的《文化经济与文化管理》。而且，许多分支学科如教育经济学、艺术经济学、科技经济学、图书馆经济学、体育经济学等不断涌现，从具体的文化活动的角度研究探讨文化与经济的关系问题。1985年，时为青年学者的李向民在其《精神经济》一书中首次提出"精神经济"的概念，并呼吁建立一门崭新的学科——精神经济学，他认为传统经济理论着重于研究物质产品的生产再生产问题，不能解释和说明经济的全部内容。随着社会生产力和人类需求等级不断提高，满足人们的精神需要将成为第一位的经济目标，从而导致经济的全面转型。在新的经济社会里，精神生产将成为主要的经济增长动力。作为一种新的支柱产业，精神产品的生产不仅有力地推动社会经济的进步，而且将取代传统物质生产部门的重要经济地位。

1993年由程恩富教授主编的《文化经济学》问世，这是我国第一部全面系统地探讨社会主义"大文化"经济理论与实践问题的专著，开辟了我国经济学研究的新领域。由于社会主义文化经济学是尚未正式创立的新兴经济学科，没有现成理论体系可供借鉴，因此，该书在我国学术史上具有开拓意义。该书对文化与经济的共生互动关系作了独到、精辟的辩证分析，认为在社会主义条件下，文化建设会在多方面对经济发展产生积极作用，其中关于文化建设能够促进社会主义产业结构合理化和高度化的见解尤富时代气息。他同时指出，文化建设也离不开经济发展，不仅文化生产性质和方向要由经济发展的要求规定，而且文化生产的规模及文化生产的效率和结构，文化普及的方式和程度也要受经济发展水平的限制。正是由于文化建设与经济发展之间存在这些共生互动关系，因此，尽管文化生产与经济发展会有不平衡演化现象，但二者毕竟要在互相作用中同步前进。2008年程恩富、顾钰民发表了《文化经济学：推动文化大发展大繁荣的新兴学科》（《光明日报》2008年2月19日）一文，结合党的十七届六中全会精神，对于其提出的文化经济理论进行了深化阐发。该文对文化经济学理论进行了系统概括：文化经济学以文化经济活动中的微观和宏观经济行为为研究对象，揭示文化的生产、交换、分配和消费领域中的运行机制及其发展规律。并指出，文化经济学这一学科的兴起和发展，为实现文化的大发展大繁荣提供了重要的学科支撑。

进入21世纪以来，伴随文化与经济一体化的进一步发展，我国学界对文化经济学的研究取得了一系列新成果。如胡惠林、李康化的《文化经济学》（2006年版），该书在上海交通大学文化管理专业多年教学实践的基础上写成，1996年由交通大学出版社出版后，曾被国内多所高校文化管理专业和有关部门用作教材。后来，在进行修改和完善的基础上作为"面向21世纪文化管理系列教材"。该书认为，文化经济是人类社会发展的重要形态和重要现象，是人类社会发展的基本动力之一。作为一门新兴的交叉学科，文化经济学正日益成为一个崭新的科学领域。它旨在研究文化经济运动的基本规律，揭示文化经济对于现代社会进步和社会发展的作用和意义，丰富人们关于文化和经济的理论系统与政策系统。陈庆德、马翀伟的《文化经济学》（中国社会科学出版社2007年版），阐述了文化经济学的基点与内涵，对文化产品的性质与类型及消费、价值与文化产品的价值、文化产品生产的选择策略、民族文化资本化的实质与意义，文化安全与文化产业发展等一系列问题，进行了较深入而系统的分析。王天玺的《文化经济学》（2010年版），以马克思主义历史唯物论和唯物辩证法为指导，剖析文化与社会生产力发展的关系，揭示文化发展的客观规律。

2. 关于"文化力"的研究

最早提出"文化力"这一概念的是日本学者名和太郎。他在其《经济与文化》一书中，在分析"文化市场机制"、"经济价值与文化价值"时使用了这一概念。20世纪90年代后期，我国学术界开始重视这一问题。在我国，最早提出并研究"文化力"的应属贾春峰。1992年他在论述经济与文化的关系时首次在我国使用这一概念，其含义是指"精神的力量"，指在市场经济中文化所提供的"智力支持和精神动力"的作用。1996年《光明日报》专门组织讨论过"文化力"问题。尽管对"文化力"的内涵理解至今仍是见仁见智，但有一点却达成了共识："文化力"是综合国力的重要组成部分，它同资源力、经济力、政治力、外交力、国防力等构成一个国家的综合能力，并相互作用，共同推动这个国家的发展。2007年北京大学出版社出版了高占祥先生的《文化力》一书。作者以全球的视野和未来的眼光，从战略的角度，用翔实丰富的事实材料，论证了文化力在民族复兴和国家崛起过程中的地位和作用，并将文化的作用归纳为"文化是民族的灵魂、文化力是软实力的核心、文化力是推动社会进步的永恒动力"；而将"文化力"归结为文化的"潜移力、竞争力、影响力、创造力、凝聚力"等多个方面，并创造性地提出"文化力是软实力的核心"这一论断，具有很高的学术价值。特别是作者从提高社会成员个人素质、构建和谐社会角度着眼，描述了文化在人类文明演进及个人成长中的意义和价值，对于本书的研究具有重要的借鉴意义。

3. 关于"文化生产力"的研究

在众多的研究中，还只是意识到了"文化"对于经济—社会发展的重要性，但毕竟没有将其真正提升到"生产力"的高度来认识。随着世界文化经济一体化潮流的迅猛发展，特别是我国市场经济体制的逐步完善和深入发展，许多学者开始研究文化与生产力的关系，认为文化对生产力发展具有巨大的作用。

"文化生产力"这一概念的提出，大概是在20世纪90年代。1998年，由薛永应任顾问、王恒富为主编的《文化生产力的崛起》一书，较早使用了"文化生产力"的概念。认为当代社会文化"正以日益增进的规模和深度渗透到社会生产力之中，文化经济一体化已经成为世界性的潮流。"将其理解为：文化与生产力的相互渗透、相互包含的关系，认为"在大文化观和大生产力观看来，文化与生产力已不再是互不相干的两码事，它们之间你中有我,我中有你,正在经历一场一体化运动。"① 这里所使用的"文化生产力",是把文化作为生产力的渗透性因素来理解的。金元浦在其《文化生产力与文化产业》一文中所使用的"文化生产力",则不仅仅是把文化作为物质生产力的渗透性要素,而是作为一种产业、一种经济形式而存在,但他没有具体阐述文化生产力的概念内涵。方伟撰著的《文化生产力:一种社会文明驱动源流的个人观》一书,可谓是我国第一部专门而系统地研究文化生产力的著作,提出了许多深刻、鲜活的创新观点。该书第一次提出了文化生产力的"本体说";从政治、哲学、文化、经济、社会、艺术多重视角,对文化生产力的渊源、发展、特征和作用进行了独到的论述,揭示了文化作为生产力要素在社会发展中的本质意义,把静态的、被动的、意识形态化的、依附于物质的文化,提升为动态的、主动的、与物质生产力处于同等、互动关系的文化。

此外,我国学界从不同学科、不同视角研究探讨文化生产力问题。2004年党的十六届四中全会通过的《中共中央关于加强党的执政能力建设的决定》,在党的正式文献中首次提出"深化文化体制改革,解放和发展文化生产力",国内对于文化生产力的研究出现了高潮。在"中国知网"搜索关于"文化生产力"的研究结果,从1979年1月31日到2004年1月31日,这20多年研究情况为:以篇名搜索为30条,以关键词搜索为14条,以全文搜索为1473条。而从2004年1月31日到2015年1月31日,这10年研究情况为:以篇名搜索为536条,以关键词搜索为326条,以全文搜索为25859条。从这里可以看出,目前我国文化生产力研究已经取得大量的成果。研究的主要观点有:对文化生产力内涵的研究,提出"广义文化生产力"、"狭义文化生产力";探讨文化生产力的构成要素问题,提出文化生产力主要包括"主体要素"和"客体要素";研究文化生产力的价值和作用,提出文化生产力作为物态与意态的统一体,具有生产文化产品、提供文化服务以及生产文化观念、提供价值理性的作用;更多的则是从实践层面研究探讨解放和发展文化生产力的具体途径。

---

① 王恒富主编:《文化生产力的崛起》,人民出版社1998年版,第3页。

三 分析维度

新的生产力形态的产生，固然根源于现实社会的发展，但从理论研究的角度看，则源于不同的分析维度。正是分析维度的不同，才有了新的生产力形态。因此，依据现实客观物质条件的变化，转变分析问题的维度，是新概念和新思想产生的逻辑起点。

分析生产力形态，首先要确定主体的考察视角和分析维度，选择相应的坐标系。从不同的视角和维度分析，可以把生产力区分为不同的类型或形态。生产力的存在状况具有复杂性和动态性，这就决定了考察视角必然是多维的，随着生产力的发展还会出现新维度。从历时的维度考察，生产力经历了原始生产力、古代生产力、近代生产力和现代生产力几个发展阶段；从共时的维度考察，不同民族国家的生产力状况存在着很大的差异；从质态上分析，生产力有先进与落后之分；从发展方式上分析，则有渐进式发展方式和跨越式发展方式……而且各种存在状况又往往交织在一起，各种形态的区分都只具有相对意义。因此，由于研究者的分析维度、考察目的不同，就赋予了生产力以不同的存在形态和类型。当然，这并不是说，"生产力形态"只是纯粹主观的臆想，而是从不同维度对现实存在的生产力的抽象。

孟海贵在《中国当代生产力研究》中，将目前关于生产力形态划分的主要观点概括为以下几种。一是"生产工具维度观"。这种观点以生产工具的作用为分析维度，把生产力分为手工生产力、机器生产力和信息生产力。二是"生产资源维度观"。这种观点以生产资源为分析维度，把有史以来的生产力形态区分为自然生产力、土地生产力、资本生产力和知识生产力。三是"生产力主体维度观"。这种观点以生产力主体为维度分析，把从远古至今的生产力发展区分为体力型生产力、经验型生产力和智力型生产力。四是"生产力功能维度观"。从这个维度分析，可以把人类迄今以来的生产力区分为生存型生产力、征服型生产力以及和谐型生产力。并且，用四种维度区分出来的三种类型的生产力，具有一一对应的关系。这样，以社会生产力的历史发展维度为纵坐标，以不同的具体维度为横坐标来对生产力进行分析，就把迄今为止人类社会发展的生产力形态分为以下三种类型生产力：古代生产力——手工生产力—土地生产力—体力型生产力—生存型生产力；近代生产力——机器生产力—资本生产力—经验型生产力—征服型生产力；现代生产力——信息生产力—知识生产力—智力型生产力—和谐型生产力。在不同历史时代，可能同时存在几种生产力形态，但处于主导地位的生产力特征是明显的。①

以上分析生产力的四种维度观，从总体上描绘了人类生产力发展的历程及其特征。应当说，理论界对生产力形态的分析都存在着合理性，但对于当代复杂的生产力情况，这种线性的分析方法存在着局限性。比如，"文化生产力"，它作为当代生产力形态，具备了信息化、高知识、高智力功能等当代生产力的特征。但是，"文化生产力"之所以区别于一般生产力，不是因为它具有信息化的生产手段、高知识的生产资源、高智力的生产者，而是因为生产的产品满足人的需求的不同。可见，如果从需求和产品的维度来分析，那么，迄今为止的生产力，还可以分为"物质生产力"和"文化生产力"。当然，这种区分只具有相对意义。

（一）需求—生产—产品：人类生产活动循环系统

目前，生产力理论研究基本都侧重于对生产力内在要素分析。实际上，作为外在条件的需求与产品也是引起生产力变化的重要原因，也会使生产力改变自己的存在形态。文化生产力就是从需求与产品的角度分析生产力的结果，是由于满足人的需求的变化和产品的变化从一般生产力中区分出来的一种新形态。

需求②与产品何以能够成为分析生产力的维度？这就要从分析生产活动过程入手，具体考察需求和产品在生产活动中的作用。

自从有了人类，就有了人类为自身的生存和发展而进行的生产活动。如果将考察的视阈延伸和扩展，即把生产活动的先导性因素——需求和生产活动的结果——产品也引入到生产过程中，那么，我们就会发现，任何形式的

---

① 参见孟海贵《中国当代生产力研究》，中国环境出版社2002年版，第217—231页。
② 笔者认为："需求"不同于"需要"。"需要"主要是在心理学意义上使用，是指有机体感到某种"缺乏"而力求获得满足的心理倾向；"需求"主要是在经济学意义上使用。"需求"当然也是一种"需要"，但"需求"比"需要"的层次更高，是具有购买意愿并具有购买能力的需要。

生产活动，都是由"需求—生产—产品"构成的充满生机和内部矛盾的"循环系统"。人类依据自身的活动需要，支配和运用自己的劳动去创造产品（物质的和精神的），并通过对自己所创造的产品的使用和消费去满足自身的存在和发展需要。生产因其需求，生产创造产品，产品满足需求，需求又引起新的生产……社会生产活动就是由这三个基本元素相互作用、循环往复、永无止境的运动发展过程，从而推动人类社会的发展。

人类社会的存在和发展，不断形成新的需要（需求）和生产，创造和消费新的产品，并在此基础上产生及推动下一个循环。在这种抽象的基础上，把这种循环看作一个由需求—生产—产品这三个元素相互连接而成的、具有内在矛盾关系的开放的体系。

在人类生产活动循环体中，人类需求—生产—产品这三个要素之间存在着密切关系。寓于这个循环体系之中的最基本的关系共有三个：第一，在人类需求与生产这两个元素之间，生产是依据人类对产品的特定需要而进行的，生产源于需要（需求），需要（需求）是根本的因素，因而，生产受人类需要（需求）的支配，因此，需要（需求）对生产具有一种"支配关系"。第二，在生产与产品这两个元素之间，产品是生产劳动改造自然物的成果，是劳动创造的，因此，生产对产品具有一种"创造关系"。第三，在产品与需要（需求）之间，人们通过对产品的消费，使产品满足人类的需要（需求），并在这一过程中使产品发挥其效应性及表现出其自身的有用性。因此，产品对需要（需求）具有一种"消费关系"。这三种基本关系使人类需求—生产—产品这三个基本元素相互连接、对立统一地构成一个完整的循环体系，其中每一个元素都直接地决定着循环方向的前一个元素，又都在活的循环过程中，间接地被其他两个元素所决定。

从这里可以看出，一个较为完整的人类生产活动循环体系，是由三个基本元素和三种基本关系相互构成的。要认识人类生产活动循环体系，首先就必须弄清楚其中的三个基本元素和三种基本关系。这就好像要认识生物细胞，必须首先弄清楚其中的细胞膜、细胞质和细胞核那样。由于在思维上把人类生产活动循环体系看作一个相对静止的实体，这就使我们得以把它分解开来，分别地研究每一个元素及其相互关系，从而对人类生产活动循环体系有一个较为深刻的认识。那么，"需求与产品"又是怎样影响生产（生产力）的呢？

（二）需求：社会生产力发展的先导性因素

在人类生产活动的循环体系中，从根本上说，生产是这一体系的核心和关键环节。没有生产就没有产品，也就不可能满足人的需求。正如马克思所指出的，"生产为消费创造的不只是对象。它也给予消费以消费的规定性、消费的性质，使消费得以完成"。① 而需求只是生产的既定前提，产品是生产的结果。在这个意义上说，需求和产品并不是生产的内在要素，而只是影响生产的外在条件或外在动力、最终目的。必须指出，生产发展的根本动力始终源于其内在的矛盾运动。但是，需求和产品对生产的作用是不可忽视的，有时甚至是巨大的。特别是对现代生产力来说更是如此。因此，正是在这个意义上说，需求和产品也是生产变化的一个重要原因，是分析生产的一个重要维度。

需求是社会生活和经济运动中的一个重要环节，亦是生产的唯一目的。需求是社会生产的出发点；需求的发展方向引导着社会生产的发展方向；需求的内部结构制约着社会生产内部一系列比例关系和产业结构的发展方向，需求结构的不断丰富、不断发展以及对需要的满足程度的不断提高，成为经济不断增长和产业结构不断发展的先导性因素。

马克思经济学所讲的社会再生产分为生产、分配、交换、消费四个环节。在社会再生产单个循环过程中，静态地考察社会再生产四个环节之间的横向联系，生产是起点，消费是终点。但是，在社会再生产不断循环的运动流中，动态地考察社会再生产四个环节之间的横向联系，那么，在"生产"这个"起点"之前，还存在一个先导性要素即"需求"。生产作为一种为满足人们的某种需要，为实现人们的某种目的而有意识地作用于外部自然界的功利性行为，需求总是作为生产行为的追求对象。正如马克思所说："如果说，生产在外部提供消费的对象是显而易见的，那么，同样显而易见的是，消费在观念上提出生产的对象，把它作为内心的图象、作为需要、作为动力

---

① 《马克思恩格斯全集》第46卷（上），人民出版社1979年版，第29页。

和目的提出来。"①

对现代社会而言，投资、技术等因素对生产力发展的影响更大，但尽管如此，需求依然是重要因素。例如，改革开放 30 多年来，中国经济高速增长的驱动因素之一是社会的需求增长。目前国内外学者将中国经济高速增长归因于生产要素投入、技术进步和制度的创新。其中，包括劳动、资本在内的生产要素对中国经济高速增长发挥了积极的作用，而技术进步和制度变迁提高了生产要素的配置和使用效率。与以上研究不同，部分学者从需求视角对中国经济增长给出了更为直接的解释。他们认为，实际上，无论是生产要素的投入，还是技术进步和制度变迁，都是从供给的角度分析中国经济增长的动力来源。消费、投资和出口之所以被认为是拉动经济增长的"三驾马车"，是因为作为社会总需求的重要组成部分，它们通过各产业部门间技术经济联系和产业波及效应，对国民经济各产业部门产生直接或间接的生产诱发作用，进而直接影响整个国民经济增长的速度和质量。②

需求对生产力或经济的作用，主要是导向作用，主要体现为在"观念形态"上引导着生产发展。在现实的生产过程开始之前，作为生产目的的需求，就会在"观念形态"上引导着生产发展。在这个意义上，可以说，需求作为引导生产发展的要素，作为调节生产发展方向的一种原生性内部机制，它就成为社会再生产总循环过程的现实出发点，成为推动生产发展的直接动力。基于需求的这种独立地位和独立作用，我们可以把马克思主义经济学的社会再生产四个环节的划分进一步具体化为：需求—生产—分配—交换—消费—需求……这样，需求就不仅仅是社会再生产总循环过程的现实出发点，同时也是社会再生产总循环过程的最终归宿，作为现实出发点和最终归宿，需求就不仅仅是引导社会生产发展方向，并对社会生产的发展方向进行最终检验，满足市场需求，追踪市场需求就会成为生产者直接的首要的动机。文化生产力的产生，其基本前提就是在物质生产力发展基础上人的精神文化需求的增长。收入的提高带来了需求结构的变化。需求结构的变化表现为物质产品效用的下降和文化产品效用的提高，物质

---

① 《马克思恩格斯选集》第 2 卷，人民出版社 1995 年版，第 9 页。
② 刘瑞翔、安同良：《中国经济增长的动力来源与转换展望》，《经济研究》2011 年第 7 期。

产品重要性相对降低，在消费方面表现为更加注重对生活质量的追求，以满足消费者不断变化的精神和心理方面的需求。可见，社会需求的增长是现代文化产业的现实条件，消费者的消费需求成为拉动文化产业（文化生产力）发展的内在动力。

这里必须强调一点，尽管需求是社会生活和经济运动中的一个重要环节，需求结构的不断发展变化成为社会生产和产业结构不断发展的重要因素。但是，依据马克思唯物史观，"需求"不是社会发展的根本的或决定的因素。需求之所以会发展、怎样发展，以及为什么同样的时代会有不同的需求……这些问题只能用社会生产实践活动才能得到说明。人类的需求不同于动物的本能需求，而是在改造自然、社会和人自身的实践活动中产生的，是人们在实践中所遇到的不同客观条件产生了人们的各种不同需求。人类的实践是人类和动物的根本区别，动物为满足本身的需求只能靠本能去适应自然，而人类则能够通过改造自然和社会的实践活动来满足本身的需求，而且在实践的发展中不断地形成新的需求。可见，社会发展的根本动力不是需求本身，而是产生人们需求的实践活动。

（三）产品：影响生产力变革的重要因素

长期以来，经济学偏重于对生产要素的研究，不仅忽视需求的作用，也同样忽视对产品的研究。如"生产力经济学"，经常讨论生产力有几个要素，于是有了"工具论"、"劳动力论"、"劳动对象论"等，就是"生产力系统论"，也是只把要素集合为系统。而"政治经济学"的研究对象是生产关系，着重研究生产资料所有制，以及由此产生的人与人之间的关系。

随着社会发展，产品对生产要素以及整个生产过程的影响越来越明显，人们逐渐开始关注和研究这一问题。据笔者能够掌握的资料，主要有唐昌黎的《产品论》（载于《社会科学战线》1992年第1期）和孟海贵的《中国当代生产力研究》（中国环境出版社2002年版）。本书的研究借鉴了这些研究成果。

生产是劳动者运用工具加工劳动对象以获得产品的过程。把生产看作一个系统，它不仅包含生产力要素，即劳动力、劳动工具、能源动力、资金

（资本）、技术、管理等，而且还包括产品，即一种产出或者说使用价值。[①]没有生产要素就无法进行生产，但仅有生产要素而没有产品，也不成其为生产。故产品和要素都是构成生产不可缺少的因素。生产过程无论多么复杂，最终目的都是要获得产品。在生产过程中，总是先在人的头脑中构思出产品的实物信息，而后才去组织生产要素，最后得到产品。生产要素和产品是生产系统的两个因素，生产力的发展就是这两个因素的变化。从社会发展史可以看出，生产力有一种加速发展的趋势，即越发展越快。资本主义产生以来的200多年创造的生产力，比以往几千年的生产力的总和还要多。生产力之所以加速发展就在于生产要素和产品在加速变革。

产品依其变化与否可分为两大类。一类是不变产品。包括农产品（木材等）和矿产品（包括石油、煤炭）。农业生产工具变化很大，但产品不变，现在的小麦和3000年前的小麦也没有什么不同。不同地区的矿产品差别颇大，但这完全决定于资源条件，并不随技术的进步而变化。另一类是可变产品。包括手工业产品、工业产品和信息产品（图纸、技术文件、情报、计算机软件以及文化产品等），随技术的进步而发生变化。

古代社会，几乎全是农产品，大约要占90%，可称为农业时代。农产品是由生物经过种植和饲养发育而成，几万年也没有什么大的变化。除农产品以外，其余10%为手工业产品，如劳动工具、生活用具和兵器。在农业时代，不变产品占90%，可变产品占10%。在可变产品中，工具约占50%。由于不变产品占90%，故整个产品的变革极其缓慢。用作劳动工具的产品变革也很慢，但比总产品的变化要快得多，生产力发展实质上就是工具变革。因此，工具是最活跃的因素，成为生产力发展水平的标志和经济时代划分的依据。马克思说："各种经济时代的区别，不在于生产什么，而在于怎样生产，用什么劳动资料生产。劳动资料不仅是人类劳动力发展的测量器，而且是劳动借以进行的社会关系的指示器。"[②] 显然，研究古代经济史，应以劳动资料为中心。

从18世纪末开始，欧美一些国家相继进入工业时代。至今约200多年

[①] 参见唐昌黎《产品论》，《社会科学战线》1992年第1期。
[②] 《马克思恩格斯全集》第23卷，人民出版社1972年版，第204页。

时间，生产力的变革急剧加快，而且越来越快，因而要分两段考察。在19世纪的100年间，农产品和工业品各占一半。假设工业品的变化率为70%，工具的变化率也为70%。可变产品50%，其中有70%发生变化，则产品的变化率也为35%。产品变化率与工具变化之比为1∶2。从19世纪末到20世纪末的100年间，除农产品和工业品以外，又出现了信息产品。假设农产品和矿产品占30%，属不变产品；其余70%为工业与信息产品，属可变产品。假设变化率也为70%，工具的变化率也为70%，在可变产品中有70%发生变化，则产品的变化率为49%，工具变化率与产品变化率之比为1∶1.4。

工业时代以后进入信息时代。一般而言，信息产品占到50%以上就可称为信息时代，据此，欧美发达国家在20世纪60年代以后，即开始向信息时代过渡。信息时代的一个显著特点就是产品的变革加快，工具的变革减慢。引起产品变革加快的原因，是可变产品的份额增大，可达到80%以上。引起工具变革减慢的原因，在于工具的种类很多，用现有的工具重新组合，就可以加工出新产品，所以，即使工具不变，产品也会发生变化。这就从两个方面导致产品变革加快而工具变革减慢。假设不变产品占20%，可变产品占30%，变化率为80%，产品的变化率为64%。由于可变产品中信息产品不用作工具，故可变产品的变化率要高于工具的变化率。假设工具的变化率仍为70%，产品变化率与工具变化率之比已接近了。而当农产品与矿产品的比重降到10%时，则产品的变化率就高于工具的变化率。在信息时代，生产要素中技术或者说人的智力开始显示出巨大作用，成为生产力中最活跃的因素，从而在工具不变的条件下，产品也能发生大的变革。[①]

以上分析中可以看到，在农业时代，不变产品的分量占绝大比重，达90%以上，故产品变革极其缓慢。工具的变革相对较快些，因此，工具是生产力中最活跃的因素。生产力越向前发展，可变产品的比重越大，而且出现了一种变化最迅速的信息产品，故产品的变化率日益接近并超过工具的变化率，则产品就成为生产中最活跃的因素，也可以代表生产力发展水平。

早在20世纪90年代初，唐昌黎在《产品论》中，就通过对人类生产发展史的考察，概括了生产要素与产品的关系的发展总趋势："古代生产，生

[①] 以上参见孟海贵《中国当代生产力研究》，中国环境出版社2002年版，第217—231页。

产要素决定产品,是一种单一决定模式;近代生产,生产要素与产品相互推动,是一种双向推动模式;现代生产特别是未来的信息时代的生产,将成为行星模式。产品是中心,生产要素围绕产品旋转。"如今,人类发展已进入21世纪,要素与产品关系的"行星模式"已经由"将成为"变成了"已成为"。因此,从产品本身在生产中的地位和作用,特别是在从人类社会生产发展趋势来看,应重视对生产力发展中产品问题的研究。重视生产要素而轻视产品作用,在实践上形成了重投入、轻产出的发展路径。当然,以往经济学之所以偏重于研究生产要素,主要是由其理论功能决定的。从我们所处的历史条件看,从当前的实际情况看,经济工作再也不能走重投入、轻产出的老路,经济学研究也要克服重生产要素、轻产品的倾向。这一点,对于认识和指导现代化生产说来,尤其如此。①

　　从以上分析中可以看出,在现代社会,需求和产品对生产的影响越来越大。这就要求我们坚持历史与逻辑相统一的方法,转换分析问题的视角和思路。如果把需求和产品作为重要的维度,那么,迄今为止的生产力,还可以分为"物质生产力"和"文化生产力"。当然,这种区分只具有相对意义。因为,二者的区别只在于生产的"产品"不同和满足的"需求"不同。

---

　　① 参见唐昌黎《产品论》,《社会科学战线》1992年第1期。

第一章
文化生产力：当代生产力发展的新形态

马克思唯物史观认为，生产力是伴随着人类社会始终的、推动人类社会发展的最终决定力量。人类历史的发展表明，生产力是一个动态的不断变化的发展过程，生产力的每一次变革，都赋予自身以新的内容、改变自身的存在形态、呈现出新的特点。生产力范畴，仅从马克思算起，到现在也已经有160多年了。人类社会发生了巨大的变化，已经从马克思所处的早期工业社会进入到了信息社会。在当代社会，生产力发展的一个重要特征，就是精神文化因素对生产力的影响越来越大，以至于出现了所谓的"大生产力观"："社会生产力不是几个因素的简单加总，是一个运动着的、开放的系统，是多层次、多领域的复杂多变的有机系统，是由文化力、劳动力和自然力合成的一种社会力量，是人类创造物质产品和精神产品的总和。"[①] 因此，生产力也必然随着时代的发展不断转换自己的形态。关于生产力的当代形态，目前理论界有不同的提法：知识生产力、信息生产力、网络生产力、虚拟生产力等，这些提法都是从不同的角度，概括了当代生产力的新特征，而且互相交叉、渗透。同上述概括相比，文化生产力则更具有高度的普遍性。因为从广义上理解，知识生产力、信息生产力、网络生产力、虚拟生产力，都是高智力、高文化、高知识的产物，生产的都是非物质产品，因此，都可以称为"文化生产力"。但我们这里所研究的"文化生产力"，是特指为满足人类的精神需求而生产精神文化产品的能力和水平。文化生产力是人类生产力发展的一种崭新形态，是社会生产力发展的必然结果。

---

① 李向民：《精神经济》，新华出版社1999年版，第56页。

第一节 文化生产力:满足人的精神文化需求的现实力量

文化生产力作为经济与文化高度融合的产物,具有物质属性(客观现实性)与精神属性(意识形态性)的双重特征。物质属性是文化生产力与物质生产力相同的共性、普遍性或一般性,即客观现实性;精神属性则是指文化生产力自身与物质生产力相区别的特殊性,文化生产力能够成为自身的特殊性,即精神文化属性。文化生产力固然具有客观现实性,但精神属性是其本质属性。文化生产力的根本价值,在于创造和生产丰富而健康的精神文化产品,满足人的精神文化需求。因此,文化生产力生产的文化产品,应该是积极健康的精神食粮,在满足人的精神文化需求中,提高人的精神境界、提升人的文化品位、塑造人的灵魂。

一 文化生产力的内涵及其表现形态

"文化生产力"不是"文化"与"生产力"两个概念简单机械的相加而形成的,在本质上,它是文化与生产力发展到一定阶段的产物,具有内在的生成性关系。但毕竟文化生产力既涉及"生产"问题,同时又涉及"文化"问题。因而,要明确文化生产力范畴的内涵,首先要对"生产"概念和"文化"概念进行具体分析,这是界定文化生产力范畴的必要前提。"文化"和"生产"都有广义与狭义之分。实际上,无论对"生产"概念和"文化"概念,人们都是在这两种意义上使用的。

(一)"文化"的广义与狭义

"文化"是世界各民族的语言中出现较早的词汇之一,也是今天各种典籍和传播媒介中出现频率较高的一个概念,当然也是歧义最多的概念之一。据有人统计,到目前为止,关于"文化"的定义达到200多种。但得到大家普遍认同的是把文化分为广义文化和狭义文化。笔者也倾向于目前广义与狭义的理解,它实际上基本涵盖了目前对文化的所有释义。

广义的"文化",或称"大文化",是指在社会历史实践中人类所创造的一切物质财富和精神财富的总和,涉及社会生活的诸多方面和领域,既指人类的物质财富,又包括精神财富;既是一种社会生活方式,又是一种价值体系。一般认为，广义文化包括物质文化、政治文化、行为文化、精神文化四种类型。《中国大百科全书》[①]的社会学卷解释道："广义的文化是指人类创造的一切物质产品和精神产品的总和。"哲学卷解释说："广义的文化总括人类的物质生产和精神生产的能力、物质的和精神的全部产品。"并指出："历史学、人类学和社会学通常在广义上使用文化概念"。上海辞书出版社出版的《辞海》，对文化的解释为"从广义来说，指人类社会历史实践过程中创造的物质财富与精神财富的综合。"[②]

广义的文化主要是与"自然"相对的概念，即一切打上人类活动印记的事物或所有被"人化"的事物。因此，广义的文化是从人之所以为人的意义上立论的，是指人类区别于动物的"类特性"，即人类生命活动的基本规定性。从这个意义上理解，文化就是"人化"。因而，广义的文化将人类社会历史生活的全部内容全都纳入"文化"的定义域，认为人类劳动所创造的一切财富的总和都包括在文化范畴之中。可见，广义文化着眼于人类与一般动物、人类社会与自然界的本质区别，着眼于人类卓立于自然的独特的生存方式，其涵盖面非常广泛，所以又被称为"大文化"。广义的文化包括四个层次：一是物态文化层，由物化的知识力量构成，是人的物质生产活动及其产品的总和，是可感知的、具有物质实体的文化事物。二是制度文化层，由人类在社会实践中建立的各种社会规范构成。包括社会经济制度、婚姻制度、家族制度、政治法律制度、家族、民族、国家、经济、政治、宗教社团、教育、科技、艺术组织等。三是行为文化层，以民风民俗形态出现，见之于日常起居动作之中，具有鲜明的民族、地域特色。四是精神文化层，由人类社会实践和意识活动中经过长期积累而形成的价值观念、审美情趣、思维方式等构成，是文化的核心部分。

狭义的文化则特指"精神文化"或"观念文化"，是指人类社会的精神文化层面或领域以及与其相适应的制度体制和组织机构，指物质生活之外的精神现象、精神生活，包括社会的思想、道德、科技、教育、艺术、文学、

[①] 在众多的文化诠释中，笔者认为，《不列颠百科全书》（国际中文版）和《中国大百科全书》（中国大百科全书出版社 2001 年版，全书共 20 卷）、《中国百科大词典》（中国大百科全书出版社 1999 年版，全书共 10 卷）具有综合性和权威性，对于我们理解"文化"具有参考价值。

[②] 《辞海》，上海辞书出版社 1980 年版，第 1533 页。

宗教、传统习俗等，其核心和实质是价值观。对文化的这种理解，是把文化界定为人类社会大系统中的一个子系统，即与经济、政治相对的人类精神文化生活系统，而没有把社会的物质财富及经济和政治活动都包括进来。精神文化是人类智慧长期积累和凝聚的结果，是人类社会发展进步的精神动力，也是人类社会进步发展在精神领域的一个重要表征和标志。上海辞书出版社出版的《辞海》对狭义文化解释为，"社会的意识形态，以及与之相适应的制度和组织机构；"[①]《中国大百科全书》的社会学卷解释为，"狭义的文化专指语言、文学、艺术及一切意识形态在内的精神产品；"哲学卷解释为，"狭义的文化指精神生产能力和精神产品，包括一切社会意识形式，有时又专指教育、科学、文学、艺术、卫生、体育等方面的知识和设施，以此与世界观、政治思想、道德等意识形态相区别。"

狭义的文化排除人类社会——历史生活中关于物质创造活动及其结果的部分，专注于精神创造活动及其结果，所以又称"小文化"。1871年，英国文化人类学的奠基人爱德华·泰勒，在其《原始文化》一书中给"文化"下了一个定义："所谓文化或文明乃是包括知识、信仰、艺术、道德、法律、习惯以及其他人类作为社会成员而获得的种种能力、习性在内的一种复合整体。"[②] 这个被认为是经典的文化定义，也是从狭义文化角度界定的。毛泽东所说"一定的文化是一定社会的政治和经济在观念形态上的反映"中的"文化"也是狭义文化；我们当前所讲的"先进文化"也是从这个意义上使用的。黄楠森先生则在更加宽泛的外延上将"精神文化"概括为"十二种现象"：科学技术、经济思想和经济理论、政治法律思想和理论、语言文字、道德伦理观念、善恶标准和道德伦理理论、宗教现象、文学艺术、哲学和社会学说、教育和教育思想、新闻出版事业、公共文化设施及其活动、民间文化。[③] 并指出："我认为，应该指出，对文化做狭义的理解是具有更广泛性的趋势，而且从文化理论和文化建设来讲，应该使用狭义的理解，狭义的文

---

① 《辞海》，上海辞书出版社1980年版，第1533页。
② ［英］爱德华·泰勒：《文化之定义》，顾晓鸣译，转引自刘作翔主编《法律文化理论》，商务印书馆1999年版，第98页。
③ 黄楠森：《论文化的内涵与外延》，《北京社会科学》1997年第4期。

化是严格意义的文化,即人类的精神现象和精神产品。"① 将人类创造的一切都冠以"文化"之名,文化就成了无所不包的无法感知的抽象存在。这就是我们经常说的,"什么都是,也就什么都不是"了。正如陈独秀曾指出的:"有一班人并且把政治、实业、交通都拉到文化里面了,我不知道他们因为何种心理看到文化如此广泛,至于无所不包!若再进一步,连军事也拉进去了,那变成了武化运动了,岂非可怪只有怪了吗?"②

文化虽有广义与狭义之分,但二者是紧密联系不可分割的。文化研究虽然肯定广义文化(大文化)概念,但基本上是以狭义文化(小文化)为主要研究对象。当然,狭义文化(小文化)在逻辑上从属于广义文化(大文化)。

"文化生产力"中的文化,主要是指狭义文化,即一切可以满足人的精神需求的精神文化活动及其成果。"精神文化"主要有宗教、信仰、风俗习惯、道德情操、学术思想、文学艺术、科学技术、各种法律、制度等。同时,也包括具有精神文化特性的物质文化,如:艺术文化、物质产品中的文化元素等。因此,"文化生产力"中的文化,是精神文化和具有精神文化特性的物质文化的总和,但不包括全部物质文化。如果按照"文化"就是"人化"的广义文化来理解,物质生产也属于"文化"的范畴,那么,区分"物质"与"精神"也就没有意义了。当然,狭义文化虽然是精神文化,属于马克思主义所讲的上层建筑范畴,具有社会意识领域属性,但这并不妨碍文化可以有自己的物质外观和外化形式,比如,"书籍"传播的是知识,但必须有物质形态,如"纸张"、网络(电子书)等。

(二)"生产"的广义与狭义

实际上,我们是在广义与狭义两种意义上使用"生产"概念的。在《中国大百科全书》哲学卷"生产"条目看来,社会生产也是有广义与狭义之分的,狭义的社会生产指物质生产,广义的社会生产包括物质生产、精神生产和人类自身生产。③ 对于人类的生产活动,我们可以从两个角度进行考

---

① 黄楠森:《论文化的内涵与外延》,《北京社会科学》1997 年第 4 期。
② 陈独秀:《文化运动与社会运动》,《新青年》1921 年第 9 卷第 1 号。
③ 《中国大百科全书》哲学卷Ⅰ,中国大百科全书出版社 1987 年版,第 782 页。

察，即从普遍和特殊、一般和个别的角度来考察，这样就出现了两个不同的生产概念。一是哲学意义的生产概念或广义的生产概念，它把生产理解为一种人类普遍的实践活动，着重研究生产作为人类实践活动的普遍的、一般的特点；另一种是经济学意义的生产或狭义的生产，即从特殊和个别的角度来考察，生产活动是指在一定投入的基础上，经过一定的生产过程，产生一定的经济效益的活动，是一种经济活动，它强调的是生产活动的特殊性和具体的生产方式的特点。

广义的或哲学意义的生产概念撇开了狭义的或经济学意义的生产概念的具体特征，着重研究它的一般性，马克思也是在这两种意义上使用"生产"的。一方面，马克思在哲学意义上提出"生产理论"，如"全面生产"、"生活的生产"、"两种生产"等等。马克思认为，人类的物质生产、精神（知识、思想、理论、观念等）生产、个人生命的生产和再生产，是人类生存和发展的基本形式、普遍形式。"从历史的最初时期起，从第一批人出现时，这三个方面就同时存在着，而且现在也还在历史上起着作用。"[①] 马克思的"全面生产"实际上就是指人类的基本实践活动，即物质生产活动、精神生产活动、人自身的生产活动、社会关系的实践活动这四种形式，其他一切活动都是这四种基本活动的深化和扩展。

另一方面，马克思在研究经济学理论时所使用的"生产"概念，就是经济学意义上的"生产"概念。当然，任何一种生产活动都必然产生一定的结果，但它不一定是采取投入产出的经济活动的方式来进行。物质生产是指人类创造物质产品的活动与过程。物质生产是人类最基本的实践活动。人类与动物的根本区别就在于，人类是通过物质生产以获得所需要的物质生活资料，解决人与自然之间的根本矛盾的。经济学意义的生产活动是在人类发展的一定阶段上才出现的，在人类的实践活动中，有的活动可以在一定的条件下转化为生产活动，而有些实践活动恐怕永远也不能转化为经济意义的生产活动。但这两种生产活动并不是两种完全不同的生产，或是先后两种不同的生产活动，而是对同一个生产活动的考察的角度不同而区分出来的。哲学意义的生产包括经济学意义的生产，经济学意义的生产必然带有哲学意义的

[①] 《马克思恩格斯选集》第 1 卷，人民出版社 1995 年版，第 80 页。

生产所具有的基本特征,生产活动正是一般与个别的统一、普遍与特殊的统一。

人类的精神生产,包括关于自然和社会一切知识、理论、思想的生产。我们这里主要是指社会意识的"生产",即"表现在某一民族的政治、法律、道德、宗教、形而上学等的语言中的精神生产"[①]。最初的精神生产并不具有独立形式,而是与人们的物质活动直接交织在一起。马克思、恩格斯指出:"思想、观念、意识的生产最初是直接与人们的物质活动,与人们的物质交往,与现实生活的语言交织在一起的。"[②] 随着人类社会文明的形成和发展,精神生产的形式和内容变得日益丰富多样,其功能也越来越强大。到了今天,不仅人类的全部物质生产和经济生活都已经渗透着精神文化因素,而且随着文化产业的兴起,精神文化生产在社会经济生活中的地位日益提高。因此,这里指的文化生产活动,实际上就是以社会化大生产的形式、以市场化机制把人类创造的精神成果,"送到"消费者手中供人们"消费"(欣赏),主要包括生产文化产品和提供文化服务两个方面。文化产品主要包括图书报刊、影视作品、音像制品等;提供文化服务的主要包括网络产业、旅游产业、娱乐产业、参观会展业、体育健身业等。无论是文化产品还是文化服务,其目的都是满足人的精神文化需求。

(三)"文化生产力"的内涵及其表现形态

有"生产",就有"生产能力";有"文化生产",也必然有"文化生产能力",这就是"文化生产力"。我们这里所界定的"文化生产力",是文化采取经济意义的生产活动来生产精神文化产品的能力和力量。它具体内涵包括两个方面:一是文化作为渗透性因素对物质生产力所产生的变革作用,即物质生产力中的精神文化因素的增加、文化附加值的增加。自从人类社会产生以来,精神文化对物质生产力的作用就一直存在着,只不过作用的程度和方式有所区别而已。在当代社会,精神文化因素对生产力的作用十分突出,在一定意义上说,今天的一切生产都是文化生产,一切产品都是文化产品。物质生产和物质产品出现明显的"泛文化"特征,文化含量极大提高,

---

[①] 《马克思恩格斯选集》第 1 卷,人民出版社 1995 年版,第 72 页。

[②] 同上。

文化附加值构成产品的关键成分，但其最终产品还是物质产品，主要满足人的物质方面的需求。二是以文化本身为生产对象而进行的生产活动的能力，即精神文化活动本身以产业化、市场化的方式生产文化产品和提供文化服务的能力，而且生产的产品主要是满足人的精神文化需求。在这里，精神文化因素直接成为生产要素，而不再是生产力中的附属因素；文化不再只是增加生产力的附加值，而是文化本身就成为创造价值的核心资源。

因此，当狭义文化（精神文化）活动采取经济活动的方式进行时，就转变成了文化生产活动，文化生产力便是文化生产活动的发展程度、规模和水平。故可以把文化生产力的内涵规定为："文化生产力"是创造和生产精神文化产品的能力，在当代是指以社会化生产和市场经济为依托、以现代科学技术为手段、以文化产业的兴起为标志和典型形态的、生产满足人们精神需求的文化产品的水平和力量。

生产力作为一种客观的物质力量，力量不等于实体，但离不开实体，必须通过实体表现出来，生产力即寓于实体之中。文化生产力作为当代社会生产精神文化产品的能力和水平，也必须通过具体的文化生产活动得以实现，离开具体的文化生产活动，文化生产力就无从体现。而文化生产活动又必须通过文化产业来具体组织实施。因此，文化产业便成为文化生产力的表现形态，文化产业发展状况可以反映文化生产力水平。随着经济全球化进程的加快和知识经济时代的到来，文化生产活动十分复杂，具体形式多种多样，并且出现了高度综合化的趋势，产业融合特征日益明显。

从产业演变的角度来看，可分为文化产业、内容产业和创意产业。从静态来看，当代文化产业是由多种产业形式组成的文化产业群。这一产业群中具体包括图书出版产业、广播电影电视产业、音像制品产业、网络产业、旅游产业、娱乐产业、参观会展业、体育健身业等文化产业形式。其中报刊、图书、广播、电视、电影、互联网和音像制品业等，以纸质传媒和电子传媒为主要形式，以宣传或传播为主要特征，可以统称为传媒产业。这类产业在整个文化产业系统中起中枢作用。它既是基础，又是中介，还是传导和联接的主体，其产业化的程度和水平直接制约和影响其他门类的发展状况，体现着文化生产力的发展水平。而旅游产业、娱乐休闲业、参观会展业和体育健身业这一门类，可以统称为"休闲产业"。其主要特征是蕴文化内涵于景物与观光中，集观赏、娱乐、休闲、雅兴和学习为一体，在旅游观光休闲活动中发思古之幽情，启智慧之灵感，激热爱自然之情。与上述产业相对应，文化生产力主要包括媒体产业生产力和休闲产业生产力。当然，由于文化产业本身具有高度融合的特征，所以这一区分只是相对的。比如，网络产业就具有传媒产业和娱乐产业等多种特征。

二　文化生产力的一般特征：客观现实性

马克思主义哲学告诉我们，事物的本质反映事物内在的、必然的、符合规律性的东西。文化生产力是一种主观抑或精神力量，还是一种客观的物质力量？这是从哲学角度研究文化生产力必须回答的问题。在分析文化生产力特征之前，有必要对生产力的一般本质作一总体考察。明确生产力的一般本质，是我们理解文化生产力的基础和前提。

"力"本是物理学概念，是指实体间的一种相互作用。在18世纪，牛顿力学盛行，人们把能使物体产生加速或发生形变的作用称作"力"。现代物理学揭示了物质有两种存在形态，一是实体形态，一是场力形态。所谓力就是场力，是一种实体间的相互作用。有实体才有相互作用，没有实体就没有相互作用，物质是实体和场的统一体。

也是在18世纪，经济学中开始出现了生产力概念，把能够生产出物质产品的要素称作生产力。在魁奈和李嘉图的著作中，把土地、人口、资本看作生产力；萨伊则把土地、河流都看作生产力；亚当·斯密前进了一步，把劳动看作是生产力，称作劳动生产力。这些经济学家，只是把生产力的某一因素或自然条件看作生产力，尚未揭示出生产力的本质。

在马克思主义看来，生产力的概念不能简单等同于"力"的概念，把生产力与"力"混为一谈，否认生产力的实体性，是一种片面观点。生产力也是（生产力）实体和（生产力）场的统一体。劳动力、劳动资料、劳动对象是实体，科学技术、管理、信息起到场的作用，是一种生产力场，把实体结合在一起形成生产力整体结构，这种结构载荷着人的生产实践能力，具有改造客观对象的功能。故生产力不同于物理学的"力"的概念，而是类似于物理学的"物质"概念。

在马克思的著作中，提到生产力之处很多，能够揭示出生产力本质的是下述论断:"人们不能自由选择自己的生产力——这是他们的全部历史的基础,因为任何生产力都是一种既得的力量,是以往的活动的产物。可见,生产力是人们应用能力的结果"①。根据马克思的上述论断,可以把生产力的本质概括为人的实践能力,体现在要素上,可以把生产力要素看作生产力,如马克思把劳动者看作最大的生产力,把机器看作生产力。人的实践能力体现在功能上,就是人控制和改造客观对象的能力。马克思说:"劳动首先是人和自然之间的过程,是人以自身的活动来中介、调整和控制人和自然之间的物质变换的过程。人自身作为一种自然力与自然物质相对立。"② 人的实践能力体现在结果上,就是生产产品的能力或生产使用价值的能力。

因此,生产力的本质实质上是人的生产实践能力,即改造客观对象获得一定产品或使用价值的能力,表现为一定的规模、布局等。其实质是一个实践范畴,是一种现实的力量。生产力本质上是人的一种实践能力,是人的一种特殊功能,有功能就必然具有产生这一功能的结构实体。劳动者是一种实体,劳动者制造和利用工具,所加工的对象,也都是实体。这就是说,生产力作为一种客观的物质力量,不等于实体,但又离不开实体,必须通过实体表现出来,生产力即寓于实体之中。在生产力的要素中,劳动力作为"人类的自然力",生产资料作为"自然基质"那样的物质实体,都是客观的、独立的存在,并不是像观念、意识之类的非实体的东西,离开了物质实体就不能有独立的存在。任何"力"都不是抽象的一般的"力",而是具体的、现实的"力",是客观上存在着的物质实体的"力"。马克思在《神圣家族》中指出,在自然界中,物质是充满力量的,力量只不过是事物本身的表现、作用。《资本论》中指出"剩余价值的创造是生产与价值通过创造价值的交换",在这里是把"力"和剩余价值这种物质直接加以等同,说明作为生产力中的"力"是不能离开物质的。在《评弗里德里希·李斯特的著作〈政治经济学的国民体系〉》中,为了破除人们美化"生产力"的神秘灵光,使它回到物质的世界,列举了"水力、蒸汽力、人力、马力"等,认为所有

---

① 《马克思恩格斯选集》第 4 卷,人民出版社 1995 年版,第 532 页。
② 《马克思恩格斯全集》第 44 卷,人民出版社 2001 年版,第 207—208 页。

这些都是"生产力"，都是物质实体。在《资本论》及其手稿中坚持并丰富发展了这一观点，认为作为物质实体的对象是第一性的、原生的，属性（特性）或关系是从属于对象的，如果生产力范畴不是实体，就不能有物质实体的属性和关系了。

　　文化生产力作为一种生产力形态，与物质生产力具有共同的本质、共同的构成要素和共同的特征，也是一种客观的、现实的物质力量。这是文化生产力的一般性、普遍性特征。虽然文化生产力生产的产品是物质载体所承载着文化意义的特殊产品，但这一点并不能改变它的生产力本质。作为一种生产力，无论它多么特殊，都是人类为满足自身需求借助于一定的生产资料加工改造某种对象从而获得一定产品的客观的物质力量。文化生产力是生产力发展的一种新形态或新阶段，与一般生产力一样具有共同的构成要素、特征和规律，具有不以人的意志为转移的客观性。我们之所以称这种生产力为"文化生产力"，是依据其生产的产品主要是满足人类精神需求的这一点来界定的，并不是说它是一种精神力量。因此，作为一种生产力，无论它有怎样的特殊性，它仍然具有一般生产力的特征，是一种现实的、客观的力量。这种客观物质性不仅表现在生产力要素的实体性上，更突出表现在它是一种物质生产活动上。因此，所谓的"文化生产力"与"物质生产力"的区分是相对的，只是从"需求与产品"的角度上才得以区别的，作为生产满足人们现实需要的客观物质力量，二者之间的共性是明显的。既然文化生产力首先是生产力，具备生产力的一般特征，那么，我们可以使用马克思主义的物质生产力构成理论来分析文化生产力的构成。这样，文化生产力也是由三个要素构成的：劳动对象（指一切文化资源）、劳动资料（指文化生产的环境条件和生产工具）和劳动者这三大实体性部分；此外，还有以科学管理为主的非实体性要素。所不同的是，文化生产力的构成主要不在于外在的实体（硬件），而在于内在要素（软件）。必须强调一点，由于文化生产力所创造和生产的是精神文化产品，虽然要以一定物质为载体，但它所包含的却是政治信念、价值取向、道德操守、审美情趣、生活样式、人生境界等无形的东西。在文化生产力中，知识、科技、教育、精神等不再作为生产力的外在的要素，而是生产力的内在要素，精神文化、脑力劳动在文化生产力中具有特殊重要作用，创造力成为文化生产力的重要乃至关键性的作用。因此，衡量文化生产力的水平，既不能单纯以经济效益为唯一尺度，搞"文化 GDP"，也不能仅仅以生产工具的先进与落后为衡量标准，而应以精神文化产品的原创能力以及精神文化产品内容的先进与落后为最终标准。

三　文化生产力的本质特征：精神文化属性

考察文化生产力的本质特征，就是要揭示文化生产力在本质上究竟是怎样的一种存在。一事物区别于另一事物而成为自身的根据，不在于事物之间的共性和一般性，而在于其个性和特殊性。同样，文化生产力作为一种生产力形态所具有的与物质生产力一样的一般性、普遍性特征，并不能把二者区别开来。文化生产力自身的特殊性使之与物质生产力区别开来。这一区别点构成了文化生产力的本质特征，成为文化生产力之所以成为自身的理由。

虽然文化产业作为以工业化方式大规模生产供人们消费的文化产品的产业形态，与其他的产业并无本质的区别，但是，从产品的性质看，文化产品不同于物质产品，包含着的是非物质的精神内容，人们需要和消费文化产品是为了满足自己的精神需求。文化产品只是文化的载体，是传播文化信息、符号的媒介。文化产品的核心不是载体本身，而是载体所承载的内容，其内容才是消费者最终消费的目标和核心。因此，衡量文化生产力水平的直接标准是创造经济价值的能力，而最终标准则是精神文化产品对人形成世界观、价值观产生正确的导向作用如何，对于塑造人的灵魂、提升人的精神境界是否起到了积极作用。也正因为如此，我们强调文化生产要坚持把社会效益放在首位，坚持社会效益与经济价值的统一。

马克思在剖析商品拜物教的秘密时指出：人类劳动的产品"一旦作为商品出现，就变成一个可感觉而又超感觉的物了"。[①] 而人类创造的文化物，其"可感觉而又超感觉"的特质就更为明显。仅仅具有可感知的性质，并不一定能称之为文化，自然界的电闪雷鸣、风霜雪雨，并没有因为它们具有可感知的性质而称之为文化。而一件出土文物之所以成为文物，并非仅仅因为它具有可感知的物化形态。考古学家、历史学家、人类学家，力图揭示这

[①] 马克思：《资本论》第 1 卷，人民出版社 2004 年版，第 88 页。

种物化形态中所凝结的文化内蕴：判断它属于哪个文化时期、哪种文化类型等。要揭示其文化价值，只凭感觉是无济于事的，因为文物之所以叫做文物，不取决于构成它的自然物质材料的物理性质，而在于它的"超自然"、"超感觉"的性质。①

但是，文化的"超感觉"性又必须通过"可感知"性表现出来。无论哪一种文化，如果没有相应的物质承担者，没有特定的物化形态的东西作为载体，都无法存在和传播。比如，一首音乐、一幅绘画、一件雕塑，不采取任何"可感觉"的物的形式却能成为人们欣赏的对象，那是不可思议的。即使是那些被称为观念形态的文化，如科学、宗教、哲学、道德思想等，如果不借助于一定的可感知的物化形式（震动的空气、可听的声波即有声语言和可见的符号形式文字、图画等），既不能被理解，更不能传递和传播，也就没有文化可言了。文化的"超感觉"性离不开"可感觉"性，文化注定要受到物质的纠缠，即使歌唱家的演唱活动也离不开物质——震动着的空气层，舞蹈家的表演是把自己的身体当成了物质的手段。空气层、演员的身体就是物质的载体。这种可感觉的形式具有流动性、暂时性，随着歌唱的结束、舞蹈的结束，这种可感觉性也随之消失。现代文化生产把歌唱和表演录成音像制品，使它们获得了长久的物化形式。可见，文化表现的不是"直接呈现"在自然界和人们面前的"对象"的自然物质基质，而是人"灌注"到对象中去的意义和价值。可以说，文化的本质是一种"意义"符号。

因此，我们可以通过"符号学"来进一步理解文化生产和文化产品的本质。所谓"符号"是指人们借助可感知的物质载体来指称某种对象或表达某种超感觉意义的标识。人们通过对各种文化符号的解读，来领会人的情感、意志、认知、信念、希望、追求、各种精神需要，乃至于人的全部生命意蕴。文化哲学家卡西尔有言："人不再生活在一个单纯的物理宇宙之中，而是生活在一个符号宇宙之中。语言、神话、艺术和宗教则是这个符号宇宙的各部分，它们是组成符号之网的不同丝线，是人类经验的交织之网。人类在思想和经验之中取得的一切进步都使这个符号之网更为精巧和牢固。……在某种意义上说，人是在不断地与自身打交道而不是应付事物本身。他是如此地使自己

---

① 陈筠泉、刘奔：《哲学与文化》，社会科学文献出版社1995年版，第3页。

被包围在语言形式、艺术的想象、神话的符号以及宗教的仪式之中,以致除非凭借这些人为媒介物的中介,他就不能看见或认识各种东西"。①

符号是用来代表意义的。符号学的创始人、瑞士语言学家索绪尔认为,符号是由"能指"和"所指"构成的,两者构成意义关系。"能指"和"所指"构成符号,虽然符号不同于真实的物,但在表达中这两者是同义的。法国符号学理论大师罗兰·巴特认为,在大众文化的言谈中,表达过程只是第一层级的,这个表达的符号构成了第二层级意指过程的能指,而第一层级的符号只有从属于第二级的意指过程时,才具有存在的意义。比如,恋人之间用玫瑰表达爱情。其中玫瑰是能指,爱情是所指,第一个玫瑰当然是实体,仅在这个所指的对应层面上,玫瑰被抽空了具体的内容,变成了符号,因此"在经验的层面上,我无法使玫瑰和其所传递的讯息分隔,如同在分析的层面上,我也不能混淆玫瑰是能指及玫瑰是符号,能指是空的,符号是完满的,那是一种意义。"② 把物抽象为一种形式符号,这是当代大众文化的重要特征和运行方式,但这种方式是大众文化的第一级运作层面,而在深层上,大众文化运作是将符号变成物,使物成为符号的复制品。巴特站在符号学的立场上进一步分析:在大众文化中,物成为一种"物—符号体系",而且正是因为物的符号化,才把大众文化构建为神话。法国符号学家德波在其《景观社会》中指出,现代社会的特征是意象统治一切:随着消费社会的来临,教化中的商品不再为了直接的使用目的,而是为了商品中所蕴含的意象。

正是由于一切文化产品具有的符号属性,使以复制传播为主要形式的现代文化产业的发展成为可能。人们在文化产品上的消费,主要是其所负载的内容(content)或意义(meaning),满足于对其含义的理解与体验,其载体的物质损耗反而微不足道。用符号学的话来说,文化符号的"所指"(内容)的消费(感知与体验),并不同时或等比例地消耗其"能指"(载体)。例如,一张音乐 CD 可以几乎无差别地反复播放同一段音乐演出的"实况"。从符号学的角度理解文化生产,其实质就是生产意义符号的活动,文化产品

---

① [德]卡西尔:《人论》,甘阳译,上海译文出版社 1985 年版,第 33 页。
② [法]罗兰·巴特:《神话——大众文化诠释》,许蔷蔷等译,上海人民出版社 1999 年版,第 171 页。

就是以物质为载体的表意符号。文化产品的本质在于其内涵的意义与价值。阅读大街上的一段广告、聆听一段音乐、欣赏一幅绘画，都是对其中意义的理解。书籍、影视、音像制品等都是如此，出土文物也是如此。尽管大多数文物最初并不是作为专门的文化符号被制造出来的，但因其不可避免地负载着多重历史信息而在今天被当成完全的符号，同时忽略了当初它们被当作普通日用品消费的功能。当我们把文物当作符号来看待的时候，文物的使用价值发生了一次意义重大的转换，人们注重的是其作为文化遗产的重要价值。文化产品的象征性也是指消费过程不仅是满足人的基本需要的过程，而且是社会表现和社会交流的过程。西方许多学者都指出过这个问题。如费瑟斯通称之为"文化渗透的"；阿伯克龙比称之为"现代消费不光是关于概念的消费，它还是一种游戏的消费，特别是玩弄意义的游戏消费"；而詹姆森则指出"文化是消费社会最基本的特征，还没有一个社会像消费社会这样充满了各种符号和概念"。[①]

因此，整个文化世界不过是人创造的符号世界，而整个人类文化又是人自身不断自我塑造、自我更新、自我解放的过程。正如卡西尔所说，人并没有什么抽象的本质，也没有什么永恒不变的韧性。人的本质是永远处于创造之中的。它不是既定的实体，而是一种自我创造过程，是利用符号创造人类文化的过程，正是在这个过程中，人才能实现自身的解放。由此可见，文化生产的核心是符号、价值和意义的生产，生产的创意性和内容的精神性是其本质特征。

四 文化生产力的终极价值：满足人的精神文化需求

文化生产与物质生产存在着密切的联系，文化生产是产业化生产，它要像物质生产那样采用工业化、标准化的生产方式。文化生产是一种经济行为，文化产品的生产在很大程度上要受市场供求规律的调节，市场供求规律的变化决定和影响着文化生产的投入和产出效益。文化生产既要追求社会效益，又要追求经济效益；既要遵循经济规律、市场规律，又要遵循文化自身的发展规律。

但是，社会效益与经济效益、经济规律或市场规律与文化自身发展规律

---

① [英]西莉亚·卢瑞：《消费文化》，张平译，南京大学出版社2003年版，第44页。

之间，并不是平起平坐而是有主次之分的。物质生产以经济效益为主，追求利润最大化是天经地义；而文化生产必须重视社会效益，当社会效益与经济效益发生冲突时，必须把社会效益摆在首位，以社会效益为最高准则。物质生产的成果为物质形态，一般都有可以计量的价值和价格；文化生产的成果为观念形态（虽然总是附着在一定的物质载体上），它的价值和价格往往难以准确计量，有时甚至出现价值与价格乃至投入与产出的严重背离。物质生产满足人们的物质需求，其使用价值是短暂的；文化生产满足人们的精神文化需求，这种精神文化的消费是可以重复进行的，其价值是永恒的。

因此，发展文化生产力的根本目的和终极价值，在于生产和提供丰富的精神文化产品，满足人的精神文化需求。文化生产的核心是符号、价值和意义的生产。文化生产力的内容构成不仅有科学、技术等智力因素，还有理想信念、价值观念、文化艺术、娱乐休闲等精神因素，不仅包含科学精神，还体现人文精神，是科学精神与人文精神的统一。这一特征要求我们发展文化产业的重点应放在内容创意上，要增加文化产品的文化内涵，而不是大兴土木、扩大规模、单纯追求经济效益。

精神文化需求是人之为人的重要特征之一。在人类自身的发展中，精神追求从未间断过，即使在物质资料极端匮乏的时代，人们也具有各种各样的精神文化需求。只是在人类发展的相当长的岁月里，人类不得不为物质生存而奔波、劳作，几乎湮没了人类精神追求的本性。进入当代社会，由于社会生产力的发展，由于人们认识、控制自然能力的提高，人类创造了巨大的社会财富。长期以来妨碍和制约人类发展的最大障碍，总体上来说基本上消除，人们精神文化生活的需求正日益增长，精神生活在人们社会生活中的地位越来越突出。一个全面发展的社会不但要有经济上的富裕，也要有精神上的富裕。改革开放以来，我国人们的物质生活水平得到了极大的提高，而殷实富足的小康生活离不开文化的滋养和支撑。人们渴望用健康丰富的文化产品愉悦身心、浸润心灵、提高审美情趣，渴望充实精神世界，提高生活质量，丰富人文情怀。

综合来看，文化产业具有十分广阔的发展前景。这些产业的主要特征是蕴文化内涵于产品和服务之中，集观赏、娱乐、休闲、雅兴和学习为一体，在旅游观光阅览休闲活动中发思古之幽情、启智慧之灵感，增强对自我多方面发展的信心。例如,娱乐产业不仅成为许多国家国民经济新的增长点,最重要的是它满足了人的精神文化需求,给人们带来心情的愉悦、精神的放松,开阔人的视野,陶冶人的情操。而旅游产业通过提供旅游产品和旅游服务,包括以自然景观和人文景观以及这两大旅游资源为凭借发展起来的文化娱乐业、运输业、餐饮业、旅馆业、旅游用品制造业等,同样是满足人民精神文化需要的一种新形式。参观会展业则不仅直接产生出巨大的经济效益和社会效益,而且发挥着信息媒介、资源整合、知识传播、展示形象和促销产品的功能,满足了人们的求知欲、好奇心,丰富人的情感,提高人的素质。体育产业的发展是人类文明的一个重要标志,它不仅是一个蕴藏着巨大商机的新兴产业,更重要的是通过消费体育产品和提供服务,满足人们的兴趣、爱好、参与等心理需求,可以起到增进体魄、鼓舞士气、磨炼意志、锻炼毅力等作用。总之,这些文化生产所提供的文化产品和文化服务,最终满足的是人们的精神文化需求。

社会主义不仅要大力推进经济建设,创造物质财富,更要大力推进文化生产发展,创造精神财富,提高人民群众的精神文化生活水平。党的十七届六中全会《关于深化文化体制改革,推动社会主义文化大发展大繁荣若干重大问题的决定》指出的:"物质贫乏不是社会主义,精神空虚也不是社会主义。没有社会主义文化繁荣发展,就没有社会主义现代化。"一个社会对精神文化产品的需求水平和消费水平,是衡量社会文明程度和人的发展程度的一个重要标志。满足人们的精神文化需求,解决的是"精神支柱、情感寄托和心灵归宿"等问题,可以用"求知、求乐、求美"来概括。在物质生活水平较低的时候,这些追求和愿望显得有些奢侈,但随着人们物质生活水平的不断提高,人们在精神文化方面的追求和渴望将会越来越强烈、越来越旺盛。

满足需求的途径是发展生产,而不是抑制需求的增长。提供丰富而健康的文化产品和提供文化服务,需要"双轮驱动":既需要发展公益性文化事业,尽快建成公共文化服务体系,也需要加快发展经营性的文化产业。但是,公共文化服务体系主要满足广大人民群众的基本文化需求,而要满足人民群众多层次、多样化的文化需求还要依赖于发展文化产业。在当今时代,运用社会化大生产的形式、以市场经济为运作机制、依托现代科学技术手段、遵循物质生产的一般规律来生产文化产品和提高文化服务,是满足人们精神文化需求的重要途径。改革开放以来，我国大力推进文化体制改革，促进了文化生产力的提高。随着知识经济时代的到来和全球化进程的加深，我国的文化生产活动也出现了高度综合化的特征，形成了由多种产业形式组成的文化产业群。像图书报刊产业、广播影视产业、音像制品产业、网络产业、旅游产业、娱乐产业、演出产业、参观会展业、体育健身业等文化产业形式，为广大群众提供了丰富的文化产品和文化服务，在满足人们的精神文化需求上发挥了重要作用。具体来讲，如报刊、图书、广播、电视、电影、互联网和音像制品业等为主要内容的传媒产业，在满足增长知识、启迪智慧、开阔视野、传播信息、励志成才、完善素质、提高修养、陶冶情操、塑造灵魂、提升审美能力和品位等方面需要，起到了重要作用；旅游产业、娱乐产业、参观会展业和体育健身业等休闲产业，也以其特有的功能极大地丰富了人们的精神生活。

因此，促进文化发展需要提高产业的生产能力，需要提高相应的经济效益，然而，文化产品毕竟不是一般的产品和商品，发展文化产业、衡量文化产业发展不能仅仅看经济效益，片面追求经济效益违背文化生产活动的本质和规律。如今，即便是在一般经济领域，"唯 GDP 观"也已经广受质疑，具有特殊意义的文化产业如果只是追求创收和利润，更是失之偏颇。文化的宗旨是"化人"，作为经济与文化高度融合的特殊生产活动，它所提供的是一种特殊的商品，从核心内涵上看，它是价值观，是精神，是审美，毫无疑问，精神属性或者人文属性是其根本属性。所以，文化生产的效益主要表现在社会效益上，正如邓小平早就强调的："思想文化教育卫生部门，都要以社会效益为一切活动的唯一准则，它们所属的企业也要以社会效益为最高准则。"[1] 我们坚持中国特色社会主义文化发展道路，就是要满足人民精神文化需求，不断提高全民族文明素质，建设中华民族共有精神家园。这是文化生产的价值指向和最终归宿，是以人为本的最高层次和最高境界。[2] 正因为如此，中国特色社会主义文化产业的发展，才特别强调处理好经济效益和社会效益的关系，把社会效益放在首位。

---

[1] 《邓小平文选》第 3 卷，人民出版社 1993 年版，第 145 页。
[2] 李春华：《发展文化生产应坚持正确的价值取向》，《理论学刊》2012 年第 1 期。

但必须指出的是，不能抽象谈文化"化人"。文化"化人"，更确切地说是要用进步、高雅、健康的文化来影响人、塑造人，只有优秀文化才能丰富人的精神世界，培养健全人格，增强人的精神力量，促进人的全面发展。文化"化人"问题的关键是用什么样的文化来"化人"。① 是用进步、高雅、健康的，还是用反动、低下、恶俗的文化来影响人？文化要把人"化"向何处？是正面的"教化"、还是反面的"异化"？存在主义大师海德格尔曾说："人是一种未被问及就被抛到这个世界上来，被有限地插入黑暗的生死两极之间，被置于无法说明的状态中，在最深的根底充满了不安的、微不足道的创造物。"② 文化有先进与落后、积极与消极、健康与腐朽之分，不同的文化对人产生不同的影响，即会"化"出不同的人。因而，文化"化人"具有不同的方向性。一般来说，积极进步的文化与"人本性"的目的是一致的，而消极落后的文化常常会偏离"人本性"的目的，甚至出现"异化"的现象。中国古代吃人礼教的"化人"，是对人性的极度摧残；而西欧中世纪宗教神学的"化人"，则是对人性的极端扭曲。"近朱者赤、近墨者黑"，充分说明了一定的文化环境对人潜移默化的影响作用。显然，我们是要把人的素质"化"高，而不是相反。因此，为了保证"化人"的正确方向，必须以"先进文化"来"化人"。只有先进文化才能丰富人的精神世界，培养健全人格，增强人的精神力量，促进人的全面发展。正因为如此，我们党始终坚持先进文化的前进方向，坚持马克思主义的指导地位。江泽民同志提出，要"以科学的理论武装人、以正确的舆论引导人、以高尚的精神塑造人、以优秀的作品鼓舞人"。胡锦涛同志指出："文艺历来是陶冶人们道德情操、抒发人类美好理想、丰富人们艺术享受、推动社会发展进步的一个重要领域。"习近平同志指出："文艺工作者要努力创作生产更多传播当代中国价值观念、体现中华文化精神、反映中国审美中国人审美追求，思想性、艺术性、观审性有机统一的优秀作品。"优秀的文化作品、健康向上的文化活动，能够使人得到一种向真、向善、向美的意境体验，使人的道德情操在潜移默化中得到陶冶，使人获取艺术的享受、思想的启迪，也激励、鼓舞人

---

① 李春华：《文化的"化人"与思政的"育人"》，《马克思主义研究》2012年第8期。
② 转引自杨善民、韩峰《文化哲学》，山东大学出版社2002年版，第137页。

们振奋精神去改造现实、创造历史，推动社会进步发展。

第二节　文化生产力：社会生产力发展的逻辑必然

唯物史观告诉我们，人类只有满足了自身生存的基本需要，才有可能从事其他的生产劳动和文化艺术的创造等精神劳动。社会物质生产是人类生存的基础性的生产活动，其他一切活动都必须以此为基础，都是其进一步发展的结果。生产力发展带来的物质需求的相对满足引起了精神需求的提高，客观上要求生产出一定数量和质量的文化产品，而要生产文化产品，就必须发展文化生产力。因此，文化生产力的产生，最根本的原因在于物质生产力的发展所引起的物质财富的迅速增长，正是在丰厚的物质基础上，文化生产力的形成才具备了可能性。

摆脱生存危机、解决温饱问题是人类有史以来的祈梦，"为满足基本生活需要而努力奋斗"一直是人类的主导价值观和基本的生活信念，一直激励着社会的不断进步。近代以来，随着工业革命的迅猛发展，社会经济快速推进。特别是20世纪七八十年代以来，信息技术、互联网的普遍应用，使人类社会生产力发展获得了前所未有的长足进步，科学技术日新月异，人类创造的物质财富成倍增加，长期困扰人类的温饱问题终于从总体上获得了基本解决。据世界银行统计，2010年，全球贫困人口总数8.04亿，占全球70多亿总人口约12%；我国13多亿人口中，绝对贫困人口有1.5千万，占总人口不到2%。在当代社会，尽管还存在着饥饿、贫困等种种不公平、不公正和不合理的现象，甚至有些还比较严重。但从整体上看，人类基本解决了温饱问题，从总体上告别了物质绝对匮乏的时代。长期以来妨碍和制约人类发展的最大障碍从总体上基本消除。这使文化生产力的产生由可能性转化为现实性。

一　物质生活水平提高，文化消费日益增长

"物质生活的生产方式制约着整个社会生活、政治生活和精神生活的过程。"[1] 社会生产力的发展是消费结构变化的根本原因，工业革命广泛而深

---

[1] 《马克思恩格斯选集》第2卷，人民出版社1995年版，第32页。

入的发展为大众消费方式奠定了物质基础。需求和生产是相互作用的。从根本上讲，生产是第一位的，没有生产发展就不会有经济的增长。生产力对消费对象、消费结构起着最终的决定作用。生产生产着消费：（1）是由于生产为消费创造材料；（2）是由于生产决定消费的方式；（3）是由于生产通过它起初当作对象生产出来的产品在消费者身上引起需求。因而，它生产出消费的对象、消费的方式、消费的动力。① 消费作为人们满足其物质文化需要的动态过程，其不断更新不断发展的物质基础就在于社会生产力的不断发展，在于产业结构的不断变化发展，在于产品结构中源源不断的新产品流。"消费对于对象所感到的需要，是对于对象的知觉所创造的。艺术对象创造出懂得艺术和具有审美能力的大众，——任何其他产品也都是这样。因此，生产不仅为主体生产对象，而且也为对象生产主体。"②

人们的消费需求基本上可以分为物质性消费和精神文化性消费。当生产力发展水平较低时，物质需求在整个消费结构中占有较大的比例，文化需求的比例就会相应的受到限制。随着社会普遍丰裕的到来，需求结构和消费结构发生明显变化，恩格尔系数必然会下降，消费出现"脱物化"趋势，更多的支出用于购买文化产品，更多的时间用于休闲娱乐，人们的行为动机在更大的程度上选择精神文化生活的享受。从事创造性活动和享受尽可能丰富的社会关系逐渐占据首要地位或主体地位。日本《钻石》周刊曾经指出，21世纪的消费者需求具有五大新特点：第一是美学性，即美的意识和艺术性；第二是知识性，即教养性和科学性；第三是身体性，即体感性（或五感性）；第四是脑感性，即六感性（或官能性）；第五是心因性，即精神性和宗教性。

恩格尔系数是指食品支出占全部生活费用支出的比重，它同社会生活水平成反比。随着社会经济的增长，社会生活水平的日益提高，消费支出中恩格尔系数必然会逐渐降低。联合国、世界银行、联合国粮农组织（FAO）等一些国际组织，提出了评价国家贫富和居民生活水平高低的指标：恩格尔系数在30%以下的为最富裕型，30%—40%为富裕型，40%—50%为小康型，

---

① 《马克思恩格斯选集》第2卷，人民出版社1995年版，第10页。

② 同上。

50%—60%为温饱型,60%以上为绝对贫困。彼得·德鲁克认为,在工业革命(技术、工艺革命)之后的"生产力革命"中,工人,起码是美国工人不仅得到了技能的培训,而且收入得到改善。这种结果表现在两个方面,一是工资收入增加;另一个是闲暇时间的增加。在当今世界,往往经济越发达的国家,收入水平也就越高,对文化产品的消费需求也就越高、消费量也就越大。人均收入超过3000美元之后,消费结构就会变化,即出现"脱物化"的倾向,人们的消费支出主要投入在教育、健康、娱乐、信息等方面。

中国自改革开放以来,由于社会生产力水平的提高,人民生活水平极大提高。据统计,从1978年以来,我国城乡居民收入逐年增长。从1991年到2006年,我国GDP由21618亿元提高到209407亿元,增加了8.59倍(绝对值);我国财政税收由3150亿元提高到38731亿元,增加了11.3倍;城市居民人均可支配收入由1701元提高到11759元,增加了5.91倍;农村居民人均纯收入由709元提高到3587元,增加了4.06倍。[①]

1978—2011年我国城乡居民人均收入比较

年份	1978	1980	1985	1990	1995	2000
城镇人均(元)	343	478	739	1510	4821	6280
农村人均(元)	134	191	398	686	1578	2253
年份	2001	2002	2003	2004	2005	2006
城镇人均(元)	6860	7703	8472	9422	10493	11759
农村人均(元)	2366	2476	2622	2936	3255	3587
年份	2007	2008	2009	2010	2011	
城镇人均(元)	13786	15781	17175	19109	21810	
农村人均(元)	4140	4761	5153	5919	6977	

资料来源:1978—2003年的数据来自国家统计局编《2004中国统计年鉴》(中国统计出版社2004年版);2004—2011年的数据分别来自国家统计局历年的《中华人民共和国国民经济和社会发展统计公报》。

[①] 王志平:《从提高人民生活水平到改善人民生活》,《探索与争鸣》2007年第11期。

随着居民消费结构的变化，恩格尔系数不断降低。近年来，尽管受国际国内经济发展波动的影响，我国的恩格尔系数下降幅度开始减少，但从改革开放至今的总体过程上来看，我国恩格尔系数总体呈现下降趋势，发展性、享受性的消费在不断增长，精神文化消费支出明显增加。

需求结构的变动直接影响着产业结构变动。随着物质产品生产的发展和收入水平的提高，需求结构变动中对文化产品的需求日益增长，人们的需求将由物质产品向文化产品转向，即使是物质产品的消费，也表现为更加注重对生活质量的追求，从对廉价品、耐用品的追求向舒适品、奢侈品和多样化、个性化消费的方向转变，以满足消费者不断变化的精神和心理方面的需求。需求结构的变动通过市场中供求结构的变动表现为文化产品供给和需求的增加，形成了消费结构中文化产品消费比重的上升，消费结构的变动直接影响着产业结构的变动，进而带动了文化产品的生产，从而促进了文化产业的出现，并且为文化产品消费提供了经济上的保障。[1]

二 劳动生产率提高，闲暇时间日益增多

曾经有一首歌这样唱道："我想去桂林呀，我想去桂林，可是有时间的时候我却没有钱；我想去桂林呀，我想去桂林，可是有了钱的时候我却没时间。"文化生产力的产生不仅与消费结构的变化有关，而且也与人的个人时间构成变化、闲暇时间的增多有关。要生存、享受及发展和表现自己，当然需要相应的生存资料、享受资料和发展资料，同时，还需要有能够用来享受和发展自己的时间。只有在"有钱"和"有时间"一致的时候，文化消费才能得以实现。

闲暇时间的多寡最终由社会生产力发展水平所决定的。马克思曾经指出"自由时间、可以支配的时间就是财富本身"。"社会为生产小麦、牲畜等所需要的时间越少，它所赢得的从事其他生产，物质的或精神的生产的时间就越多。"[2] 只有在物质生产力高度发展的情况下，才有可能使每个人的劳动时间缩短，有充分的闲暇时间。正如恩格斯指出的，人类不仅进行大规模生

---

[1] 参见孟晓驷《文化经济学思维——物质与文化均衡发展分析》，人民文学出版社2005年版。
[2] 《马克思恩格斯全集》第46卷（上），人民出版社1979年版，第120页。

产,"可以满足全体社会成员丰裕的消费和造成充足的储备,而且使每个人都有充分的闲暇时间去获得历史上遗留下来的文化——科学、艺术、社交方式等等——中一切真正有价值的东西;并且不仅是去获得,而且还要把这一切从统治阶级的独占品变成全社会的共同财富并加以进一步发展。"[1] 当今社会休闲时间的增多,从根本上是社会生产力发展的结果。随着生产力的发展,科学技术的进步,引起了劳动生产率的提高,生产同样的产品,不再需要花费原来所需要花费的时间,于是就出现了剩余的时间。

个人时间分为个人必需时间、工作时间和闲暇时间三部分。一部分是"个人必需时间",即维持正常生理需要和家庭劳动需要的时间,包括睡眠、用餐、卫生、保健等时间。列宁所说的那句名言"不会休息的人就不会工作"中的"休息"指的就是个人必要时间。工作时间一部分是"工作时间",即为获得生存资料而劳动的时间。而闲暇时间则指人们在劳动时间之外,除去"个人必需时间"之后所剩余的、可由个人自由支配的时间。在闲暇里,人们拥有相对多的自由,可以做想要做的事情。像可支配收入一样,不受其他条件的约束,完全根据自己的偏好或意愿去分配使用的人生时间。

学者们对闲暇有不同的理解。西方"休闲学之父"亚里士多德称之为"手边儿的时间";赫伯特·L. 梅伊和多罗西·佩特根将闲暇定义为"在生存问题解决以后剩下来的时间"。凡勃伦在1899年写的《有闲阶级论》中指出,闲暇时间是指人们除劳动之外用于消费产品和自由活动的时间,他认为,闲暇是指非生产性消费时间,人们在闲暇时间中进行生活消费,参与社会活动和娱乐休息,这是从事劳动后身心调剂的过程,与劳动力再生产和必要劳动时间的补偿相联系。马克思强调,闲暇是摆脱了各种社会责任之后的剩余的时间,而且这种时间不被直接生产劳动吸收,主要用于娱乐、休息和满足个人精神文化需要。一个有意义的闲暇生活取决于个人在闲暇生活中自由程度的提高,闲暇的本质是自由。[2]

在人类文明的历史长河中,人们的生活时间在不断地发生演变,这种演

---

[1] 《马克思恩格斯选集》第3卷,人民出版社1995年版,第150页。
[2] 参见李仲广、卢昌崇《基础休闲学》,社会科学文献出版社2004年版,第39—40页。

变主要体现在劳动时间即工作时间与闲暇时间的消长上。社会每前进一步，闲暇时间就延长一次。在不同历史时期，休闲时间具有不同的价值，人类所拥有的闲暇时间的数量和质量也存在着极大的差别。人类社会生产力较低的阶段，休闲时间的价值主要体现在解除体力上的疲劳，是从事劳动后进行身心调整的过程，和劳动的再生产及必要的劳动后的体力恢复相联系。在原始社会，由于生产力水平低下，原始人类为了生存需要，终日辛苦劳作，生产劳动占去了大部分生活时间，他们的全部时间除去生产时间外，大致上就是生理活动时间，基本没有闲暇时间。当农业得到发展时，人们不需要再用全部时间去狩猎，可以分出 10% 的时间用于休闲娱乐，但也只是偶尔地在劳动间歇或渔猎丰收之时，举行一些简朴的欢庆仪式。原始人类平均一生的生命周期只有 18 岁，其中劳动时间占 33%，闲暇时间占 16.6%。奴隶社会分为奴隶主和奴隶两个阶级。奴隶的劳动时间几乎占用了除生理必需时间之外的所有时间，奴隶主阶级获得了大量的闲暇时间，人类历史上的休闲活动与休闲文明就是从奴隶社会开始的。在漫长的封建社会中，人们过着封闭、隔绝、愚昧的生活，闲暇时间极少。在农业社会中，人的平均一生的生命周期为 35 岁，劳动时间占 29%，闲暇时间占 22.9%，[①] 工匠和手工艺人担负了艰苦劳作，使部分人可以分出 17% 的闲暇时间。[②]

　　到了资本主义时期，由于工业革命导致了社会生产力的发展，劳动生产率达到空前的水平，社会必要劳动时间不断缩短，工作时间相对缩短，闲暇时间相应增加。工业社会中人们一生中劳动时间占 10.4%，闲暇时间占 38.6%。从 1850 年到 1972 年的 122 年间，美国工人每周工作时间从 69.7 小时减少到 37.6 小时，共减少了 32.1 小时，相当于减少了一半。[③] 科学家曾预言，到 21 世纪中叶，人类每周占有的闲暇时间还将进一步增多。今天，人类已经进入了 21 世纪，预言家对北欧一些国家的预言已经得到了验证，"在北欧一些国家，人们在一个星期里工作四天，休息三天"[④]，足以"缩短

---

① 参见李仲广、卢昌崇《基础休闲学》，社会科学文献出版社 2004 年版，第 46 页。
② 于光远、马惠娣：《关于"闲暇"与"休闲"两个概念的对话录》，《自然辩证法研究》2006 年第 9 期。
③ 参见李仲广、卢昌崇《基础休闲学》，社会科学文献出版社 2004 年版，第 47 页。
④ 王琪延：《中国将迎来休闲经济时代》，《燕赵都市报》2013 年 8 月 25 日。

到30小时";其他发达国家的工作时间尚未达预言家预言的"缩短到30小时",但美国、日本、德国的工人,一星期只工作40个小时①,就算是工作时间最长的英国,一周工作时间是48小时。② 如今,在许多国家人们都有了大量的休息时间,如,在法国,一年能歇5个月,在俄罗斯,一年有八十多个节日。

当社会发展到既有了消费的能力,又有了消费的时间,即当"没有钱"和"没有时间"这两个障碍被消除的时候,"我想去桂林"(文化消费)的愿望才能真正得以实现。拥有闲暇是人类最古老的梦想——从无休止的劳作中摆脱出来,随心所欲,自由自在。现代社会的人追求富裕的物质生活,也追求可以自由行动的闲暇。

三 产业结构发生变化,第三产业迅速发展

从根本上说,生产决定需求,但需求也会反过来影响生产。当人们的精神文化需求不断提高,也会刺激和推动文化产业的发展。从经济自身的发展规律来看,文化产业的兴起是产业下游化的产物。20世纪下半叶,随着社会生产的发展,产业下游化趋势日益明显,第三产业内部不断分化和集中,满足人们精神文化需求的文化生产和文化服务逐渐成为新经济增长点。文化产业以文化产品和文化服务按照工业标准进行生产、再生产、储存和分配的方式直接进入到产业经济的循环中,以其高附加值创造着巨大的经济价值,被称为"黄金产业"。

社会生产力的发展是第三产业兴起的根本原因。马克思曾指出:"由于生产力提高一倍,以前需要使用100资本的地方,现在只需要使用50资本,于是就有50资本和相应的必要劳动游离出来;因此必须为游离出来的资本和劳动创造出一个在质上不同的新的生产部门,这个生产部门会满足并引起新的需要。旧产业部门的价值由于为新产业部门创造了基金而保存下来,而在新产业部门中资本和劳动的比例又以新的形式确立起来。"③

---

① 郑宗生、吴述尧、何传启:《世界120个国家的生活质量比较》,《理论与现代化》2006年第4期。
② 参见《工作时间最长发达国家:五年前美国,现如今英国》,《新民晚报》2010年11月5日。
③ 《马克思恩格斯全集》第46卷(上),人民出版社1979年版,第391—392页。

产业是历史发展的产物，是社会分工和技术进步的结果。马克思曾指出："单就劳动本身来说，可以把社会生产分为农业、工业等大类，叫做一般的分工；把这些生产大类分为种和亚种，叫做特殊的分工；把工场内部的分工，叫做个别的分工。"① 分工在社会、经济发展中占有极其重要的地位，对于促进人类经济进步具有重要作用。可以说，没有分工就没有社会生产力的发展，也无从形成现代经济社会赖以存在的现代产业经济，也就没有人类社会的今天。

大约距今一万年左右，人类社会出现的畜牧业与农业的分离是人类社会的第一次大分工。分工的直接结果是出现了人类社会最初的两大产业——农业和畜牧业。在以后的人类社会发展过程中又先后出现了两次社会大分工。大约在原始社会瓦解时期，出现了第二次社会大分工，即手工业和农业的分离。大约在奴隶社会的初期，商业从农业、畜牧业和手工业中分离出来，这是第三次社会大分工。随着三次社会分工的产生，相应地形成了农业、畜牧业、手工业、商业等产业部门。

从历史发展过程考察，产业由简单到复杂，由落后到先进，由传统产业发展到现代产业，是技术进步和社会经济发展的长期历史过程，大致经历了两个阶段，即从产业革命开始的工业化阶段和产业现代化阶段。18世纪下半叶的产业革命，使工业走到历史舞台的前列，农业的主导地位开始动摇，机器大工业已成为社会经济发展的主导力量。伴随着工业同手工业的分离及工业内部特殊分工的形成，产业部门也迅速发展起来。

目前，世界上通用的产业结构分类，是根据社会生产活动历史发展的顺序对产业结构进行划分：产品直接取自自然界的部门称为第一产业，对初级产品进行再加工的部门称为第二产业，为生产和消费提供各种服务的部门称为第三产业。

但具体划分上由于各国具体情况不同，产业的划分也不尽一致。我国在总结国内外经验的基础上，根据本国的具体情况，提出了建立产业分类方法的必要性和我国三次产业的划分方法。国家统计局于2003年印发《三次产业划分规定》（国统字[2003] 14号）中，根据《国民经济行业分类》

---

① 《马克思恩格斯全集》第23卷，人民出版社1972年版，第389页。

(GB/T4754—2002)制定了我国三次产业划分具体标准和范围。

第一产业是指农业、林业、牧业、渔业；

第二产业是指采矿业，制造业，电力、燃气及水的生产和供应业，建筑业；

第三产业是指除第一、第二产业以外的其他行业，具体包括以下层次：

第一层次：流通部门，包括交通运输、仓储和邮政业；

第二层次：为生产和生活服务的部门，包括信息传输、计算机服务和软件业，批发和零售业，住宿和餐饮业，金融业，房地产业，租赁和商务服务业；

第三层次：为提高科学文化水平和居民素质服务的部门，包括科学研究、技术服务和地质勘查业，水利、环境和公共设施管理业，居民服务和其他服务业，教育，卫生、社会保障和社会福利业，文化、体育和娱乐业；

第四层次：为社会公共需要服务的部门，包括公共管理和社会组织，国际组织。

社会的产业结构演变趋势是不断"下游化"，即从第一、第二、第三产业向第三、第二、第一产业的转变。对三次产业结构演变规律的研究作出杰出贡献的是英国经济学家科林·克拉克和美国经济学家西蒙·库兹涅茨。克拉克考察了劳动力在三次产业间的分布规律，形成了著名的"配第—克拉克定理"。美国著名经济学家西蒙·库兹涅茨，在克拉克研究成果的基础上，进一步收集和整理了众多国家的大量数据，从国民收入和劳动力在产业间的分布两个方面，对产业结构变化进行了分析。库兹涅茨的三次产业分类是：第一次产业为农业部门（A部门），包括种植业、林业、渔业及狩猎业等；第二次产业为工业部门（I部门），包括采矿业、制造业、建筑业、水利电力、运输业和通信业；第三次产业（S部门）为服务业，包括商业、银行、保险、不动产、政府机关、国防及其他服务业。

库兹涅茨按照上述产业划分，考察了大量国家随着经济发展，国内生产总值或国民收入在三次产业间的分布变化，并结合劳动力在三次产业间的分布变化趋势，得出了三次产业结构的演变规律的重要结论：（1）第一次产业实现的国民收入或国民生产总值，随着经济发展、年代的延续，在整个国民收入的比重（或称之为国民收入的相对比重）同第一次产业劳动力在全部劳动力中的比重（或称劳动力相对比重）一样处于不断下降之中；（2）第二次产业的国民收入的相对比重，大体来看是上升的，但第二次产业劳动力的相对比重，综合各国的情况，就是大体不变或略有上升；（3）第三次产业的劳动力相对比重，在所有的国家中均呈上升的趋势，但国民收入的相对比重未必与劳动力的相对比重同步上升，综合起来看，是略有上升且不是始终如一的上升。[①]

1977年，波拉特在费希尔—克拉克—库兹涅茨三次产业分类方法的基础上，开创性地把信息业从服务业中划分出来，提出了第四产业即信息业的产业分类概念。信息业是指将信息转变为商品和服务的行业，它包含了生产和分发信息及文化产品的行业、提供或传递信息服务和数据处理服务的行业、处理数据的行业三大类。按照这种定义，信息业下又分四个行业小类：出版业、电影和录音业、广播电视和通信业、信息和数据处理服务业。同时，行业分类系统将计算机及电子器件的生产销售从信息产业中划出，归入制造业。还有的国外未来学家，不仅把信息产业从第二产业中划出来，专称之为第四产业；还把满足人类精神需求的文化产业，称之为第五产业。这充分说明了现在仍然被列为第三产业的文化产业，在未来社会的重要地位和作用。随着人类对服务业、娱乐业、旅游业、影视业、信息业、网络业日益增加的需求，未来的社会生产将进入文化生产居于主导地位的时代。

从产业结构演变过程可以看出，随着社会的发展，人们对服务业产品和劳务的需求越来越大，社会生产资源越向服务业转移，以及服务产业提供的产值和比重在整个产业结构中的上升、第三产业在经济中的地位和重要性不断加强。在一些经济较发达的国家，服务业的产值已经超过了工农业创造的国民生产总值；服务业的就业人口已超过了物质生产部门中的就业数量。文化产业作为第三产业中的重要组成部门，正是顺应了产业发展的基本规律，它的发展对推进第二产业的进一步发展、产业结构不断朝着合理化的方向发展等，无疑具有重要作用。在20世纪80年代，中国服务业产值仅占GDP的20%，2000年上升到35%。[②] 目前，据世界银行统计，发达国家服务业

[①] 参见［美］西蒙·库兹涅茨《各国经济增长》，商务印书馆1985年版，第76页。
[②] 王云：《服务企业的服务质量管理》，《中国质量》2002年第2期。

产值占 GDP 的比重一般都在 60% 以上，美国则达到了 75% 以上；发展中国家服务业产值的平均水平也已达到了 40% 左右。许多国家的就业岗位有 50% 以上是由服务业提供的。① 相比之下，中国服务业的发展水平还比较落后必须大力加速发展，才能适应时代的需要，才能适应人们消费生活和休闲生活的需要。

总之，文化生产力是社会生产力发展到一定阶段的必然结果。社会生产力发展是文化生产力产生的根本原因，正是由于生产力的发展，才能创造巨大的物质财富，人类的需求结构才会发生转变，个人闲暇时间才能增多，也才能使第三产业得以兴起。这一切构成了文化生产力产生的前提条件。

第三节 当代文化生产力产生的现实条件

社会生产力是文化生产力产生的根源，但文化生产力的产生还存在着具体的、直接的、现实的条件。主要是 20 世纪中叶以来，世界经济与文化一体化浪潮、社会化大生产和现代市场经济的充分发展、现代高新技术的迅猛发展等因素。

一 文化生产力：经济与文化互动发展的当代范畴

文化生产虽有其历史发展的连续性，但严格意义的文化生产是近代社会才出现的。在社会化大生产和市场经济的高度发展、科学技术的广泛应用以及经济全球化的背景下，人类社会系统的各个要素和环节的发展都被纳入其中，作为社会系统重要组成部分的文化当然也不能游离于其外而孤立发展。

文化生产力是经济与文化矛盾运动的一种逻辑必然。它不是从来就有的现象，而是现代社会发展的产物；它不是指自人类产生以来就存在的一般精神文化活动（观念的生产），而是特指当代经济与文化有机结合的直接表现和结果。文化与经济发展的全部历史表明，文化与经济的关系是同构互动的。考察文化与经济的关系演进的历史，我们会发现二者的关系经历了一个否定之否定的过程。这就是：原始混沌一体—各自独立发展—在更高的基础

---

① 朱竞若等：《京交会：领航中国贸易升级》，《人民日报》2012 年 5 月 29 日第 10 版。

上的融合。①

　　文化活动伴随人类诞生而产生。无论是对远古山洞、墓穴的识别考证，还是对当今某些部落的仔细观察，都印证了一个基本事实：凡是有人类生活的地方就存在着精神文化活动和文化产品，精神文化活动是伴随人类产生而产生的每时每刻都存在的一般实践活动。可以说，人类制造石器和创造文化是同时起步的。马克思曾指出："动物只生产自身，而人再生产整个自然界……动物只是按照它所属的那个种的尺度和需要来建造，而人懂得按照任何一个种的尺度来进行生产，并且懂得处处都把内在的尺度运用于对象；因此，人也按照美的规律来构造。"② 有意识的生产活动始于那块最原始和最粗笨的打制石头，始于那块打制的"最粗笨的石刀、石斧"。正是这些石刀、石斧的打制，开始了人类创造自己生命形态的文明史。它既是经济的：它生产出了满足人类的生存和发展需求的物质财富；也是文化的：它是人类智慧外化的一种形式，它承载着人类对生命对象的理解和思考，记载着思想、感情的过程，记载着"有意识的生产过程"的全部。因此，从这个意义上理解人类的一切经济（产业）活动都是文化活动，都具有文化意义，而一切文化活动本身一开始就内蕴着经济（产业）的因子。正是从这个意义上讲，文化与经济同时存在或融化于人的实践之中，你中有我，我中有你，从而形成了初始形态的文化经济共同体，即经济与文化的原始统一。这一时期也有相对独立的精神活动形式，如祭祀仪式以及为庆祝丰收和战争胜利而进行的原始舞蹈、音乐表演活动。但是由于人类刚刚脱离自然界，生产力极端低下，人类的精神活动与物质生产活动以及管理氏族的社会关系活动都处于尚未分化和独立的状态，各种活动尚处于原始的混沌未开的状态，原始地统一在一起。严格来说还没有严格的独立的真正意义上的精神活动，或者说精神文化活动还处于萌芽状态。

　　在原始社会末期，随着物质生产力的发展，出现了两次社会大分工，生产资料氏族公有制逐渐解体，社会财富增加，剩余产品出现，于是出现了脑

---

① 参见李春华《"文化生产力"：一个经济与文化互动发展的当代范畴》，《生产力研究》2005年第4期。

② 《马克思恩格斯选集》第1卷，人民出版社1995年版，第46—47页。

力劳动与体力劳动的分工，物质生产与精神生产开始分离，人类的精神活动第一次从物质生产活动中分离出来，成为一种独立的社会活动形式。这种分离是二者关系发展的必经过程。然而，由于阶级对立与剥削阶级统治的存在，使主要从事精神文化生产的脑力劳动逐步成了统治阶级和附属于它的极少数知识分子的专利，而被统治阶级只能从事体力劳动。于是，作为劳动分工结果的文化与经济的分离，表现为阶级对立和不同的社会等级。文化的生产属性（经济）逐步被淡化，意识形态属性（狭义的文化）得到强化。由于统治阶级掌握着统治工具，将文化转变为相对独立的上层建筑，成为其控制人们思想，实施统治的工具。同时，在以人与人之间的相互依赖为基础的自然经济时代，社会生产力水平低下，自给自足的经济形式在社会上占据统治地位。文化活动表现为非商业性的自娱自乐或政府、社会组织的宗教、祭祀表演等，文化产品生产者隶属于他人，没有自身独立的经济利益，文化产品的消费行为是以个别和偶然的现象出现的。在这种情况下，文化产品生产是非盈利行业，不需要考虑其投入产出比问题。对物质财富的追求和物质生产的发展，使人们将经济发展集中于物质生产领域，文化游离于经济领域之外，对经济只具有间接的作用，且十分微弱。文化成为纯粹的意识形态，文化与经济的原始同一关系被割断了。

文化与经济的再次融合，只是近代的事情。机器大工业使社会生产力水平得到迅速提高，劳动者维持生存的必要劳动时间相对缩短，维持劳动力再生产的必要生活资料范围不断扩大，非物质生活资料开始以商品形式进入到劳动者的消费范围，创造了商品化的文化产品需求，为文化产品生产部门进入交换领域提供了市场空间。资本开始由物质产品生产领域进入到文化产品生产领域，文化产品转变为文化商品，而且使文化产品生产更加专业化、规模化。随着近代工业文明和市场经济的进一步发展，文化与经济开始直接结合在一起。从20世纪中叶开始，特别是20世纪60年代以来，世界文化经济一体化的特征更为明显。"经济的文化化"和"文化的经济化"或者"经济文化"和"文化经济"已是当下一种活生生的现实。文化与经济在更高的基础上又一次融合在一起，实现了二者关系发展过程中的否定之否定。

首先，"经济的文化化"，即文化向经济的渗透。在现代经济发展中，智力、知识、科技、信息、艺术乃至心理因素等精神文化因素已日益跃居重要地位，越来越具有举足轻重的作用。阿尔温·托夫勒把现代社会比作由"K因素"决定的社会，即知识（Knowledge）社会。几乎一切产品都成了"K产品"。财富迅速地、大规模地由"大烟囱经济"涌入"信息经济"。现代企业十分重视员工文化素质和企业的科学化管理。美国经济学家约翰·肯德克在1980年"美国竞争力大会"上对1929—1980年的美国经济做了数量分析，得出的结果是：在这50年美国生产力的增长中，40%是由知识和技术创新获得的，有12%是由于劳动力的知识文化素质的提高获得的。在工业发达国家，高科技、高文化大量进入产业，使当代产业结构发生根本性变化。脑力劳动者的数量则迅速增加。现代社会一切经济领域无不渗透着文化因素。经济过程及其结果的文化取向越来越明显，经济活动离开文化简直难以进行，文化含量愈益提高成为经济发展的历史趋势。而作为结果，则是经济的文化含量达到相当高度。例如，商品的装潢、包装、设计和商品的推广、促销、宣传、广告等，在传统的意义上是单纯的商品经济现象，但是，随着商品经济的日益发展，生长出了装饰文化、设计文化、广告文化、CI形象文化等，这就使得商品经济的文化含量、文化附加值构成了商品的关键价值成分，出现了文化化的商品产业群。

其次，"文化的经济化"，即经济向文化的渗透。文化因素以愈来愈多的种类和愈来愈高的程度参与并融入经济活动的过程中，影响经济活动的过程及其结果。只有当这种过程非常发达，其结果达到相当高度时，才能认为此种文化已经"经济化"了。文化的"经济化"程度可以用文化产业在国民经济中的比重来衡量。国外学者认为，文化产业是新一代生产力的重要表现，是现代产业结构中的"第四产业"。从量上说，当文化与经济合流融合并达到一定的指标（文化经济化占1/3）和含量（经济文化化占50%）时，即可认为该主体的文化经济一体化已经实现了。这时，文化经济将成为一种普遍的现象。文化在其发展过程中不断向经济领域全方位地交叉渗透，致使文化现象中的经济含量日益突出，于是形成了广泛的文化经济现象。比如，唱歌、跳舞、音乐、体育等在传统的意义上是单纯的文化现象，但是随着表演文化的日益发展，生长出了音乐磁带、激光唱片、MTV、影视、录像以及拳王争霸赛和奥林匹克运动会等，随之就出现了歌星和球星，他们所代表的是新兴的文化经济产业。据资料统计，近年世界超大企业500强中，科技、文化、信息产业越来越多，文化的经济价值在迅猛增长。

最后，经济与文化高度融合的结果就是文化产业的出现。经济与文化融合间接表现是经济活动或物质产品的泛文化现象，而直接的表现就是通过文化产业而形成文化生产力。文化产业是文化生产力的载体，文化生产力水平的高低是通过文化产业的发展状况体现出来的。在这里文化不再是附属于经济的一种渗透要素，其价值不在于提升物质产品的文化含量，而是指文化本身是一种商品，文化本身成为一种产业。产业（industry）的一般含义或现代的含义包括两个方面：一是技术性的，即大规模制造，标准化的批量生产；二是商业性的，即市场化营销，产业的产出（含服务）是通过市场销售，甚至是以市场（消费者的需求）为导向的。大批量的产品要通过市场环节送到同样大量的消费者当中，这就是所谓的"分配"。文化成为产业就是文化产品的制作和传播采取了具有上述两个特点的方式进行的。联合国有关机构将文化产业界定为"按照工业标准生产、再生产、储存以及分配文化产品和服务的一系列活动"。简而言之，文化产业就是提供精神产品和服务的产业。文化产业化突出地表现为 20 世纪迅猛兴起的国际文化旅游浪潮。到了 20 世纪 90 年代，国际旅游已同汽车工业、石油工业一样，构成当代世界经济的三大支柱性产业，而且，国际旅游正以迅猛发展的势态，成长为全球效益最大的行业。[①] 自第二次世界大战以后兴起的国际旅游，正以人数年均增长 7.3%，收入年均增长 12.2% 的速度发展着。1993 年参加国际旅游的人数高达 5 亿人，收入高达 3040 亿美元；而到了 21 世纪，国际旅游发展仍呈良好态势。据联合国世界旅游组织统计，2007 年国际旅游人数接近 9 亿人，比前年增长 6%；2010 年的国际旅游者人数为 9 亿 3900 万人，2011 年国际旅游者人数已达到 9 亿 8000 万人，上升了 4.4%。[②] 2012 年全球旅游人数达到了 10.35 亿人次，首次突破 10 亿大关，[③] 国内旅游人数为 29.57 亿人次，国内旅游收入 22706.2 亿元。[④]

[①] 金元浦：《文化生产力与文化产业》，《求是》2002 年第 2 期。
[②] 参见龚立仁《国际旅游人数同比增 4.4%》，《中国旅游报》2012 年 1 月 23 日第 1 版。
[③] 丁大伟：《新兴市场国家贡献突出》，《人民日报》2012 年 2 月 3 日第 3 版。
[④] 国家旅游局统计处：《2012 年国内旅游市场发展综述》，《中国旅游报》2013 年 3 月 1 日第 1 版。

二 社会化大生产和市场经济：文化生产力的依托

文化生产力的形成是与社会化大生产和市场经济直接相联系的，没有社会化大生产和市场经济，也就不可能有文化生产力的形成。文化生产力是社会分工不断细化和商品生产逐步发展的必然结果。"文化生产力"的内涵揭示文化活动是一种生产，而且是一种大规模的社会化生产。作为一种大规模的社会化生产，它就天然地具有社会生产的基本特征，具有流通、交换、消费等基本环节，具有市场条件下经济运作的全部过程。

在资本主义生产方式之前的古代社会，虽然也有少量的商品交换，但自给自足的自然经济占主要地位，社会分工极不发达，生产的直接目的是实现实物形态的使用价值，生产过程是周而复始的简单再生产，经济和社会处于缓慢发展的状态。对于小生产者来说，为自己消费是生产的主要目的，生产者与消费者之间不需要中间环节，因而不可能产生商品交换。进入商品经济社会，随着社会分工的出现，不同的产品分别由不同的生产者来生产，同时劳动产品又归属于不同的所有者，这样各个生产者对他人产品的需求，就必须通过商品交换的途径来满足。生产分工和社会分工充分发展起来的时候，生产的直接目的是取得交换价值，使用价值仅仅作为增加交换价值的手段，价值规律支配一切经济活动，价值增值成为一切活动的动机，市场是商品生产和交换关系的枢纽。这时生产者与消费者之间出现了中间环节，从而产生了商品交换。作为商品经济发展的高级阶段的市场经济更充分地体现了通过市场交换的特征。随着现代社会市场化程度的提高，一切生产都更加紧密地与市场相联系。在生产者与消费者之间会出现多次交换商品才能到达消费者手中。

文化生产也是如此。在古代自然经济条件下，文化产品（文化作品）都是由少数人创作、同样是由少数人在很少的时间里观赏（消费），无论是创作还是欣赏都是少数人的专利。文化产品（文化作品）"到达"观赏（消费）者那里不需要通过市场交换。用公式表示为：A—C，A 表示文化创造者，C 表示文化欣赏（消费）者。A 与 C 之间不需要中间环节。商品经济条件下，文化产品作为商品进入市场，受到商品生产和交换以及价值规律的制约，上述公式表示为：A—B—C，A 表示文化生产者，B 表示交换，C 表示文化消费者。A 与 C 之间出现了中间环节，产生了文化商品交换。在商品经济不占主要地位的前资本主义社会，文化产品的价值不是通过交换价值的形式实现的，而是以统治阶级的暴力为基础，或依附于权力、或被权力占有的方式加以实现，这种价值实现方式是一种强制性的社会形式。而在市场经济条件下，文化生产的价值实现方式建立在商品交换的基础之上，这种方式改变了文化生产与权力的相互关系，也极大地提高了文化的生产能力。在市场化程度较高的市场经济条件下，文化产品大多是以文化商品或文化服务的形式进入流通领域，逐步形成了企业化组织、规模化经营的文化产业，文化生产力水平明显提高。特别是随着 20 世纪以来传播媒介的高速发展和信息时代的来临，随着经济全球化的迅猛发展，文化生产已日益成为当代经济生活的一部分，成为复杂的现代化大生产的一部分。这时，上述公式表示为：A—B（$b_1 b_2 b_3 \cdots\cdots b_n$）—C，A 表示文化生产者，B 表示交换，C 表示文化消费者，$b_1 b_2 b_3 \cdots\cdots b_n$ 表示多次交换。

文化活动转变为生产活动，资本进入文化产品生产领域，商品的范围进一步扩大了，从物质产品生产领域扩展到了文化产品生产领域。文化生产对文化产品采取了工业化的生产方式，形成了规模化、批量化、标准化的生产，文化产品的数量迅速增长，市场化运作使文化产品的生产进入竞争机制，使资源的配置得到合理配置，从而也大大提高了文化生产力的水平。市场经济的重要功能就是依照经济规律对社会资源进行配置，在市场经济条件下，社会资源必须进入市场，必须遵循商品经济的基本规律——价值规律。价值规律要求商品交换必须按照价值量相等的原则来进行，商品的价值量由生产商品的社会必要劳动时间来决定。文化产品一旦进入市场，也就被赋予了商品的属性。文化不再是少数人所创造和享用的精英文化、经典文化，不再是少数文人墨客在书斋玩赏的东西，它必须受到市场经济的制约，接受市场的检验，体现其价值。市场经济水平越高，其受市场经济的作用和影响就越大。消费者对文化商品的消费通过有偿交换的手段就能够获得，成为生活消费品的一部分。文化产业在生产文化产品时，一方面要按照商品生产的一般规律来进行，另一方面必须考虑文化产品的文化属性，这是文化产业内部矛盾，也是文化产业的特殊规律。正是在精神文化活动转变为生产性活动的条件下，形成了文化生产力。

三 现代高科技：文化生产力的技术手段

文化生产力不仅是文化与经济高度融合的产物，也是文化与科技高度融合的产物。科学技术是影响文化生产方式和传播方式的重要因素。科学技术本身属于文化的范畴，科学技术人员本身就是文化产品的生产者。因此，从物质与文化的关系来看，科学技术与文化同属一个范畴，而与物质则是并行的两个范畴。但是在商品经济条件下，科学技术不是首先作用于文化产品生产，而是作用于物质产品生产，表现在提高劳动者素质、扩大劳动对象的广度和深度等方面。科学技术由物质产品生产向文化产品生产的转移是一个逐渐的过程，当科学技术从经济发展的实践中被提炼出来并运用到文化产品生产中时，就成为文化产业发展的重要推动力量。科学技术一旦进入文化产品生产领域，便极大促进了文化的生产方式、传播方式和传承方式的发展。

人类之所以优越于动物，进而创造人类文明，不仅仅是因为人类能够创造和使用工具，更重要的是人类能够把创造智慧和文化物化起来，传承下去。人类发明了储存和传播文化的语言和文字，后来又有了纸张、印刷术，以解读前人的智慧和文化，并在此基础上继续前进。于是，人类的智慧和文化就这样依靠语言、文字、纸张、印刷术等技术条件，一代一代地不断积累和递进。技术条件的不同直接制约着智慧的物化和文化的传播。20 世纪文化的"进步"和"发展"，在很大程度上应从文化传播技术的提高及传播领域的扩张上来分析，文化的进步在很大程度上受其物化形态和传播方式的影响。

历史上的每一项科技成果的运用，往往给文化的生产方式、传播方式和传承方式带来巨大的变化。正是 1895 年卢米埃尔兄弟发明了电影，才有了"好莱坞"的神话。文化产品生产与传播，从原始的手工操作、口头上的叙述和流传，一直到今天的影视、激光、卫星等先进技术的采用，新的科技成果创造了新的文化生产方式和文化消费方式，刺激了人们新的文化需求，开发出新的文化市场空间。印刷术的诞生使图书、报刊等纸质媒介产品在社会上广为流行，印刷术的革命，极大地提高了文化产品的生产效率，使以纸质传播媒介的图书报刊等产品广为流传；摄影照相技术的出现，使影视产品占领了人类的精神生活；电影作为一次人类的"视觉革命"，极大地拓宽了人类的视野；网络和信息产品的出现又使得众多消费者沉醉于虚拟的世界中。

文化生产的主要特点不在于创作或原创（当然为商业目的而进行的创作应属此类），文化产业所推销的产品（或服务）主要是通过对原创文化符号大批量的复制生产出来的。文化生产实际是应用复制技术和市场运作来完成文化传播的活动（文化生产的社会功能应是完成文化传播）。更确切地说，文化生产就是通过各种技术渠道把文化符号、把那些无形的"精神""灌装"到各种载体中去，再通过市场营销送到文化消费者手中。因此，文化生产所依赖的主要是复制和传播技术。[1]

印刷技术是复制的第一种形态，在前工业时期就已经出现了。印刷术发明之前，文化的传播主要靠手抄的书籍。手抄费时、费事，又容易抄错、抄漏，既阻碍了文化的发展，又给文化传播带来不应有的损失。印刷术是中国古代四大发明之一。中国的印刷术经过雕版印刷和活字印刷两个阶段的发展，特别是活字印刷术，颠覆了手写时间慢效率低的弊端，使重要的古籍和经典更广地传播。活字印刷（主要是木制活字印刷）在世界印刷史上具有划时代意义。虽然中国是人类印刷技术的源头，中国的印刷术也源远流长、传播广远。但作为传播媒介第一次革命，还是15世纪德国人约翰·古腾堡发明的金属活版印刷术。印刷术的革命曾极大地推动了文化产品生产的发展，加快了知识传播的速度，进而极大地带动了社会的进步。马克思曾经说过，印刷术变成了新教的工具，总的说来变成科学复兴的手段，变成对精神发展创造必要前提的强大杠杆。印刷术的诞生使文化以手抄本根本无法比拟的速度传播开来，提供了第一批可重复生产的商品，第一条流水线，第一次大规模生产。文化传播从此有了全新的生命。电子技术的出现，是传播媒介的第二次革命，包括广播、电视、录音录像（唱片、磁带等）。电子艺术、电子工业、电脑设计、电子出版、电子报纸杂志的出现，大大加快了文化产品的生产和销售速度，大大拓展了文化传播范围。传播媒介的第三次革命应是最近10年中出现的网络技术，即电子计算机技术或比特技术、微电子技术。广义的电子技术包括网络技术，但网络技术的革命性意义更为明显。这里所有的信息都是用0和1两个代码编制而成的。如果说，广播技术还主要

---

[1] 章建刚：《文化产业发展的几个逻辑》，载《中国文化产业评论》（第一辑），上海人民出版社2003年版，第66页。

是单向传播的话,那么网络技术则是交互性的、普遍参与性的。网络上的信息资源越来越丰富,构筑起一个空间相当广阔的虚拟现实。它集现代传媒的所有特点于一身,在表达思想和感情上超过了任何媒体,具有极其丰富的表现力;记录信息的长久性和传递信息的快速性,使它超越了时间和空间;极大的扩散性使它波及所有人群;高保真性能和高复制性能甚至威胁到原作的权威性。当年,亚当·斯密认为服务之所以不能创造价值,是因为服务劳动做了就完了,很少会留下什么痕迹或价值。也就是说,没有物质载体的服务不能储存或转移价值,服务过程与价值创造和实现过程无法同一。因而,他把"牧师、律师、医生、文人、演员、歌手、舞蹈家"等服务列入非生产劳动范畴,认为这些服务是没有价值的。今天,这一问题被解决了,艺术家的演出、演讲家的演讲,都可以录音、录像,演出、演讲虽然结束,但我们还可以通过不同的物质载体继续欣赏其表演。

20世纪以信息科学为标志的现代科学技术迅猛发展。科技革命爆炸性的发展,提供了丰富和崭新的文化生产方式与消费方式。技术以前所未有的速度和规模进入文化领域,使文化的物化形态和传播方式发生了革命性变革。20世纪末以来,以数字化为标志的最先进的科学技术如数字电视、数码电影、宽带接入和视频点播、电子出版物,以及数字娱乐等新的文化产品形成主流,文化信息业和文化电子商务异军突起,文化生产力竞争的焦点是各类产品数字化水平的竞争,谁拥有人才、谁掌握了科技,谁就将主宰数字文化产业。日本最大的私营媒体联合大企业集团——富士产经通信集团于20世纪末就提出"彻底数字化"的口号,启动了数字通信卫星广播,启动了新的卫星数字广播站,开通了新的网络传播框架。同时,还与澳大利亚新闻集团公司、索尼公司合作建立一个数字卫星广播公司,向数字化的国际媒体集团跨进,立足于数字技术、互联网的信息传播和提供多媒体娱乐,已经成为当代文化生产力发展的主流。

科学技术在文化生产中的应用已成为关键因素。它使文化传播媒介不断更新,使文化产品能够以更快的速度在更广泛的范围内传播。文化产业成为新技术的汇集点,高科技的采用又使文化产业获得了空前广阔的发展空间,在更大程度上满足了人的文化产品需求。文化生产过程、文化产品的风格以及产品的数量都与技术水平密切相关。可以说,没有现代科学技术,就不可能有现代文化生产。

第四节　当代文化生产力的特征

文化生产力既是社会生产力内在逻辑的发展，有其历史必然性，但又具有更为现实的时代特征。尽管文化生产作为一种实践活动早已有之，但严格意义的文化生产是近代社会出现的生产形式，是与社会化大生产、市场经济和科学技术紧密联系的产物。文化生产力的特征要通过文化产业具体表现出来。文化产业的当代特征，就是指与以往时代的文化生产相比较的特点。经济全球化、文化多元化、科技迅猛发展，可谓是当代人类社会发展出现的与以往时代不同的新特征。这些特征对当代文化产业的发展必然产生巨大影响，使其带上鲜明的时代特征。在诸多的特征中，以下几个特征尤显突出：产业跨国发展的国际化特征，产业形态发展的融合化特征、产业内容的娱乐化特征、产业技术发展的数字化特征。

一　国际化：当代文化产业发展的重要特征

马克思在《共产党宣言》中指出："资产阶级，由于开拓了世界市场，使一切国家的生产和消费都成为世界性的了。……过去那种地方的和民族的自给自足和闭关自守状态，被各民族的各方面的互相往来和各方面的互相依赖所代替了。物质的生产是如此，精神的生产也是如此。各民族的精神产品成了公共的财产。民族的片面性和局限性日益成为不可能，于是由许多种民族的和地方的文学形成了一种世界的文学"。[①] 马克思关于精神生产世界性特征的论断，在当今经济全球化时代，已得到充分证实。"全球化"是市场经济高度发展的必然结果。市场竞争和市场逐利行为打破了国家和地域限制，把世界各国的国民经济日益连接为一个整体的全球经济，营造了一个"无疆界的市场"。自20世纪中叶以来，以贸易自由化、生产国际化、金融全球化等为特征的经济全球化浪潮以迅猛之势席卷整个世界。不仅使生产、贸易、金融国际化，而且也改变了文化生产和传播的方式。

---

① 《马克思恩格斯选集》第1卷，人民出版社1995年版，第276页。

文化消费的全球性和全球文化市场的开拓，使文化生产从以往一个国家内部的分工协作发展到跨地区、跨国的分工和协作，从而使文化产业资源配置国际化。

当代文化产业发展的国际化特征，首先表现在文化产业越来越成为跨国的经济门类和产业集团。文化企业是文化生产的主体，也是全球化时代竞争的主体。在进行全球化的经济文化竞争中，跨国集团具有越来越强大的竞争力。它们经过多次的兼并和重组，综合了资金、技术、人力、经费和品牌等方面的巨大优势，同时把经营触角深深地渗透到相关领域中。伴随着经济全球化浪潮和高新技术的迅猛发展，跨媒介、跨行业、跨地区乃至跨国运营的文化传播集团成为文化产业的主体。例如，全球最大的媒体公司——时代华纳，1989年由时代集团和华纳通讯集团合并而成，在全世界拥有4200多家子公司，是名副其实的国际化集团进入互联网时代，时代华纳与全球许多著名公司合作，其国际化程度越来越高。一直在娱乐和动画两方面实力雄厚的迪士尼，20世纪90年代初期，将其发展重心从它的主题乐园及旅游业转到了电影及电视方面。贝塔斯曼建立在全球图书及音乐俱乐部网的基础上，其收入来自于音乐及电视、图书出版、杂志及报纸，其余收入来自于一家全球印刷企业。

当代文化产业发展的国际化特征，还表现在文化资源配置的国际化趋势。文化生产的这种集团性与全球性也加强了文化资源配置的国际化、国际分工与合作。文化生产力的全球化竞争是一种综合实力的竞争，它要求参与这一竞争的文化产业，既能在全球范围内开拓市场，同时也在全球范围内实现资源的优化组合。当代一些文化生产大国都力图最大限度地提高资源配置的国际化程度，从主要依赖国内资源、国内市场，转化为同时依赖和开发国内和国际两种文化资源。文化产业所进行的是文化经济一体化的生产和经营活动，其生存发展的关键就在于把有限的资源（即投入）转变成为有用的产品（即产出，它包括文化产品、文化服务和为其他产业提供的附加值等多种形式）。文化资源的有效配置以及提高其国际化程度，成为决定文化产业竞争力的重要因素之一。

美国、日本、法国的文化产业大量吸收了国际资本，《纽约时报》、时代华纳公司的股票都是证券市场上受人追捧的热门。据中国香港地区媒体报道，2003年7月开始在香港第二板市场上市的"凤凰卫视"，其购买股票的股民中有30%左右是非香港地区的居民，带有明显的国际投资色彩。很显然，境外资本对"凤凰卫视"所打出的"进军大陆电视市场"的旗号十分感兴趣，促进了"凤凰卫视"在国际市场上的融资。中国台湾的宏广公司也是这样一个典型。该公司成立于1978年，经过30余年的历程，现成为全世界最大的数字动画制作的跨国企业，总公司位于台北新店，但在全球很多国家，如美国、日本、韩国等国家及中国大陆苏州、上海等地拥有子公司。该公司在美国动画代工市场占有率为12.5%，在欧洲市场则是10%。《唐老鸭》、《大力水手》、《兔宝宝》、《史努比》等卡通片都出自宏广公司职员之手。这一切均表明了全球化时代的生产和消费正朝着集团化的方向发展，过去的那种各自为政的狭隘的区域性正在逐步为一种更为广阔的全球性所取代。

二 产业融合：当代文化产业发展的显著特征

一定意义上说，"产业融合"也是当代文化产业发展"国际化"的具体表现。这种融合性特征在现代文化生产中表现得尤为明显。现代文化产业本身就是经济与文化、科技融合的产物。文化产业实际上就是上述领域渗透融合在产业层面的一个具体体现。20世纪80年代以来，在信息技术的推动下，文化生产中多元素、多学科、多领域、多产业相互交叉融合与相互渗透，日益呈现出规模不断扩大、内涵日趋丰富、高度综合化的特征。

伴随着经济全球化的浪潮和高新科技迅猛发展，文化产业以其独特的形态演变和运行方式与其他产业发生广泛而复杂的联系，跨媒介、跨行业、跨地区乃至跨国运营的文化传播集团成为文化产业的主体。文化产业与其他行业之间正在进行着不断的整合。目前，对产业融合的概念有两方面理解，一是从狭义角度讲，产业融合就是为了适应产业增长而发生的产业边界的收缩或消失，这个定义局限于以互联网为标志的计算机网、通信网和广播电视网的"三网融合"；二是从广义角度讲，产业融合是一个由信息技术革命引发的、创造性破坏的产业动态发展过程。它通过不同产业或同一产业内的不同行业之间相互交叉、相互渗透、相互融合，逐步形成新产业属性或新型产业形态，进而推进产业的变革与社会生产的发展。①

"三网融合"是文化产业与其他产业的融合的典型体现。"三网融合"主要是业务应用层面的融合，表现为技术标准趋于一致，网络层互联互通，物理层资源实现共享，业务应用层互相渗透和交叉，所有业务和技术基于统一的 IP 通信协议，最终走向统一行业监管政策和监管机构融合的国际大趋势。从全球范围看，许多发达国家早已开展网络融合的相关工作。例如，英国的史蒂夫·马斯特斯（电信公司全球联合通信业务的负责人）认为，电信网、互联网和广播电视网等网络的融合是产业发展的必然趋势。2003 年英国成立了通信业管理机构，监管原有电信、电视、广播、无线电等多个行业，大大推进了产业融合的发展。法国的电信和广播电视彼此是对称开放的，在网络融合上直接走了快车道。2001 年日本推出了《电信业务利用放送法》，目的是在网络融合的过渡时期，使利用电信设备播放电视合法化，2002 年出台的《关于促进电信和广播电视融合技术开发的法律》，把网络融合技术定义为"把利用因特网的电信传输和通过数字信号播放的电视融合在一起，并成为融合基础的电信广电技术"。② 在我国，2001 年制定并通过的十五计划纲要中第一次明确提出促进电信、电视、计算机三网融合。③ 2006 年制定并通过的十一五规划纲要中指出，应积极推进三网融合。三网融合是一种重要的产业融合现象，随着信息化推进、网络快速普及电子信息技术不断进步，三网融合的技术和体制障碍不断弱化，世界各国纷纷将三网融合作为提升信息产业发展的新的增长引擎，上升为重要的国家战略。④ 2010 年 1 月 13 日，国务院常务会议决定加快推进电信网、广播电视网和互联网三网融合。

"三网融合"不仅是一种重要的产业融合现象，也是当代文化产业发展综合化特征的一个重要体现。"三网融合"，使得产业边界逐渐模糊甚至消失，不同产业渗透、重组、转型成为产业发展的新趋势，以此催生出一个新的兼具三方特征的产业混合体——新媒体，即以数字信息技术为基础，以互

---

① 何立胜、李世新：《产业融合与产业变革》，《中州学刊》2004 年第 6 期。
② 袁超伟：《三网融合的现状与发展》，《北京邮电大学学报》2010 年第 6 期。
③ 胡瑜熙、郑毅：《三网融合发展现状探讨》，《电讯技术》2008 年第 5 期。
④ 温建伟、王厚芹：《国际三网融合进程评价与启示》，《电视技术》2010 年第 6 期。

动传播为特点,具有创新形态的媒体。新媒体改变了传统媒体点对面的单向传播,代之以多点对多点、全立体式的传播机制。新媒体的重要性日益提升,正在向媒体价值网络中心迈进,全新的传媒格局正在逐渐形成,以网络媒体和智能移动终端媒体为代表的新媒体未来发展前景看好。[①]

三 娱乐产业:当代文化产业中最活跃的业态

美国米切尔·J.沃尔夫在《娱乐经济》中提出"娱乐因素改变经济,传媒力量优化生活"。如今传媒和娱乐产业以其无所不在的影响正逐渐渗透到经济增长、文化演进以及人们社会生活中的各个层面。2003年美国《时代》杂志发表文章,认为2015年前后发达国家将进入休闲娱乐时代。"休闲娱乐在美国国民生产总值中将占有一半份额",新技术等趋势将使娱乐超越传统方式。事实已经如此。当今世界,娱乐产业已成为世界经济强国崛起的重要支柱产业,成为当代文化产业发展的主要业态,也成为社会发展的一种趋势。

"娱乐,就是使人快乐或消遣,亦指快乐有趣的活动。"根据不同娱乐方式的主要功能,人类娱乐大致可分为三大类:文化娱乐、体育娱乐、休闲娱乐。虽然娱乐是人的天性,但娱乐成为产业则是近代以来的事情。在当代社会,娱乐几乎渗透到了一切领域。不仅娱乐元素注入产品、娱乐与传媒联姻、娱乐与教育融合,而且"纯娱乐产业"迅速成长。当代社会的娱乐,主要是通过为社会提供娱乐产品的娱乐产业来实现。当代娱乐产业主要包括影视、音乐、演出与出版(看电视、电影、报刊、VCD、DVD和文艺晚会,听CD、MP3、MP4和音乐会等),玩游戏(网络、手机、游戏机等)与网上虚拟生活,参加歌舞厅、旅游休闲和趣味体育活动,等等。

在娱乐产业中,媒体是主干。娱乐与传媒的联姻日益明显,无论是报纸,还是电视、网络,娱乐都是最重要的元素、最大的卖点。例如,欧美传媒产业20%的产值在新闻,80%的产值在娱乐。美国娱乐产业年收入达

[①] 解永军:《"三网融合"大传媒时代来临》,《现代企业文化》2011年第1期。

4000 亿美元,是美国第二大产业。① 1995 年娱乐文化产业为美国带来了 2510 亿美元的经济效益,而到 2004 年时,这一数字已经达到 5650 亿美元。② 法国威望迪环球集团经营的电影、电视、音乐、主题公园等娱乐产业,收入约计 240 亿美元;德国的贝塔斯曼集团参与的媒体娱乐业年收益 128.03 亿美元;意大利因撒特银行也曾经从事媒体娱乐业的经营,年收益曾达 130.67 亿美元;日本的文化娱乐业经营收入超过国内的汽车工业的年产值。日本的索尼公司,自开发娱乐音响制品技术以来,年营业额曾高达 531.56 亿美元;日本动漫画产业每年的经济效益占日本国民生产总值的 15%。澳大利亚新闻集团也涉足媒体娱乐业,年营业额曾达 129.94 亿美元。作为娱乐业的电影、电视、录像带、流行音乐、主题乐园、游乐场所等在大多数国家里都是成长最快的部门。数字娱乐产业作为娱乐产业的最新业态,其发展速度令人惊叹。目前,全球数字娱乐产业已经超过了电影。电子电脑游戏等数字娱乐业将是 21 世纪最重要的娱乐产业组成。网络游戏的创造发明,更是极大地吸引了当代青少年的眼球,激发了他们玩网络游戏的热情,成为当今娱乐界非常火爆的热点。

旅游产业也是娱乐产业中发展速度较快的产业。据世界旅游组织预测,到 2020 年全世界国际旅游人次将达到 16 亿,全球国际旅游消费收入将达到 2 万亿美元,国际旅游消费年均增长率为 6.7%,远远高于世界财富年均 3% 的增长率。法国作为世界上第一旅游出口大国,始终保持世界第一旅游目的地国的地位。法国 2005 年共吸引了 7600 万外国游客,继续领先于西班牙和美国,其重要原因是亚太和北美地区赴法旅游人数猛增。英国、德国、意大利、奥地利等国,也都在世界旅游目的地国的地位中保持良好势头。此外,近年来,中国等一些国家在旅游产业发展中异军突起。例如,近年来,中国旅游产业的发展的确令人震惊。虽然对中国能不能称为世界"旅游大国"存有异议,但依据联合国世界旅游组织(UNWTO)近年来所公布的旅游统计数据,中国已经成为世界旅游大国。中国在入境旅游接待人次数和旅游收

---

① 美国普华永道国际会计事务所 2002 年 6 月 4 日公布的一项研究报告,见《新闻午报》2002 年 6 月 6 日。

② [美]唐·库斯克、[美]格雷戈里·K.福克:《娱乐文化产业对美国经济增长贡献的实证分析》,《城市观察》2009 年第 3 期。

入方面已经进入了世界前十名,甚至跃居第四名的位置,在亚洲来说,肯定是名列榜首。①

娱乐休闲活动成为当今人类不可或缺的生活要素而存在,并且作为促进经济增长的必备要素渗透到社会的各个层面。经济娱乐化、娱乐经济化,也成为当今世界经济发展的一股新的潮流。尽管我国娱乐产业起步较晚,但近年来,随着文化产业的发展,我国也正在大力发展娱乐产品。电视娱乐节目可谓"风起云涌"。诸如"全国青年歌手大奖赛"、"星光大道"、"非常6+1"、"开心词典"、"同一首歌"、"艺术人生"、"快乐大本营"等,均赢得了广大受众的"眼球"。其中,作为国内电视娱乐节目的先行者湖南卫视,在2004年确定"打造中国最具活力的电视娱乐品牌"的目标之后,一鸣惊人、二鸣上市、三鸣整合娱乐传媒业。其打造的娱乐节目"超级女声"播出时,同时段收视率排名全国第二,成为中国内地电视娱乐节目的一种尝试。2012年,由浙江卫视联合星空传媒旗下灿星制作强力打造的大型励志专业音乐评论节目——"中国好声音",凭借新奇的学员盲选方式、简明扼要的歌曲展现方法,以及歌坛极具影响力的导师,再次引爆娱乐节目的新高潮。尽管我国电视娱乐节目还存在着一些有待完善的问题,但作为一种大众传播的媒介,作为最普遍的传播产品类别,无疑深受大多数人的欢迎,也成为国家发展的一个新的经济增长点。

四 数字化:当代文化生产力发展的突出特征

随着数字化技术飞速发展与广泛渗透,使当代文化生产发展的数字化特征尤为突出。古希腊数学家毕达哥拉斯,在两千多年前就认为"万物皆数"、"数是万物的本质"、"数是宇宙万物的本原"。这种观点显然不正确,但却认识到了"数"的重要性。今天人类实践验证了数字化对人类的重要作用,如今的时代被称为是"大数据时代",数字技术应用于社会生产和生活的各个领域,影响人类生活的方方面面。其中对文化生产的影响极大,以至于成为当代文化生产的一个重要特征。

数字技术是借助一定的设备将人类生产和生活中的信息——图片、文

---

① 张广瑞:《中国尚不能称为世界"旅游大国"》,《中国社会科学报》2010年5月26日。

字、声音、影像等各种信息,转化为计算机能够识别的二进制数字"0"和"1",然后对其进行运算、加工、存储、传送、传播、还原等处理的技术。数字化则是数字技术的应用或转化过程,是信息领域的数字技术全方位地向人类生产和生活各个领域推进的过程,也是大众传播领域的传播技术手段以数字制式全面替代传统模拟制式的转变过程。数字化的关键特点在于其编制和存储方式的创新性、便携性、易于复制传播等。传媒领域通过计算机存储、处理和传播的信息得到了最大速度的推广和传播,数字技术已经成为当代各类传媒的核心技术,是虚拟现实及可视世界的各种信息和软件技术、智能技术等多媒体技术的基础。

近年来,以数字技术为载体的文化产业迅猛发展。就在几年前,人们说到这个问题,用的都是"发展趋势",还是一种"将来时"。而现在,文化产业数字化特征已经不是一种发展趋势,而是一种活生生的现实。目前,数码相机、数字电视、数码电影、视频点播、电子出版、数字游戏等新的文化产品已经形成主流。数字化作为当代最先进的科学技术,对文化生产产生巨大的影响,是否拥有数字化先进技术,是文化生产水平的重要决定因素。下面我们从几个典型事例来进一步说明。

从唱片到付费下载:iTunes。2003 年,苹果 iTunes 音乐商店正式上线,标志着唱片界变革的开始。iTunes 迅速说服了消费者付费下载音乐,更重要的是说服唱片厂商转变思路,尝试在线音乐零售。推出后的十年间,iTunes 商店悄然改变音乐行业。2004 年 7 月 11 日,iTunes 商店音乐下载量超过1亿次。[①] 2006 年 2 月 23 日为 10 亿次;[②] 2010 年 2 月 24 日为 100 亿次;[③] 2014 年 3 月 28 日为 350 亿次。[④] iTunes 则一步步超越了沃尔玛,成为全球最大、最成功的在线音乐商店。随着华纳唱片、环球唱片等多家唱片厂商签约苹果,以及 iPod、iTunes 版本升级,几乎垄断了美国数个音乐播放器和线上

[①] Levy, Steven (2006). *The Perfect Thing: How the iPod Shuffles*. New York, NY: Simon & Schuster.
[②] Ibid..
[③] http://www.apple.com/pr/library/2010/02/25iTunes-Store-Tops-10-Billion-Songs-Sold.html.
[④] http://macdailynews.com/2014/05/29/apples-itunes-store-passes-35-billion-songs-sold-milestone-itunes-radio-now-has-40-million-listeners/.

音乐下载市场，成为美国数字音乐领域不折不扣的霸主。

亚马逊公司与电子读物的普及。 尽管从竹简到丝帛，从线装到装订——历次阅读方式的变革都具有重要意义，但始终还是没有脱离书籍这一根本。而在数字化时代，电子"书"将阅读从纸张跃上了屏幕，人类的阅读脱离书籍这一根本，这是几千年来人类阅读方式划时代的革命。如今，电子书在很多领域取代纸媒，许多读者从纸质媒体转向了电子类读物。全球最大的网上图书零售商亚马逊，2009年12月在全世界范围内卖出了950万本电子图书，相当于每秒钟就有110本书被买走。2010年圣诞当天的统计数据显示，该网站电子图书内容的销售量首次超过传统印刷书籍。亚马逊公司亚马逊电子书籍能够取得如此惊人的销售业绩，很大程度上归功于该公司Kindle电子阅读器的火爆销售。电子读物的普及，使纸媒体阅读率大大下降。从2012年3月到2013年3月，美国报纸每日发行量下降幅度不足1%。传统报业正面临史无前例的挑战，许多传统媒体被收购或转型。2008年美国主流大报——《基督教科学箴言报》宣布从2009年4月起停出印刷版，每天改用电子邮件发送网络版报纸给读者。2012年美国著名杂志《新闻周刊》宣布全面转为网络数字化期刊。2013年，亚马逊CEO杰夫·贝索斯以2.5亿美元的价格收购了美国最有声望的报纸《华盛顿邮报》；一个有着141年历史、曾经拿下21座普利策奖的《波士顿环球报》，也以7000万美元贱卖给波士顿红袜队老板约翰·亨利。《纽约时报》至今虽没放弃纸质版，但同步推出收费在线服务，而且电子版的订阅量一度超过了纸质版。报刊退出纸媒，改出电子刊说明互联网技术正在改变着媒体的形态，这种趋势也将成为发展方向。同时，随着手机功能、容量、普及率的不断上升，加之手机用户身份易于确认，付款方便，手机阅读在整个电子图书市场中的份额持续扩大，越来越多的人逐渐习惯于使用手机进行阅读。[1]

虚拟歌手"初音未来"。 2015年5月，在由文化部和广电总局于北京举行的"IHATOV交响曲"交响乐演出上，观众们迎来了他们期待的"歌手"——"初音未来"。6月，"初音未来的（MIKU EXPO）"上海站演唱会

---

[1] 陶凤：《华盛顿邮报被购凸显报业困境，纸媒寻求数字化转型》，《北京商报》2013年8月7日。

人气高涨,门票在演出前全部预售一空。"初音未来"「初音ミク」是日本最大音声制作和音乐软件公司——克里普顿未来媒体公司推出的以雅马哈的语音合成引擎为基础开发的虚拟女性歌手软件,于 2007 年 8 月 31 日发售,截至 2014 年已有 148.49 万人购买。该软件将人类的声音转录合成为虚拟歌手的声音。使用者输入音调、歌词后即可发出酷似真正歌声的声音。发售后大受欢迎,并出现大量用户制作的翻唱歌曲、原创曲等。初音未来是世界上第一个使用全息投影技术举办演唱会的虚拟偶像。2010 年 3 月 9 日,东京举行了初音未来的个人演唱会。这场演唱会使初音未来成为人类文明史上第一个使用全息投影技术举办演唱会的虚拟偶像。演唱会上,初音未来与一支现场伴奏乐队一同"登台表演",数千名歌迷挥舞着荧光棒,聆听她的美妙歌声,通过半全息投影技术,舞台上的初音未来是立体的,能够像真人一样随意在舞台上移动,与乐队和观众互动。2011 年"初音未来"演唱会在美国洛杉矶诺基亚剧院举行,2011 年在新加坡举办演唱会,2012 年在香港和台湾举办两场演唱会。2012 年 6 月的戛纳国际广告节上,由谷歌公司浏览器与初音未来合作的广告夺得了"直销类单元"铜狮奖。虚拟歌手的出现显示出了巨大潜力,正在成为一个全新的文化产业。初音未来的成功触发了人们对语音合成技术的重视。目前,日本、中国等一些国家也已经陆续出现了类似的娱乐产业。作为音乐软件拟人化产物,"初音未来"也衍生出动漫和游戏人物,吸引了新一代和从不认识电子音乐的人接触电子音乐创作,使更多人认识电子音乐制作,使电子音乐创作再度卷起热潮。

柯达倒闭的启示。如今,人们出门旅游很少带沉重的照相机了,对于普通人来说,手机已经取代了照相机拍照。胶片相机毫无疑问被数码相机取代了。2012 年年初,美国柯达公司宣告倒闭。一个拥有 132 年历史的胶卷业巨头,一个与摄影艺术共同成长起来的影像器材帝国,却在 21 世纪数码大风暴的侵袭中轰然倒塌,给摄影界乃至全社会带来了不小的震撼。其中,缺乏核心技术——数码相机(数字技术),成为导致柯达公司倒闭的一个重要原因。具有讽刺意味的是,数码相机正是柯达早在 1975 年发明并生产的。柯达公司是世界上最大的影像产品及相关服务的生产和供应商,柯达作为感光行业的王牌品牌,曾经创造出一系列的辉煌成绩。在胶卷时代,柯达曾是绝对的王牌,是整个胶卷业的代名词,鼎盛时期占据全球 2/3 的市场份额,业务遍布 150 多个国家和地区,拥有全球超过 14.5 万名员工,地位相当于今天的苹果或谷歌,养活了美国纽约州的罗切斯特,也养活了三代柯达人。早在 1975 年,柯达就研发成功了世界上第一款数码相机。而且 1979 年柯达的高管已经预测到随着数字技术的普及,数码技术将对传统生产带来巨大冲击。但遗憾的是,就是这样一个世界闻名的企业,并没有顺应市场的发展而发展数字化技术。柯达认为,随着数码相机的普及,冲印会大大增加,于是大幅增加小型冲印设备的生产和销售,同时严重缩减数码相机研发经费。发展战略的失误导致柯达错失良机,未能把握这个未来的"金蛋"。可以说,未能准确把握数字化趋势,是导致在后续的数码相机竞争中落下马来,并最终导致柯达倒闭的重要原因。

可以说,文化生产力竞争的焦点已经是各类产品数字化水平的竞争。文化产业的发展不仅取决于资本和人才,而且取决于以数字化为代表的先进科技。通过数字创意的方式,将各种"文化资源"与最新数字技术相结合,通过再现和创造,重塑生产方式和消费方式,构建新的产业群落,培育新的消费人群,并以高端技术带动传统文化产业实现数字化更新换代。数字化将成为未来文化产业的重要特征和发展方向。

第二章

当代中国文化生产力的发展

依托于世界文化生产力发展的宏观背景,置身于中国改革开放和市场经济大潮,中国文化生产力崛起并迅速发展。在短短的十几年里,取得了巨大成就,在促进中国经济社会发展和满足人们日益增长的精神文化需求中发挥了重要作用。但是,面对人们日益增长的精神文化需求,面对全球文化产业的飞速发展,中国的文化生产力水平还很低。因此,大力发展中国文化生产力,最大限度地满足人民群众日益增长的精神文化需要,已成为当前中国社会发展迫切需要解决的重大现实问题之一,已成为党的十八大提出的全面建成小康社会、推动文化大发展大繁荣的一项战略任务。

第一节 当代中国文化生产力的崛起

新中国成立以来,我国文化生产力的发展经历了曲折的过程,积累了有益的经验,也有过值得深思的教训。中国文化生产力形成有其特殊的历史背景,既有全球经济一体化浪潮推动这一国际宏观背景,更与中国文化体制改革,"解放和发展文化生产力"有直接联系。

一 新中国成立以来文化生产力发展的经验启示

文化生产力的出现是人类社会发展和文化自身发展的必然逻辑,但这种必然性也需要人类自觉地认识和遵从这种规律。实践证明,越是及早认识到这种必然性,行动就越自觉、代价就会越小。尽管文化生产力的出现有其必然性,但是作为执政党能否认识到它的作用,并自觉把发展文化生产力作为党领导文化建设的重要问题,则是另一回事。"文化生产力"概念在我们党的正式文件中第一次出现,是在十六届四中全会通过的《中共中央关于加强党的执政能力建设的决定》中。但对于文化生产力的认识却经历了一个过程。

文化生产力是当代社会以社会化生产和市场经济为依托、以现代科学技术为手段、以文化产业的兴起为标志和典型形态,生产满足人们精神需求的文化产品的水平和力量。国际上虽无此概念,但以此方式生产文化产品却早已是不争的客观事实。作为文化与经济、技术高度融合的现象,文化生产力是现代社会的产物,但文化具有的经济属性和商品属性却具有悠久的历史。现代文化生产,早在19世纪的欧洲发达国家就已经存在了。在我国的历史上,从郑板桥明码标价卖对联、梅兰芳拿了包银才登场这些现象中看到了文化的经济属性,也从杨柳青的年画、景德镇的瓷器、吴桥的杂技中看到了具有复杂分工、标准化流程、大规模贸易、严密的组织等为特点的文化生产的工业特征。在新中国成立之前的民国时期,我国已经出现了现代文化生产的萌芽,当时的文化产业已经拥有了演艺业、古董业、出版业、电影业、唱片业、娱乐业等并且都有了一定发展。但新中国成立之前,中国的文化产业生产的产品和提供的服务依然是有钱有权人的专利,特别是娱乐业只是少数有钱人挥霍浪费、醉生梦死的场所,弥漫着低俗、沉沦等不健康的景象。[①]

在西方发达国家的文化发展已经进入到发达的社会化大生产轨道的时候,我国却还处在史无前例的"文化大革命"时期。文化被理解为只有意识形态属性的存在,计划经济成为文化发展的唯一方式。对于我国来说,我们党提出文化生产力有其历史原因和背景,这就是我国长期存在的文化体制对文化发展的束缚。由于特殊的历史原因,我们党对文化生产力问题的认识,经历了由被动到主动的曲折过程。我们党虽然没有给文化生产力下过定义,但每次谈及文化,都是与"解放和发展文化生产力"相联系的,把深化文化体制改革作为解放和发展文化生产力的根本途径。也就是说,解放和发展文化生产力,就是根据文化生产力的发展水平和要求,正确处理文化生产力与生产关系的矛盾。因此,我们党关于文化生产力的思想,具体的体现

---

① 邹广文、任丽梅:《科学发展观与中国文化产业实践》,中央编译出版社2007年版,第24页。

在关于文化体制改革上的一系列政策和思想中。

1949年新中国诞生,为中国新文化的发展奠定了前提基础。1956年"三大改造"的基本完成,社会主义制度基本确立,中国自近代以来的传统农业社会向现代工业社会的历史转型,也被纳入社会主义的旗帜下,中国开启了社会主义现代化建设的征程。社会主义、共产主义的价值取向、公有制为基础的经济制度和经济理念的确立,全国人民鼓足干劲谋求经济社会发展的精神等,也标志着社会主义文化建设拉开了序幕。在这种特殊的历史条件下,强调文化为政治服务,保证社会主义新兴国家能够被广大民众所接受和认同是非常必要的。

但是,由于特殊的原因,我们对文化的理解存在偏颇,割断了文化与经济的联系,文化的经济属性和商品属性被消解,意识形态属性几乎成为文化的唯一属性,文化仅仅成为为政治服务的手段和工具。在很长的一段时间,我国文化机构只是意识形态的一个部门,把文化完全作为一项事业工作来管理,文化的经营与管理完全归国家所有,国家包揽了文化部门的一切,文化体制单一,文化形式单调。在组织体制上,它属于党的宣传部,主要发挥其宣传党的方针政策的功能;在经费上,主要由政府从国民收入中提取,文化部门是由国家全资投入供养的事业部门,文化从业人员都是国家正式干部;在消费方式上,消费者基本不直接出钱,文化实际上是一个福利事业。在"左"的思想观念盛行和权力高度集中的社会管理体制下,虽然涌现出了一批追求社会效益、不计个人报酬、注重奉献、不讲索取的社会主义新型主体,但在计划经济体制下,个人、企业、下级、地方根据行政命令、指令性计划、长官意志从事经济活动,在一定程度上抑制了人的主体潜能的开发、抑制了人的积极性和创造性的发挥。事实表明,只强调文化作为思想道德教育手段和国家意识形态的属性,忽视和排斥文化作为消费产品的商品属性,就会束缚文化生产力的发展,影响文化自身的发展以及文化对经济和社会积极作用的发挥。

党的十一届三中全会后,我们党实现了新中国成立以来具有深远意义的伟大转折,中国逐步拉开了改革旧体制、开创新局面的序幕。我们党恢复党的思想路线,解放思想、实事求是,对许多事物的认识发生了根本性的变革,也开始了一场解放和发展社会主义文化生产力的艰辛探索。经历了从党的十一届三中全会到党的十二大，我国文化体制改革的酝酿和准备阶段；从党的十二大到党的十四大，文化体制改革的初步发展阶段；从党的十四大到党的十六大，文化体制改革的稳步推进阶段；从党的十六大到党的十七大，中央从战略高度深刻认识文化的重要地位和作用，文化体制改革实现重大突破阶段；从党的十七大至今，深入贯彻落实科学发展观，文化生产力快速发展阶段，我国文化体制改革经历了从不完善到逐步完善的历程，大大解放了文化生产力，并深化了对文化理念、文化属性及文化功能的认识。

二 当代中国文化生产力崛起及其发展

中国文化产业兴起于20世纪70年代末，到20世纪90年代初步形成，是当时国际国内形势发展的必然结果。1979年，广州东方宾馆开设了国内第一家音乐茶座，随即营业性舞厅等经营性文化活动场所在各大城市竞相开业，于是我国第一次出现了文化市场。在20世纪90年代，党和政府明确提出了建立社会主义市场经济体制，大力发展包括文化产业在内的第三产业，文化领域面向市场的改革步伐明显加快，文化产业进入快速发展阶段。

（一）宏观背景：中国经济的持续发展，第三产业迅速增长

第三产业对于优化国民经济结构，深化体制改革，增加就业，满足人民群众日益增长的物质和文化生活需要具有重大的战略意义。20世纪后半叶，我国国民经济的发展已经进入第三产业迅速发展的时期，深化改革和促进产业结构升级一直是中国经济发展战略的基本特点，文化产业就是在这个大背景下进入了快速发展的轨道。

在20世纪90年代，我国第三产业已经有了长足的发展，我国第三产业增长率年均逐步增长，第三产业在GDP中所占比重不断提高。在1993年国家计委提出的《第三产业发展规划基本思路》中，明确要求在继续发展批发零售贸易业和社会服务业等传统第三产业的同时，积极发展旅游、信息、咨询服务等新兴产业，增大其在第三产业中的比重，对其中直接关系国民经济发展后劲的科技、教育事业和信息、咨询业，更要超前发展。根据《国家发展计划委员会关于发展第三产业扩大就业的指导意见》中的数字，到1997年，仅信息服务业（包括电信、邮政、广播影视、计算机应用服务等）、旅游业（包括旅馆、旅行社、旅游景点以及相关的交通、餐饮、商

业、娱乐业)、文化、体育产业（包括娱乐服务、文化市场、新闻出版和健身服务、体育市场等)、科技教育业（包括科研和综合技术服务、教育培训等）等与文化产业相关的产业统计，其增加值就约占国内生产总值的52%，从业人员约占总就业的37%。这些产业有了较快的发展，其增加值占国内生产总值的比重有了较大的提高。

文化产业是第三产业中重要的"新兴产业"部门。借助我国实施第三产业发展战略的大好机遇，我国文化产业不仅自身得以迅速发展，而且在第三产业发展中远远超出其他产业部门的发展，成为带动第三产业发展的主导产业。

（二）直接动因：全球科学技术革命浪潮的推动

技术创新给产业结构变化带来巨大影响。自20世纪90年代以来，在信息技术全球化浪潮的推动下，我国的信息技术产业成为国民经济发展中最为耀眼的增长点。我国信息产业和电信业迅速从传统的基础设施领域中脱颖而出，进入一个有线通信和无线通信、传统电信和计算机网络、电信产业和新闻媒体、金融服务的大规模"产业融合"时期，成长为我国国民经济最大的综合性支柱产业。通信、广播电视和视听消费电子产品数字化进程加速发展，使得计算机、通信、广播电视这三个原来分工明确的行业出现融合汇聚现象，带动了我国相关文化产业的发展。根据国家统计局和国家计委的统计显示，"九五"期间，我国信息技术产业的产值平均年增幅达到25%—30%，到2000年，我国电信业和邮政业的业务总量达到4725亿元，如果加上与国民经济和社会信息化密切相关的新兴电子信息产业，业务总量可达到14725亿，比1995年翻了两番。[①] 这些产业的发展为文化内容在前所未有的规模上创作与传播开辟了广阔的新天地，传统的大众传媒如新闻出版、广播影视业等均在向信息产业迅速靠拢，以"新媒体"的姿态，异军突起，成为新兴文化产业的主体。传统的音像业在迅速发展的技术升级和产业重组中，走向新的发展高峰期。信息技术产业和电信业的发展，在我国文化产业中造成了产业关联效应。文化产业与信息产业互为条件、相互促进，对国民

---

① 曾培炎：《2001年中国国民经济和社会发展报告》，社会科学文献出版社2002年版，第147页；刘世锦等：《中国"十五"产业发展大思路》，中国经济出版社2000年版，第112页。

经济发展全局具有重要作用。可以说，新技术革命与文化需求形成了推动我国文化产业发展的两轮。新兴产业向需求强劲且技术进步的领域，尤其是具有高密度文化内容的高新技术产业集聚，直接导致了新兴文化产业群的快速发展，并迅速改变着我国传统第三产业的格局。

（三）内在动因：居民收入的增长和需求结构的变化

文化产业的兴起，是我国经济发展和社会进步的重要标志，也是产业结构重大调整的突出表现。同时，改革开放以来，我国居民收入水平的提高和消费结构的变化也是重要的推动力。

根据权威部门研究，改革开放以来，我国经济持续健康发展，城乡居民的收入水平持续提高，由此带来居民消费结构发生根本性变化。1978年，我国居民的消费水平是184元，到1998年上升到2972元，扣除物价上涨因素增长了近4倍，每年的平均增幅达7%。进入到20世纪90年代以后，我国居民消费的恩格尔系数降到了50%以下，说明我国居民从总体上告别了温饱，进入了小康。到了21世纪初期，我国城镇居民的恩格尔系数降至40%以下，开始进入了所谓的"富裕社会"。[①] 而上海等一些大城市，居民的人均收入甚至超过了4000美元，开始进入中等发达国家的水平。因此，改革开放以来我国经济发展取得的成就，使我国社会发展出现了重大的转折，开始越过人均收入的门槛，显示出消费的"脱物"倾向。文化类消费需求在整个居民消费结构中所占比例的上升，以及文化消费品市场需求总量规模的急剧扩大，成为我国文化产业兴起的重要内在动因。

（四）体制改革：中国文化产业发展的启动器

体制改革对中国文化生产力的发展具有特殊的意义。改革开放以来经济的持续增长、收入水平的提高、需求结构的变化、科学技术革命的推动、全球化浪潮的拉动，为我国的文化生产力发展积蓄了大量"动能"，形成了一定的"位势"，这时制度创新和改革的深化，就为我国的文化产业发展打开"闸门"，使其汇入国民经济发展的洪流中。

以制度创新适应新兴产业的发展需要，从而启动文化产业的发展，是

[①] 江蓝生等：《2001—2002年：中国文化产业发展报告》，社会科学文献出版社2002年版，第8页。

一个新的世界性发展趋势。自20世纪90年代以来，从美国到欧洲，发达国家已经基本上解除了通信业、传媒业、信息业之间传统的行业管理壁垒，进入针对传媒内容的制度创新时期。随着世界各国纷纷拆除其自身的传媒行业壁垒，信息产业的全球化已经成为现实，文化产业的全球化趋势正在凸显。

中国的改革开放深刻而广泛，以经济结构调整为主线、以市场化为导向的转变趋势必然扩展、影响到社会生活的各个领域。在我国实施国民经济"八五"和"九五"计划，营造社会主义市场经济的总体环境和推动全方位对外开放基本格局形成的同时，对原国有文化事业单位的进行改革，这些重要的改革措施逐步放开了文化市场，减少了国家的财政补贴，改善了文化事业单位的条件，从而对丰富和活跃人民群众的生活，促进精神文明建设起到了促进作用。

文化部所属文艺院团的体制改革，极大地活跃了我国的演出市场；旅游管理体制的改革对我国文化旅游业的发展具有重要的推动作用；随着我国加入WTO，新闻出版业、广播影视业的改革也提上了日程。报刊业"治散"、"治乱"和行业归口管理改革启动了文化产业的宏观产业结构调整，组建"报业集团"、"出版集团"、"广播影视集团"、"演出公司"则开始了文化产业的微观产业组织创新。中国的文化产业在改革开放大潮的推动下得以兴起和发展。

三 当代中国文化产业发展的状况

我国文化产业虽然起步较晚，但经过改革开放30多年的发展，经过了以"文化事业"为基本特征的初期发展阶段，以"事业单位，企业管理"为基本特征的探索发展阶段，全面提速和全面融入国民经济发展总体战略的阶段，进入一个全新的发展时期。

我国文化产业作为朝阳产业、绿色产业、环保产业，从无到有、从小到大，已经在国民经济体系中形成一个全新的产业。但是我国的文化产业，在产业规模、产品质量、市场竞争力等方面，还存在很多问题，文化生产力水平还很低，还不能够完全适应市场经济发展和社会全面进步的要求。

(一) 我国文化产业发展的成就

改革开放以来，我国文化产业从小到大、由弱到强，不断发展壮大，对国民经济和社会的贡献与日俱增。特别是进入 21 世纪以来的发展，我国文化产业对经济社会的推动作用越来越明显。

一是发展速度加快、规模不断扩大。2009 年宏观经济逐渐复苏，在多数领域实现超常增长的文化产业再次成为国民经济发展中最为亮眼的领域。据国家统计局资料显示，2009 年我国文化产业增加值为 8400 亿元左右，较同期 GDP 现价增长速度快 3.2 个百分点。文化产业增加值超百亿元的省份由 2004 年的 9 个省，增加到 2008 年的 20 个省（区、市）。同时，发展规模不断扩大。2008 年我国文化产业法人单位数量较 2004 年增加 14.3 万个，增长近 45%；增加资产 9170 亿元，增长约 50%；从业人员增长 18.6%，即 186 万人。文化产业增加值占同期 GDP 的 2.43%，增长 121.8%，较 2004 年提高了近 0.3 个百分点。2004—2008 年间文化产业增加值的年平均增长速度为 22%，其中文化产业法人单位的增长速度高于同期 GDP 年平均增长速度近 5 个百分点，达到 23.3%。

二是文化产业结构调整加快。高新技术推动新兴文化产业的形成和传统文化产业的升级。从世界范围来看，现代文化产业发展的一个显著特点就是与高新技术的日益融合，特别是与信息产业相互关联，已成为世界性潮流。近年来，信息技术产业与传统文化产业的日益融合，在我国的文化产业中除了演出业、影视业、音像业、艺术培训业、图书报刊业、文化娱乐业、文化旅游业等传统的产业外，又形成了多种新兴文化产业业态。信息化跃入传媒领域，引发"传媒热"，新闻出版、广播电影电视等传统大众传媒部门迅速"触网"，出现了信息产业与文化产业"大汇流"的壮观景象，启动了一个又一个消费市场，如网络游戏、手机内容产业等，推动了产业结构重组和优化升级。从相关统计数据可以看出，以互联网信息为主的网络文化服务，以旅游、娱乐为主的文化休闲娱乐服务和以广告、会展、文化商务代理为主的新兴文化产业的发展潜力巨大，正在成为文化产业快速提升的重要引擎。

三是文化市场日益繁荣、文化商品种类逐渐增多。我国经历了 30 多年发展历程的文化市场在空间上得到不断拓展，市场体系不断健全，管理机制不断完善。目前,我国的文化市场大致包括:演艺市场、娱乐市场、音像市场、出版物市场、网络市场、古玩市场、工艺美术市场、教育培训市场、影视市场、动漫游戏市场、传媒市场、文化会展市场、节庆文化市场、广告市场、包装文化市场、文化旅游市场、品牌商标文化市场,及以高新数字技术和移动存储设备为消费平台的新兴文化市场等。随着文化产业的快速发展及规模的不断扩大,由此所衍生出来的文化商品的种类也逐渐增多。随着文化市场主体的日益增多,文化产品和服务的数量更加丰富、质量不断提高,人民群众对现有文化服务供给的满意度也在逐步提升。截至2009年,国产故事片产量456部,日报年出版总量440亿份,出版规模连续9年位居世界首位,年出版图书27.57万种,出版品种与销售总额位居世界第二位;印刷复制业总产值5746亿元,位居世界第三位。全国动画片创作生产数量达322部17万分钟;国产电纸书、电子阅读器销售量达71.6万台,网络视频用户近2.4亿户;自主创新的移动多媒体广播电视取得了突破性进展,城市的商业数字电影银幕达2000块,农村电影数字化放映全面推广。

四是投资主体日益多元化,文化产业开发持续升温。随着文化体制改革的不断深入,国有文化市场主体逐步壮大,成为发展文化产业的主导力量。中国对外文化集团公司、中国电影集团公司、中国国际电视总公司、中国出版集团公司、江苏凤凰出版传媒集团公司等一大批国有或国有控股文化企业的整体实力不断增强。近年来,非公有资本参与文化产业的积极性高涨,2008年,私营单位(包括私营独资、私营合伙、私营有限责任和股份有限公司)已达到29.9万家,占全部内资单位数的2/3。目前,全国共有民营文艺表演团体近7000家,民营电视节目制作企业2800余家,民营电影制片发行公司近400家,全国性民营出版物连锁经营企业8家,民营出版物发行企业11万个,中外合资、合作或外商投资图书报刊发行企业40多家,期刊版权合作50多家,中外图书合作年均600多种。上海盛大网络发展有限公司、深圳华强文化科技集团、华谊兄弟传媒公司等一批民营文化企业成为发展文化产业的生力军,以公有制为主体、多种所有制共同发展的文化产业格局正在形成。同时,文化产业的潜在优势及高附加值也吸引着大量其他产业资本和人力资源涌进文化领域,促进了文化产业开发的持续升温。

五是产业"走出去"步伐加快，国际影响力日益提升。 2006 年《国家"十一五"时期文化发展规划纲要》颁布实施后，我国文化对外交流发展就呈明显增长之势。2007 年，我国文化产品和服务进出口贸易总额就达到 166.4 亿美元，其中核心文化产品进出口贸易总额达到 129.2 亿美元，比上一年增长 26.6%；文化服务进出口贸易总额为 37.2 亿美元，比上一年增长 39.9%。在经过一段时期的持续发展后，2009 年，我国境外商业演出团组数达到 426 个，演出场次 16373 场，实现演出收益约 7685 万元。国产影片海外销售收入 4 亿美元左右，各类电视节目出口超过 1 万小时，外销金额共约 5898 万美元。我国核心文化产品出口 94 亿美元，图书版权进出口比例由 2003 年的 9:1 下降为 2009 年的 3.4:1，我国文化产品进出口不平衡的局面有所改观。2009 年 10 月，我国首次作为主宾国参与世界知名的法兰克福书展，实现版权输出 2417 项，搭建起国际图书贸易的新平台；2010 年 5 月的深圳文博会上，海外文化产业成交额首次突破 100 亿元；天创国际演艺公司在自己收购的美国布兰森白宫剧场开始驻场演出，开创文化产品出口新模式；以中国国际电视总公司等为代表的文化企业"走出去"步伐不断加快，增强了我国文化产业的国际竞争力。[①]

（二）我国文化产业发展存在的问题

虽然我国文化产业发展取得了巨大成就，但目前存在着产业结构不合理、政策制度体系不完善、资本投入不足、原创力不足、人才缺乏等诸多问题。

一是产业结构不合理，综合竞争力不强。 从整体看，我国文化产业规模依然偏小，实力不高，竞争力不强。由于我国文化产业起步晚，文化企业虽然数量较多，但现代大型文化企业却不多。文化企业普遍规模偏小，产业集约化程度低，规模经济的影响力甚微，缺乏市场竞争力。同时，我国文化产业区域发展状况极不平衡。总体来看，我国区域文化产业发展格局与区域经济发展基本相同，但仍呈现出东高西低的不平衡发展态势。而且，我国区域文化产业发展的技术层次也偏低。我国运用现代高科技手段

[①] 参见《且看文化产业阔步前行》（本刊记者），《中国财政》2010 年第 21 期。

开发文化资源、改造传统文化产业、创新文化表现形式的能力较弱,导致低技术含量文化产业比重偏大。产业结构不合理的另一个突出表现是,文化产业生产结构与市场需求结构的不相适应。2000年,我国的人均GDP已经达到了849美元,反映城乡居民生活水准的恩格尔系数也降至50%以下。我国与文化相关的消费需求应该在6000亿—6500亿元之间(6314亿元)。① 到2010年,我国人均GDP已经达到4382美元,居民消费能力呈现出多层次、多形式、多样性的特点。广大群众迫切需求质优价廉的精神文化产品,而我国文化产业表现出有效供给的严重不足,人们实际的文化需求与有效的文化供给之间存在着严重的不对称。比如,有统计表明,近年来,我国的电影业、电视业存在大量的经营不善和亏损,影视产品的精神内涵和价值尚待提升;图书市场亟待改变重复出版和依靠教材及考试辅导资料维持的局面,许多作品出版后无人问津,库存积压严重……这些表明,文化产业无论在数量上还是在质量上,都还不能很好地满足人民群众日益增长的精神文化需求。

二是政策体系不健全,制度保障不完善。 自20世纪80年代以来开始进行文化体制改革,国家出台了一系列扶持和促进文化产业发展的政策措施,90年代开始确立社会主义市场经济体制的改革目标,至今已经初步建立起了由一系列行政法规和规章构筑起来的文化产业政策系统,以及由这个系统建立起来的文化管理机制。但是,从总体上看我国文化产业的政策体系还不够健全,制度保障还不够完善。一是文化产业相关政策缺失、法制建设落后。改革开放以来,我国为文化产业的发展制定了几部重要的法律,如《著作权法》、《专利法》、《广告法》等。但总体来说,我国文化产业政策大多停留在行政性规定和管理条例等层次上,上升到法律层次的行业政策还比较少。文化产业发展非常需要的法律如《出版法》、《广播法》、《新闻法》等都没有出台。对文化产业的保护性政策也严重缺失。从目前国家对文化产业出台的一系列政策看,无论保护方面还是扶持方面力度都不够,措施偏软,保护的范围还比较窄。同时,文化产业政策的可操作性较差,一些政策停留

---

① 江蓝生、谢绳武主编:《2001—2002年:中国文化产业报告》,社会科学文献出版社2002年版,第12页。

在口号上，缺乏可操作性。对文化事业的管理主要依靠政策号召和行政措施，而缺乏用法制手段管理，对现行法规和政策落实力度也不够，有些政策过于原则性，缺乏实施细则，相关配套政策和措施也没有及时到位。在整个政策的价值规定、功能及政府对社会文化资源的权威性分配中，应有的公共性、公正性和公平性比较差。比如，中央政府早就号召打破地区封锁和条块分割，提倡文化企业跨地区、跨媒体、跨行业经营，优化文化产业结构，但是，多年来行政性垄断难以消除，地方保护主义、部门保护主义我行我素，重复建设屡禁不止，中央对一些部门利益之争、地区保护主义还缺乏有效政策。

三是资金投入不足，多元化投融资格局尚未形成。资金是产业发展的血液。文化产业的快速发展，离不开资本的支持。文化产业投入保持一定增长速度，是维护文化繁荣、决定文化产业发展的重要因素，也是衡量文化产业发展的重要标志。目前，我国文化产业发展存在着严重的资本不足问题，由政府、银行、企业、社会构成的多元文化产业投融资格局尚未形成。

我国文化产业的投资渠道可分为政府投资、民间投资和外资的进入。目前，我国文化投资主体虽然有所增加，但非政府投资主体仍然较少，国有资本依然是投资的主要来源，所占比例占绝对优势。非公有资本是文化产业投资的重要组成部分，但所占比例较小。部分文化产业领域已对外资开放，但利用外资水平很低。我国文化产业投资门槛已有所降低，但与其他产业相比仍显较高。文化产业投资与其他产业投资相比，具有极强的意识形态属性、政治属性和涉及国家文化安全问题。相对于其他产业而言，国家相关部门对文化产业投资规定的门槛较高，硬性规定较多。文化产业法律制度机制还不够健全，如民间资本和外来资本的法律地位、权益保护、退出机制等核心问题都尚未很好地解决，从而导致投融资的风险成本增高，使得民间投资成本较高，外资由于文化市场准入方面受到限制也较难进入。法制环境的不完善、政策的不确定性，使文化产业在投融资上缺乏强有力的法制保障。我国文化产业的金融介入程度较低，在融资手段上比较原始，即以资金方式投入为主。以银行贷款为例，目前我国文化产业发展中金融介入的力度还明显不足。虽然全国文化产业（文化、体育和娱乐业）2010年末本外币中长期贷款余额同比增幅达到61.6%，但2010年全年本外币贷款累计新增仅276亿元。这是中国整个文化产业占 GDP 不到 3% 的原因之一。[①] 文化产业缺乏多样化的投融资方式，如通过股票、债券等方式筹措资金等现代化的筹资方式。这些都使得文化产业投资不足，进而制约文化产业的发展。

四是原创力不足、创新型人才过于缺乏。文化产业是一种创新型产业，在竞争中，创新、创意是文化产业发展的核心动力，如果没有好的文化创意，文化产品就会因缺乏感染力和吸引力，而丧失竞争力。应该承认，在某些领域，我国的原创文化发展势头不错。据统计，2001 年，全国长篇小说出版超过 500 部，相比改革开放之初，翻了两番以上，戏剧新排上演的剧目 4892 部。其中新创作并首演的剧目 2517 个，生产电视剧 88877 部集，比 1991 年增加 3000 多部集。[②]

但我国的文化产业原创能力明显不足。目前，我国每年出版各类图书约 17 万种，数量相当可观，但真正可读的好书还不多。在电影、电视剧和音乐方面，由于版权的买卖十分踊跃，价格居高不下，供求矛盾突出，反映出我国音像市场原创力不足，原创节目资源严重匮乏，以 CD 和 DVD 为例，2001 年我国有签约歌手的唱片制作公司制作发行的个人专辑大约只有 20 种，在市面上看到的国产原创 CD 品种较少，更多的是引进版和盗版。全国每年电影生产量只有不到 100 部，能制成 DVD 的就更少了。2002 年自编 DVD 故事片 122 部，而引进 DVD 故事片达到 392 部。再以网络游戏市场为例，虽然 2009 年国产网络游戏市场规模达 157.8 亿元人民币，但在其中，我国自主开发的网络游戏却只占网络游戏市场的 10%。[③] 电视节目尤其是娱乐类节目彼此模仿、相互抄袭的现象时有发生。我国文化产业在整体上还处于创新含量不高的产业链低端部位。我国有举世公认的异常丰富的文化资源，这些都是难得的原创资源，为文化产业的设计、生产、创新提供了不竭的灵感源泉，但我们并未很好地利用来创造原创作品，反倒是被其他国家抢占先机。例如，美国大片《花木兰》已经向我们敲响了警钟，中国的文化

[①] 刘诗平：《文化产业与金融如何成功"联姻"——访中国民生银行董事长董文标》，《经济参考报》2011 年 12 月 9 日第 5 版。

[②] 包霄林、戚鸣：《试探我国原创文化发展与传播方式问题》，《中国青年政治学院学报》2004 年第 5 期。

[③] 周向军、傅永军：《全球化与当代中国文化产业发展》，山东大学出版社 2009 年版，第 150 页。

资源已经在国际传媒资本之手转化为文化产品，成为中国文化产业界的强大竞争对手；2000年美国的基金会曾与我国商谈"数字化虚拟洞窟"计划，日本信息技术企业与我国故宫博物院商谈合作建立数字化多媒体网上故宫博物院。这些说明，发达国家已经借助经济与技术双重优势，开始谋求对我国文化资源的开发，这一动向必须引起我们的重视。

缺乏创新型人才是导致文化产业原创能力不足的直接原因。在第63届威尼斯国际电影节获最高奖项的贾樟柯、在纽约苏富比拍卖行拍出最高价的画家张晓钢，这些人在向世界证明，中国并不缺乏产生创新精神的土壤。但是，这些人的成功毕竟是少数。文化产业是一种以"人"为主体和灵魂的产业，人才因素是文化产业发展的关键因素，而目前我国文化产业的人力资源还比较匮乏，尤其是创新型、技术型人才与复合型人才相对短缺。随着新兴文化产业的迅速扩张，如现代传媒、动漫游戏、数字视听、出版发行、演艺娱乐、文化旅游、影视、网络文化、会展博览等，在这些方面人才更是匮乏。特别是缺少既了解国际市场、运营规律，又深刻把握文化创意与制作内在规律的复合型国际文化贸易人才，这在很大程度上影响了文化产业的发展。

第二节 中国文化生产力发展的具体路径

我国文化生产力发展具有巨大的优势和潜力。我国拥有丰富、独特、珍贵的文化资源，是世界任何一个民族无法与之相媲美的。改革开放30多年来，我国经济建设及社会发展已经取得举世瞩目的成就，人均GDP早已超过1000美元，富裕起来的国民的精神文化需求迅速增长。党和国家有关文化产业的政策、法律法规日益健全完善，为文化产业的发展创造了良好的条件。因此，我们应在学习借鉴世界各国文化产业发展的经验基础上，把握中国文化产业发展的规律和特点，加快我国文化产业发展的步伐。

一 进一步调整文化产业布局，构建现代文化产业体系

党的十七届六中全会《中共中央关于深化文化体制改革若干重大问题的决议》指出："加快发展文化产业，必须构建结构合理、门类齐全、科技含

量高、富有创意、竞争力强的现代文化产业体系。"文化产业结构是指文化经济资源的存量构成和比例关系，决定着文化产业的发展质量和水平。目前，我国文化产业发展，要积极调整优化文化产业结构，改造提升传统文化产业，加快发展新兴文化产业，鼓励企业兼并重组，培育产业集群，构建区域文化产业集聚优势，推出适销对路的文化产品和服务，着力打造知名品牌，促进文化产业又好又快发展。

我国文化产业的发展要以结构调整为主线，以深化改革促进结构调整和市场整合，以转变经营模式、促进产业优化升级和效益增长，实现壮大实力、增强活力、提高竞争力的目标。通过调整文化产业规模结构，提高集约化经营程度，加快文化产业从单纯依赖数量、规模扩张的粗放型增长方式向更多依靠质量、效益提高的集约型发展方式转变。充分利用先进技术和现代生产方式，提升文化产业技术结构，来促进传统文化生产和传播模式改造，推进产业升级，延伸产业链，拓展新型文化产品和服务，提高文化产业整体技术水平和竞争实力。要加快文化产业内部结构升级和战略性调整，来提升文化产业综合竞争力。抓住产业融合契机，推动产业链条升级和产业结构优化。以三网融合（广电、通信、网络）来促进新兴文化产业链锻造成型；以数字化推动新兴文化产业发展，打开文化生产的新空间，开启新的产业之门。

优化文化产业组织结构，支持"专、精、特、新"中小文化企业发展，形成富有活力的优势企业群体和协作配套体系，提高产业整体效益。释放文化产业的空间集聚效应，发挥文化产业园区作用。依托于经济与文化高度发达的大城市，以聚集形态形成文化产业园区。如北京、上海、广州、深圳、长沙、成都等城市建立文化产业园区，利用这些园区的产业集群效应，推动本地区文化产业的发展。优化文化产业区域结构，发挥东中西部地区各自优势，促进文化资源在全国合理配置，将形成东中西部优势互补、良性互动的文化产业发展格局。

二 进一步健全和完善文化产业的政策法规及制度机制

完善的法律体系、健全的制度机制是文化产业健康发展的保障。文化产业作为市场经济的一个重要组成部分，它的健康发展必须通过依法管理、依法经营、公平竞争，才能得以实现。随着文化体制改革的进一步推进，我国文化产业发展的政策法规正在逐步完善。以网络产品市场为例，仅从2009年开始，文化部先后发布了《关于查处第六批违法游戏产品及经营活动的通知》、《关于开展文化市场集中整治行动的通知》、《关于立即查处"黑帮"主题非法网络游戏的通知》等一系列规定以整治网络产品市场，为网络游戏产业管理提供法律保障。

目前，我国应继续完善文化产业法律体系，构建既适应全球化要求的又符合中国国情和文化发展需要的文化产业法律系统。要建立健全法制化的信用评估体系，使文化产业融资拥有立法和政策保障，建立文化产业投融资体制机制，形成以企业投入、政府资金、银行贷款、文化基金、证券融资、民间捐助、境外资金等相结合的多元化的投入机制。加强对文化企业的贷款支持，对符合信贷条件的文化企业给予利率优惠，并积极拓展适合文化产业发展特点的贷款融资方式和相关保险服务。要根据文化产业发展的要求，加强文化产业领域的立法，通过法律来规范文化市场，重塑文化市场秩序，为文化产业的发展提供一个有序、健康的环境。同时必须严格执行政策法规和各项制度。坚持严格执法、依法行政，强化版权意识，加强对知识产权的保护，针对盗版、伪造、假冒等侵犯知识产权的行为制定严厉的制裁措施。按照"大力发展先进文化，支持健康有益文化，努力改造落后文化，坚决抵制腐朽文化"的要求，通过依法管理，维护文化市场的健康运转，使文化企业和文化市场的经营活动符合社会公共利益的目标。

三 培养创新型人才，增强文化产业原创能力

创新是一个国家、一个民族发展的不竭动力，国家的兴旺发达依赖于大批创新人才的涌现。文化产业作为以科技与人才为主导要素的产业，对创新人才的要求更高。可以说，人才是文化产业发展的第一资源。创新型人才的匮乏已经成为制约我国文化产业发展、特别是原创能力不足的主要瓶颈之一。因此，我国文化产业发展，要进一步重视并加强文化产业人才的培养和引进工作，确立文化产业人才规划，完善人才培养机制，努力打造文化产业发展的人才高地；遵循创新型人才成长规律，建立充满生机活力的创新体制

机制，营造有利于文化创意人才脱颖而出的环境，尽快培养和造就一批既精通文化、又精通市场，既精于文化创造、又善于经营管理，既有战略眼光、又有国际视野的高素质文化产业人才队伍，为文化产业发展提供强有力的智力支撑和人才保障。

首先要明确人才的不同类型，根据不同的类型予以不同的培养方案，一是培养熟悉世贸组织规则和国际惯例的文化创新的创新复合型人才。二是培养精通经营管理、市场营销和资本运营的各类实用型人才。三是培养和引进文化产业的领军人物，它既是文化产业的引领者和开拓者，也是一个创新团队的组织者、领导者的高层次人才和核心人才，是推动文化产业发展的重要因素。

其次是建立和完善各项制度机制，为人才培养提供制度保障。要完善培养机制，拓宽人才培养的渠道，既依靠国有的正规院校，也借助民营教育和培训机构的力量；健全人才引进机制，引进一批高层次文化人才，特别是熟悉国际文化市场规则和环境的专业高端人才。要建立竞争机制，确立开放、公平、公正的创新型文化人才选拔使用机制，建立公开、公平、公正的竞争机制，把创新型文化人才放到合适的岗位上，并大力支持创新型文化人才开展工作，实现"人尽其才"。要建立完善创新型文化人才评价机制，完善和实施文化产业领军人才、经营管理人才、研发人才和技能人才的业绩考核制度，要建立有利于人才成长、有利于发挥人才积极性的人才激励机制，把"人才是第一宝贵资源"的观念落实到分配中，落实到劳动报酬上。加大奖励力度，完善长效激励机制。建立以政府奖励为导向、用人单位和社会力量奖励为主体的创新型人才奖励体系，加大对优秀创新型人才的评选表彰力度，充分发挥物质待遇和社会荣誉双重激励作用。

再次是要营造鼓励创新的社会氛围，为创新型文化产业人才成长提供肥沃的土壤。要在全社会树立"人才资源是第一资源"的观念，形成尊重知识、尊重创造、尊重个性的良好氛围；要破除那些束缚人才成长的观念和体制，积极营造广纳群贤、人才辈出、人尽其才、才尽其用的优越环境和良好氛围。培养造就大批创新型、复合型、外向型、科技型文化专业人才和文化管理人才；打造高端文化创业平台，吸纳国际化文化创新人才，为文化创意产业发展提供知识支撑和人才支持。[①]

最后，要特别强调的一点，文化产业创新型人才的培养，要注重培养教育文化工作者正确的世界观和价值观以及人文情怀，主动引导文化价值取向，引领时代文化潮流，拒绝急功近利与迎合世俗现象，改变目前某些文化创作领域中存在的思想空心化倾向。要提倡文化工作者深入生活，从实践中不断汲取创作的思想营养。要在充分表达中华传统优秀文化资源的同时，增加表现当代现实生活和未来世界的大胆设想，增加文化创作的想象力。要大胆引进和吸收一切国外先进的文化成果和文明结晶，借鉴一切优秀的文化样式，不断探索原创文化发展的无限空间，创造出具有丰富文化内涵的作品，努力提高原创作品的思想性、艺术性。

四　把资源潜力转化为产业实力，增强我国文化产业国际竞争力

中国是文化大国、文化古国，但还不是文化强国。近年来，虽然我国文化产品和服务出口数量有所增长，但中国文化贸易长期处于逆差的境地。中国文化"走出去"，很大程度上是国家、社会砸重金，"抱着"文化送出去的，因为没有建立起完善政策扶持体系，"走出去"的方法也不多，渠道还不畅，我国文化产品的国际竞争力和传播力有待进一步提升。

增强我国文化国际竞争力，必须把我国的资源优势转化为产业能力，把潜力转换为现实的实力。这正如法国人发明了电影，却不是电影大国；美国人发明了电影产业，因而美国成为电影大国。这说明，在当代社会，包括电影在内的文化形式的发展，必须与现代产业联系起来，才能做大做强。从生产要素的角度看，中国具有举世公认的异常丰富的文化资源。中国是一个具有五千年历史的文明古国，幅员辽阔的国土上还保留着许许多多的历史文化遗址、遗迹，还有各种类型的自然地理、人文地理景观；图书馆、博物馆里保藏着数以百万计的艺术珍品、典籍和文物；中国人的言谈举止、风情习俗、节日庆典中保留着大量有形无形的文化符号；中国的人文社会科学学者对传统文化进行了不间断的研究和传播。凡此种种，都为中国文化产品乃至其他可以负载文化符号的耐用消费品的设计、生产、创新提供了不竭的灵感

[①] 黄荔梅、魏澄荣：《努力打造文化产业发展的人才高地》，《人才开发》2011年第9期。

源泉。而且，这种资源不仅局限于本土，也包括中华文化所具有的巨大影响力，在世界上有华人的地方，中国悠久的历史文化就有影响，这也是我国文化独一无二的宝贵财富，是我们发展文化产业得天独厚的有利条件。

"越是民族性的东西，就越具有世界性"。因此，要取得国际市场的成功，最主要的还是走自己的发展之路。大力发展民族文化生产力，弘扬优秀的民族文化，打造民族文化品牌。在传统文化中找到经济价值，精心打造民族文化品牌，发挥优势，突出特色，创造自己的品牌活动、品牌人物、品牌产品、品牌成果、品牌团体，并将它转化成产品推向国内外市场，为多样化的国际文化市场增加新的内容，并使它拥有一定的市场份额。台湾著名卡通图书出版家蔡志忠先生借助现代卡通画这种表现方式，创作了《老马说》、《佛陀说》等卡通图书，把中国古代哲学思想传播到世界每一个角落。《宝莲灯》卡通系列图书被认为是国际通行运作方式与民族文化的完美结合。只有实施民族文化品牌战略，深入发掘中华民族丰富的文化资源，不断开拓创新，打造一批国内外有影响的大型文化活动和一批具有浓郁民族特色、地域特色的民族文化的精品，才会使优秀文化具有吸引力和影响力，才能在激烈的文化市场竞争中占有优势，从而确立中国文化产业在国际上的独特地位。

第三节 文化生产力对当代中国发展的作用

在当代社会，文化生产力在社会发展中起着越来越重要的作用，从全球文化产业发展的宏观视角出发，立足中国文化生产力的发展来考察，主要表现在以下几个方面：一是作为经济与文化高度融合的产业，它是作为经济形态出现的，其作用是促进社会的经济发展；二是它不仅是经济形态，也是文化形态，是文化借助于经济以发展自己的形式，因此，它具有促进文化繁荣发展的作用；三是从国际影响力来看，它可以增强"文化软实力"，成为建设社会主义文化强国的重要力量。

一 日益成为支柱产业：推动社会经济的快速发展

早在 20 世纪 70 年代，日本学者日下公人就指出："21 世纪的经济学将由文化与产业两部分构成","文化必将成为经济进步的新形象,文化与经济的紧密结合,首先表现为文化对经济的渗透,产品的文化内容的价值比重迅速增大"。① 进入 21 世纪,文化生产力已经成为社会经济发展和社会进步的重要力量。文化生产力的作用首先也是直接表现在推动经济发展的作用上。文化产业创造的价值在发达国家 GDP 中所占的比例正在迅猛增长,文化经济成为推动国民经济的重要力量,文化生产力成为一个国家综合国力的重要标志之一。

20 世纪下半叶以来,文化产业成为发达国家增长最快的产业之一。目前,在发达国家已经成为国民经济的"支柱产业"。一般认为,占 GDP 的比重超过 5% 的产业就可称为"支柱产业"。现在,在西方发达国家,文化产业在 GDP 的比重普遍高于 10%,成为名副其实的支柱和引擎。美国 GDP 总值超过 13 万亿美元,文化产业贡献至少在 2.7 万亿美元以上,GDP 的比重由 1960 年的 2% 上升到现在的 27% 左右。日本娱乐业的经营收入超过汽车产业,其中电影和音乐创收列世界第二位,动漫成为世界第一生产大国,占领全球六成以上市场,成为日本第三大产业,文化产业增加值约占 GDP 的 17%。英国文化产业所创造的年产值接近 600 亿英镑,约占 GDP 的 11%,超过了任何一种传统制造业创造的产值;直接从事文化产业的就业人数接近 100 万人,占全国总就业人数的 5%。② 后起之秀的韩国,也已跻身于世界五大文化出口国之一,不断掀起"韩流"和"韩潮",文化产业发展之迅猛令人震惊。

改革开放 30 多年来,党和政府高度重视文化发展,通过文化体制改革和文化产业结构调整,极大地促进了文化产业的发展。目前,我国已经基本形成了由出版、影视、传媒、娱乐、演出、音像、网络文化产业以及艺术品市场等组成的统一、开放、竞争、有序的文化产业群,初步建立起以综合行政执法、社会监督、行业自律、技术监控为主要内容的文化市场监管体系,为"推动文化产业成为国民经济支柱性产业"的目标奠定了基础。虽然,从总体来看,世界范围的文化生产力迅猛发展与我国文化生产力落后呈现出

---

① [日]日下公人:《新文化产业论》,范作申译,东方出版社 1989 年版,第 53 页。
② 邓清柯:《世界进入文化软实力时代》,《湖南社会科学》2009 年第 5 期。

巨大反差。但我国文化产业已成为国民经济发展的重要增长点。据国家统计局统计，进入21世纪以来，我国文化产业增长速度均高于同期GDP增长速度，平均年增加值1000亿元左右。1998年我国文化产业仅占GDP总值的0.26%，而到了2006年，我国文化产业实现增加值3440亿元，占GDP的2.15%。到2009年，我国文化产业战略转型，国内外文化产业市场规模大约为8000亿人民币，文化产业总值占GDP的2.4%，比2008年增长了近10%。2010年我国文化产业增加值为11052亿元，占同期GDP的2.75%。2011年我国文化产业法人单位增加值为13479亿元，占当年GDP的比重达2.85%，比上年提高0.1个百分点，文化产业法人单位增加值在国内生产总值中的比重稳步提高。[①] 总之，从2004年到2010年，我国文化产业增加值年均递增超过23%，高于同期GDP年均增速，为经济社会发展做出了重要贡献。

二 文化大发展大繁荣：建设先进文化的重要途径

文化生产力既然是经济与文化高度融合的产物，那么，它就不仅能够促进经济的发展，也可以促进文化的发展。可以说，文化产业，一方面是经济借助于文化而发展，另一方面也是文化借助于经济而发展。因此，从文化发展的角度来看，文化产业的实质是文化传播方式的重大变革。在人类历史上，文化传播方式历经了不断变化发展的过程，而每一次变化都对文化发展产生重大影响。从早期人类的口口相传到结绳记事，从文字的发明到书籍的诞生，从造纸术到机械印刷，从模拟影像到数字化……随着技术的发展，传播的空间和时间制约不断被突破，传播的内容越来越丰富，传播的形式日益多样化。传播方式和传播媒介的发展演变是人类生产技术发展的一个组成部分，生产技术的发展相应地推动了人类生产方式的变革，不仅推动了社会分工的深化，也促使生产组织形式发生演变。这一过程既是文化产业内涵和外延不断扩大的过程，又表现为文化活动在社会经济、政治生活中的重要性不断增长的过程。

文化生产是先进文化在当代的存在形式和表现形式，发展文化生产力是

---

① 中国政府网（http://www.gov.cn/gzdt/2012-12/03/content_2281092.htm）。

当今时代发展先进文化的必然选择。尽管文化生产既可以生产出先进的文化产品，也可以生产出消极的、不健康的文化产品，文化生产力的提高与先进文化的建设并不是完全一致的；但是，先进文化的建设则必须依靠先进的文化生产方式。文化生产方式的先进与落后，也是考量文化先进性与否的一种尺度。在中国近代史上，我们的大刀长矛打不过侵略者的坚船利炮，一次次充满民族气节的抗击侵略者的斗争屡屡遭到失败。其中更深层的原因在于"大刀长矛"代表了一种没落的、封闭式的生产力形式；而"坚船利炮"则代表更为先进的、向世界市场扩张的生产力形式。每每反思这一惨痛的教训，我们便感叹"落后就要挨打！""发展才是硬道理"。在今天，如火如荼所向披靡的海外电影、电视剧、流行音乐、卡通漫画、动漫游戏等文化形式的背后，实际上也同样蕴含着一种更为先进、更易为市场接受的新文化生产方式。因此，我们不能只是哀叹海外文化入侵大陆、传统文化和本土文化受到莫大冲击，以至有人呼吁抵抗"殖民文化"，更重要的是如何发展我们的文化生产力。[①]

先进文化的传播有赖于先进的文化生产方式。只有在近现代社会，文化才能借助科学技术的成果、借助大众消费市场的出现、借助经济进程的力量，获得最大限度的普及与推广。文化选择了产业化、工业化和商业化的形式，整合优化了更多的文化资源，开拓出了前所未有的文化市场。在当代，文化生产力代表着先进文化的存在方式和生产方式，离开了现代工业文明和现代文明，先进文化就会失去它的先进生产力的现实基础。市场经济是人类文明发展的产物。先进文化与市场经济之间存在着文明运动总趋势上的一致性，从而为文化生产力以市场经济的方式实现先进文化的前进方向提供了文明史的客观依据。在现代中国，正是由于以商务印书馆和开明书局为代表的出版业的市场化运作，这才使得白话文运动的先进成果迅速地转变为社会变革的推动力，从而使中国现代出版业成为推动和实现中国先进文化前进方向的重要产业形态，成为世界先进的文明成果在中国传播的重要媒介。可以说，没有现代中国出版业，就没有马克思主义——先进文化在中国的传播。因此，文化生产力与先进文化之间并不存在必然的对立关系。在今天，由于

[①] 参见秦朔《大脑风暴》，广州出版社1993年版，第101—102页。

先进文化的前进方向只有在文化产业具体的市场运动形态中才能得到生动的大众化的实现,因此,离开文化产业的当代运动去一般地谈论先进文化的前进方向,就缺乏了一种现实性基础。①

促进社会主义文化大发展大繁荣,需要大力发展先进的文化生产力。改革开放30多年来,中国共产党走出一条中国特色社会主义发展道路,我国文化生产力的发展水平有了很大提高,文化产业展现出了美好发展前景,中国文化发展取得了巨大成就。先进的文化生产力极大地促进社会主义文化大发展大繁荣。为庆祝中华人民共和国成立60周年创排的大型音乐舞蹈史诗《复兴之路》,在人民大会堂和国家大剧院连续演出100场,中国舞台艺术的深刻表现力让世人惊叹。文化创造力空前迸发、文艺创作百花争艳。文艺创作表现手法日益丰富,在美术、书法、戏曲、话剧、影视、歌曲等各个领域都涌现出了大量的优秀作品。话剧《郭明义》、电影《建国大业》、电视剧《誓言今生》……一部部脍炙人口、体现着民族精神和时代气息的作品,展现了我国文艺大繁荣大发展的生动局面。丰富多彩的文化产品是体现文化建设成果的重要标志,也是弘扬社会主义核心价值体系的有效途径,将极大地促进先进文化的传播,为社会主义现代化建设创造强大的精神动力和智力支持。

三 增强国家文化软实力:建设社会主义文化强国

"软实力"作为国家综合国力的重要组成部分,特指一个国家依靠政治制度的吸引力、文化价值的感召力和国民形象的亲和力等释放出来的无形影响力。最先提出"软实力"概念的美国哈佛大学教授约瑟夫·奈提出:"软实力是一种通过文化和意识形态的感召力而吸引他人的能力。它具体表现在国际事务中,就是一个国家能够通过自身文化、意识形态、社会制度等方面的吸引力而非强制力,使得别国追随其政策、仰慕其价值观、学习其发展过程。"② "文化软实力"是"软实力"的核心要素之一,是指一个国家文化

---

① 胡惠林:《文化产业:在市场经济中实践先进性》,《政策》2002年第2期。
② [美]约瑟夫·奈:《软实力——世界政坛成功之道》,吴晓辉、钱程译,东方出版社2005年版。

（核心是价值观）的吸引力、感召力、同化力，即一个国家通过文化的影响力，来使他国认同自己的行为准则、价值观念和制度安排等能力。

"文化软实力"是通过图书报刊等出版物、电影电视网络等信息产品，甚至语言表达等多种方式而产生的一种特有的魅力、实力和影响力。文化软实力的影响更具渗透性、更具持久性、更具广泛性。一些发达国家正是凭着发达的文化生产力，以文化产业为载体，大力传播和扩散其主流文化或社会核心价值体系，甚至将其作为推行文化霸权、对社会主义国家施行"和平演变"的重要渠道。据统计，全世界每100本图书，85本由发达国家流向不发达国家；全世界每100小时音像制品，74个小时由发达国家流向不发达国家；美国生产的电影占全球影片数量的10%，却占用了全世界一半的观影时间。美国凭借着强大的文化生产力，其文化产品逐渐占据了全球文化输出的高地。通信技术已将世界紧缩成一个"地球村"，而美国文化软实力正将世界扩展为一个全球性帝国。[①]

2007年，党的十七大报告明确提出"提高国家文化软实力"。这是在党的全国代表大会的报告中首次使用"文化软实力"的概念。作为集中研究我国文化改革发展问题的党的十七届六中全会，进一步明确提出了"增强国家文化软实力，弘扬中华文化，努力建设社会主义文化强国"的战略任务。2012年，党的十八大报告把"文化软实力显著增强"作为"全面建成小康社会和全面深化改革开放目标的重要内容"。增强文化软实力，不是权宜之计，而是国家发展战略的重要内容，是中国特色社会主义建设整体的重要组成部分，是全面建成小康社会和全面深化改革开放的目标。这充分表明当代中国共产党人对文化的认识达到了的新高度，在中国发展战略上形成了新理念，具有极其重大的现实意义和深远的历史意义。

一个国家"文化软实力"的形成，在很大程度上依赖于文化生产力的提高。"一个只能出口电视机而不是思想观念的国家，成不了世界大国"。中国的崛起被称作"21世纪最激动人心的大事"，但这种崛起，不能只是物质财富的剧增、经济格局的重塑，而应是社会主义价值体系的传播，中华优

[①] 参见［加］马修·弗雷泽《软实力——美国电影、流行乐、电视与快餐的全球统治》，新华出版社2005年版，第3页。

秀文化的弘扬，中国特色社会主义话语权。建设"文化强国"体现在为人类繁荣模式的创新做出积极的贡献，体现在中华文化的优秀成果，如：天人合一、和而不同、和谐文化等文化资源的国际影响力的提升。

中国是举世闻名的"文化古国"。中华民族创造了辉煌灿烂、博大精深的古代文化，是具有悠久历史和灿烂文化的伟大民族。在人类社会发展进步的历史上，中华民族曾经长期处于领先地位，对人类文明作出过重大贡献。改革开放以来，我国经济建设取得了举世瞩目的成就，已经成为世界第二大经济体，对外贸易发展更是突飞猛进。我国的文化贸易也在不断增长，我国已成为世界第一出版大国、世界第一电视剧大国、世界第一广播大国、世界第一动漫生产大国……从孔子学院到"中法文化年"；从《茉莉花》、《云南映象》走出国门，到动画片《中华小子》热播法国并摘得法国动画大奖；从解读中国传统文化典籍的《品三国》、《于丹〈论语〉心得》版权被韩国人抢购，到上海城市舞蹈公司的作品在世界各地卷起强劲的"中国风"……中国综合国力不断提升，中国的国际地位不断提高。这使得世界各国对汉语与中华文化的学习形成时尚和潮流。世界许多国家的人民对中国独特文化的兴趣不断提高，为汉语的国际推广提供了难得的战略机遇，促使中国对外文化交流的方式呈现多样性。总之，无论是在政府主导的文化交流上，还是在通过产品出口提升在全球文化产业中的"话语权"和市场份额上，都取得了令人瞩目的成绩，文化大步走出国门，让世界越来越多地了解中国，并大大提升了国家的"文化软实力"。

第三章
文明时代的划分:"物质时代"与"精神时代"

人类历史在总体上是不断走向进步的,因此,一部人类发展史就是一部人类文明演进的历史。人类文明的演进,展示了人类文明总体以及不同文明在历史长河中流动变化、发展进步的历程。人们从历史学、社会学、人类学等学科角度进行研究,由此形成了不同的文明观。本书从马克思社会形态"二分法"出发,把人类文明理解由"物质时代"向"精神时代"发展的过程。"物质时代"是以物质生产力为主的时代,以追求物质财富、物质利益为主要目标甚至唯一目标的时代。"精神时代"则是以追求精神充实、情感体验、自由个性为主要目标的时代。"物质时代"和"精神时代"的区分只具有相对意义。

第一节 "文明"概念:历史考察与内涵新解

关于文明的内涵及其实质,存在着不同的观点。具有代表性的观点有:摩尔根、托夫勒等以"生存技术"为核心的文明观;汤因比、亨廷顿以文化观念为核心的文明观,等等。马克思主义文明观以唯物史观为基础,揭示了文明的实践性、历史性、发展性。本书试图对文明内涵进行新的解析,认为人类文明的内核应是人自身的发展状况和生存状态,人类文明演进的本质是人的存在状态优化与人的发展状态提升,文明的其他一切层面都不过是这一核心内容的组合与展开。以往对文明的理解为"标志人类社会进步和开化的状态",而实际上,社会进步与人的发展在本质上是相统一的,即社会的发展与人的发展在总趋势上具有一致性。

一 "文明"语词溯源与中西文明观

"文明",是人类历史上一个源远流长、广泛使用的概念。历史学、考古学、人类学、社会学和国际政治学等许多学科领域都将"文明"作为核心概念。在我国当下,又出现了很多"文明"概念,从原来的"物质文明和精神文明",到后来的"政治文明",现在又出现了"生态文明"。

(一)"文明"的语义溯源

在世界历史上,中华民族文化中很早就出现了"文明"一词,而且人们对于文明的理解也带有中国特色。据考证,在中国的文化典籍中,"文明"一词最早出自《易经》和《尚书》。如《易经·文言》中的"见龙在田,天下文明";《易经·大有》中的"其德刚健而文明,应乎天而时行,是以元亨";《尚书·舜典》中的"睿哲文明,温恭永塞"等。后来,唐代孔颖达注释为,"天下文明者,阳气在田,始生万物,故天下文章而光明也";"经纬天地曰文,照临四方曰明"。清代戏曲理论家、作家李渔在《闲情偶寄》中写有"辟草昧而致文明"一句。近代梁启超在《文明之精神》一文中说,"文明者,有形质焉,有精神焉,求形质之文明易,求精神之文明难"。陈独秀在《法兰西与近世文明》一文中说,"文明云者,异于蒙昧未开化之称也"。从这些使用上可以看出,"文明"的本义都是美好、清明的意思,"形质之文明""精神之文明"就是今天讲的物质文明和精神文明的初始表达形式。

在西方,"文明"一词可追溯到公元前4世纪的古希腊,是"城邦"的代称。最初的含义是指良好的风尚和高雅的市民生活方式,主要用来区分人类社会的野蛮及开化状态,将建立在理性和公正基础上的社会称之为文明社会。在文艺复兴时期,法语中最早出现了 Civilise (有教养的),其含义与 Polise (文明的、开化的) 大体相同。这个词与 Politesse (礼节、礼貌) 和与 Civilite (谦恭、礼仪) 的意义相近。1756年,法国侯爵米拉波在《人类之友》中引用了 Civilite 一词。随后,法国启蒙思想家狄德罗将之收录于《百科全书》。在英语中,"文明"一词被写作 Civilization。无论是法语的 Civilite,还是英语的 Civilization,都来源于拉丁语的 Civis (市民) 一词。在拉丁语中, Civis (市民)、Civilis (市民的)、Civitos (有组织的社会) 等属于同一词根。Civilization 是由动词 Civilize 衍化而来的名词，而这个词本身含有"开化"、"教化"的意义。

"文明"语词的溯源仅仅是文明概念的初步理解。我们可以发现，人类思维的相通之处。从词源上看，无论是东方还是西方，尽管语言不同，但"文明"一词的基本含义是一致的。无论是中国的"辟草昧"，还是西方的 Civilization，其含义都是"开化"、"教化"的意义，表示"文明"是人类脱离蒙昧无知和野蛮状态，达到较高级的社会发展阶段，标志着社会的进步。

（二）中国思想史上的文明观

在我国，现代意义的"文明"含义，出现在19世纪末20世纪初。这一时期，伴随着西学东渐的大潮，特别是面对中国社会经济的停滞和政治的颓败，中国思想界受西方文明观的影响，也由原来仅仅将文明理解为文治教化，进而发展到将文明解释为科学技术的进步和民主法制的发展。1915年9月，陈独秀撰文《法兰西与近世文明》，将"文明"理解为社会比较发达的一种标志和状态。孙中山堪称近代中国阐述文明问题最全面最深刻的人。他认为落后的中国实行民生主义解决社会问题要比欧美容易得多，"因为社会问题是文明进步所致，文明程度不高，那社会问题也就不大"。针对欧美文明发展带来的贫富差别，他指出，"文明有善果，也有恶果，须要取那善果，避那恶果。欧美各国，善果被富人享尽，贫民反食恶果，总由少数人把持文明幸福，故成此不平等世界。我们这回革命，不但要做国民的国家，而且要做社会的国家，这决是欧美所不能及的。"[①] 他原打算革命胜利后即大规模地进行物质文明建设，以彻底解决中国的民生问题。但辛亥革命后的事实没有出现孙中山预想的前景。残酷的现实促使孙中山去寻找问题的症结。他经过深入的反思后发现问题的症结在于人的心理建设尚未达到应有的高度。他提出了"心性文明"的概念，强调要加强"心性文明建设"。这样，孙中山在当年实际上就已经明确地提出了物质文明建设和精神文明建设的问题，并比较正确地说明了两者之间的关系。孙中山虽重视"心性文明"建设，但并未落入唯心主义的窠臼，而是认为"心性文明"应与物质文明协同发展。他指出："实际则物质文明与心性文明相待，而后能进步。中国近代物质文

---

① 《孙中山选集》，人民出版社1981年版，第116页。

明不进步，因之心性文明之进步亦为之稽迟。"① 这种认识包含着唯物主义因素。

归纳起来，中国学者对"文明"的理解有几种代表性的观点。

第一，积极成果说。《中国大百科全书》（哲学卷二）将文明定义为"人类改造世界的物质和精神成果的总和，社会进步和人类开化的标志"。② 有学者进一步指出，文明是"人类社会生活的进步状态。从静态的角度看，文明是人类社会创造的一切进步成果；从动态的角度看，文明是人类社会不断进化发展的过程"。③

第二，进步程度说。文明是衡量社会发展或进步的综合尺度，它随着社会的发展或进步而不断丰富和深化自身的内容。④ 还有学者认为，文明是人类自身进化的内容和尺度，它表明人类认识和理解自然规律、社会规律的成就以及通过政治、经济、文化、艺术等社会生活形式对这种成就的认识和应用的程度。⑤

第三，人类共同体说。文明"不仅可以指一种特定的生活方式及相应的价值体系，也可以指认同于该生活方式和价值体系的人类共同体"。⑥

综上可见，在中国，古代文明指政治和道德上的明朗，更多地体现出人文意义上的文治、教化的意思，要求统治阶级施行仁政，而近代文明被赋予了反映社会进步状态和发展程度的含义，蕴含着一定的唯物主义精神。新中国成立以后，中国学术界对文明的研究和定义在一定程度上体现了实践的、历史的和发展的唯物主义原理。⑦

（三）西方思想史上的文明观

西方思想史上产生了各种文明理论，具有代表性的理论主要有：霍布斯的文明演化论；卢梭、斯宾格勒、马尔库塞、亨廷顿的文明批判理论；圣西门、傅立叶、欧文等空想社会主义文明论；基佐、罗素、杜兰等的文明颂扬

---

① 《孙中山选集》，人民出版社 1981 年版，第 139—140 页。
② 《中国大百科全书》（哲学卷），中国大百科全书出版社 1987 年版，第 924 页。
③ 虞崇胜：《政治文明论》，武汉大学出版社 2003 年版，第 50 页。
④ 张华金：《文明：社会进步的综合尺度》，《青海社会科学》1993 年第 5 期。
⑤ 万斌：《论社会主义文明》，群众出版社 1986 年版，第 149 页。
⑥ 阮伟：《文明的表现》，北京大学出版社 2001 年版，第 52 页。
⑦ 参见杨海蛟、王琦《论文明与文化》，《学习与探索》2006 年第 1 期。

或企盼论；还有摩尔根的文明起源论；孔德的实证文明论；汤因比的文明形态史观等，构成了一幅色彩斑斓的文明研究景观。

尽管"文明"的概念早已出现，但真正对文明问题进行深入探讨，则是随着资本主义文明的发展并带来一些深刻的社会问题后才出现的。从17世纪到19世纪，特别是18、19世纪，与资本主义蓬勃发展的同时，"文明"一词活跃起来，人们对于文明问题进行了热烈的讨论。正是经过17—19世纪的实践和探讨，文明问题才成为人们耳熟能详的普遍的话语和继续研究的课题。一般认为，17世纪英国启蒙思想家霍布斯较早提出"文明"一词，在西方历史上开始对人类文明进行了系统研究。他在1651年的《利维坦》一书中，提出了文明社会的概念，当时所说的"文明社会"，其含义是指与战争状态相对立的和平状态。作为资产阶级启蒙思想家，霍布斯突破了封建神学的束缚，自觉地反对神学国家学说，用"人的眼光来观察国家"，提出了人类由自然状态进入国家状态是人类文明的起点的重要观点。18世纪，可谓是"文明"系统研究的时代。1767年，苏格兰社会史家弗格森出版《文明社会史论》一书，被称为是对"古代文明的政治社会学研究"。1770年，英格兰18世纪最伟大的史学家爱德华·吉本在其传世之作《罗马帝国盛衰史》中，也提及了"文明"的概念。法国思想家们对文明做了较深入的研究。1755年，法国著名的启蒙思想家、法国大革命的精神领袖卢梭为第戎科学院写的应征论文《论人类不平等的起源和基础》中，提出了人类文明发展的两面性的观点，成为文明批判论的先驱。1773年，法国启蒙思想家霍尔巴赫在《自然政治论》中，多次使用"文明"一词，并对当时的国家制度、政府、社会、宗教和伦理道德进行了无情的批判，企图建立起一个真正文明的"理性王国"。进入19世纪后，研究文明史的著作更具系统性和深刻性，其中法国政治家、史学家基佐于1828年出版的《欧洲文明史》和1829—1832年写成的多卷本的《法国文明史》，堪称文明史研究之大成，达到了当时对文明问题研究的高峰。正是在这个意义上，法国文明史研究专家张泽乾认为，"法国是诞生'文明'词语的故乡。"[①]

从18世纪至今的几百年间，西方学术界对文明概念的理解逐步深化，

[①] 张泽乾：《法国文明史》，武汉大学出版社1997年版，第14页。

形成了各种各样的观点，其中具有代表性的主要有以下几种。①

第一，进步状态说。从西方文明理论的发展来看，"文明"主要是指人类社会的进步状态、特征或标志。摩尔根在其代表著作——《古代社会》一书中，专门探讨了人类文明起源问题，认为文明是指人类社会发展到一定阶段的进步状态，这种进步状态是与蒙昧状态、野蛮状态相对立的。人类社会进入文明时代的标志是氏族的解体和国家制度的建立，国家的建立是人类进入政治社会的标志，也是文明的标志。基佐也认为，文明是"个人活动和社会活动的发展与进步"。

第二，创造成果说。弗洛伊德认为，文明只不过"是人类对自然之防卫及人际关系之调整所积累而造成的结果、制度等的总和"。② 1964 年出版的《英国大百科全书》称："文明的内容就是机械发明、书籍、图画、摆脱迷信的宗教观念、美丽的建筑、有礼貌的行为、科学的和哲学的知识、社会的和政治的制度、巧妙的运输方式以及其他等等所有这一切的产生是由于人们拥有动物所没有的思想，以及由于运用理性的结果。"

第三，文明—社会一体说。文明是由不同国家所构成的社会整体。汤因比认为："文明乃是整体，它们的局部彼此相依为命，而且都互相发生牵制作用在这个整体里，经济的、政治的和文化的因素都保持着一种非常美好的平衡关系。"将文明理解为社会本身。

第四，文明—文化一体说。德国学者斯宾格勒认为，文明是文化的一部分，是文化僵化和没落阶段的表现。"文化和文明——前者是一个灵魂的活生生的形体，后者却是灵魂的木乃伊。"③ 另一种观点则认为，文明是先进的文化。如果"一个文化一旦达到了文字已在很大程度上得到使用，人文科学和自然科学已有某些进步，政治的、社会的和经济的制度已经发展到足以解决一个复杂社会的秩序、安全和效能的某些问题这样一个阶段，那么这个文化就应当可以称为文明"。④

---

① 参见杨海蛟、王琦《论文明与文化》，《学习与探索》2006 年第 1 期。
② [奥]弗洛伊德：《文明及其缺憾》，傅雅芳、郝冬瑾译，安徽文艺出版社 1987 年版，第 30 页。
③ [德]斯宾格勒：《西方的没落》，黑龙江教育出版社 1988 年版，第 255 页。
④ [美]爱德华·麦克诺尔·伯恩斯、菲利普·李·拉尔夫：《世界文明史》第 1 卷，罗经国等译，商务印书馆 1987 年版，第 26 页。

从中西文明观的演化来看，尽管思想家们对"文明"的理解各不相同，所持的立场、观点以及论述的重点、角度并不一致，有的甚至是相互矛盾和相互冲突的，但从中我们仍能悟出文明的一些基本特点，对文明的理解还是存在着一致的地方。从发展过程看，"文明"首先是作为18世纪启蒙思想家的一种理想出现，后来人类学家将"文明"界定为社会发展的高级阶段并得到广泛认同、传播并深入人心。

二 马克思主义的文明观

在中西思想史上诸多的文明观中，马克思主义的文明观可谓是迄今为止最为科学的文明观。尽管马克思恩格斯没有专门系统地论述过文明问题，但马克思作为科学社会主义的创始人，在论述人类社会发展的问题时不可能不涉及文明问题。在马克思的文献中，关于文明的论述散见于其著作的各处，据不完全统计，《马克思恩格斯全集》仅从第1卷至30卷，使用"文明"一词即达260多次。[①] 在这些论述中，涉及文明的基本内涵、文明的起源、文明的本质、文明的基本特征、文明形态的划分、文明的发展规律、文明演进的动力等问题，阐明了文明时代的起源、文明时代的主要特点、文明时代的发展过程以及资本主义文明的历史暂时性。通过这些论述，我们可以较为清晰地发现马克思对人类文明的阐释构成了一个完整的理论体系。同时，我们可以看出，马克思的文明观是在批判继承空想社会主义和资产阶级启蒙学者关于文明问题的进步思想的基础上形成的，更是在唯物史观的基础上形成的。这是马克思文明观的重要特征。唯物史观揭示了人类社会历史演进的基本规律，实质上也同时展现了人类文明演化的基本规律。

第一，强调文明起源的物质本原性与实践性。马克思恩格斯认为，人类社会的起源，是从两种劳动——物质劳动和精神劳动的分工开始的，这是文明时代开始的一个重要标志。文明具有物质本源性，人类的文明与进步追根溯源在于社会物质生产的发展。物质文明和精神文明，都是人类改造世界的

[①] 辛向阳、王鸿春：《文明的祈盼——影响人类的十大文明理论》，江西人民出版社1998年版，第12页。

成果，是劳动实践的产物。马克思指出："全部社会生活在本质上是实践的。"① 正是由于劳动实践，才不仅产生了人类本身，也锻造了人类文明。恩格斯在分析18世纪英国状况时指出文明的两个基本特点——"文明是实践的事情，是社会的素质。"② 马克思说过：像野蛮人为了满足自己的需要必须与自然进行斗争一样，文明人也必须这样做；而且在一切社会形态中，在一切可能的生产方式中，他都必须这样做。③

第二，强调文明的历史发展性。马克思唯物史观告诉我们，人类生存和发展的基础是物质生产。物质生产的结果，就是人类的物质文明，它是人类文明的决定性力量。文明是个历史范畴，是与蒙昧和野蛮相对立的，是人类发展到一定阶段所表现出来的历史进步状态。恩格斯总结和借鉴摩尔根关于古代社会的科学研究成果之后，进一步指出，文明在本质上是人类告别自然经济而进入商品经济阶段的进步的社会形态。文明是一种过程，是一种社会进步，蕴含着时代性、进步性。文明是人类社会发展到阶级社会以后才出现的，人类的文明是从低级阶段向高级阶段发展的过程。

第三，在文明形态的划分上，马克思主义把文明与物质的生产方式相联系，认为精神文明建立在一定的物质文明基础之上。恩格斯在《家庭、私有制和国家的起源》一书中把人类社会的历史分成三个时代，即：原始社会的蒙昧时代、野蛮时代和从奴隶制开始的文明时代。在《自然辩证法》中，他指出，"文明时代是社会发展的这样一个阶段，在这个阶段上，分工，由分工而产生的个人之间的交换，以及把这两者结合起来的商品生产，得到了充分的发展，完全改变了先前的整个社会。"④ 物质生产总是表现为一定的历史形式，而物质生产方式的每一次飞跃，都会引起文明形态的改变。与不同的人类社会物质生产方式形成的社会形态相对应，便形成了奴隶制文明、封建制文明、资本主义文明、社会主义文明的不同文明形态。其中每一种文明都是对它以前文明的继承和发展。资本主义的文明超过了以往的任何时

---

① 辛向阳、王鸿春：《文明的祈盼——影响人类的十大文明理论》，江西人民出版社1998年版，第56页。
② 《马克思恩格斯全集》第3卷，人民出版社1995年版，第536页。
③ 《马克思恩格斯全集》第25卷，人民出版社1974年版，第926页。
④ 《马克思恩格斯选集》第4卷，人民出版社1995年版，第174页。

代,"在它的不到一百年的阶级统治中所创造的生产力,比过去一切世代创造的全部生产力还要多,还要大"。① 资产阶级"把一切民族甚至最野蛮的民族都卷到文明中来了"。② 但是,包括资本主义文明在内的人类所经历的三个文明阶段的文明都是剥削阶级社会的文明,都具有两重性的作用,即:推动人类社会的进步,产生和扩大社会对抗与不平等。人类社会是不断向前发展的,人类的文明也是不断进步的,资本主义的本性决定了它必然会被社会主义和共产主义所取代,人类文明也必然从非真正的文明时代过渡到真正的、普遍的文明时代,即共产主义的理想社会。

三 对文明发展本质内涵的再阐释

以上我们考察了中西文明观、马克思主义文明观。尽管各种文明观有所区别,但其基本含义是:文明是人类社会从低级向高级发展的过程,是人类改造自然、社会及人自身的积极成果,是人类社会的开化程度和进步状态的标志。在这种意义上,文明与野蛮相对,而野蛮是人类社会愚昧、落后、丑恶等诸因素的总称,文明是人类社会进步、美好、发达等诸因素的总称,人类社会脱离野蛮越远,文明程度越高。

通过对"文明"理论的考察,我们会发现,各种"文明"理论大多是对"文明"的描述性的定义,或者对文明现象的描述,或者从文明产生的根源、文明的标志、文明的特点等方面来定义文明的内涵。当然,这些都从不同侧面体现着文明的本质和基本特征,为我们界定文明的定义提供了重要的参考。但是,以上各种定义似乎未能真正揭示文明的本质和内核。

20世纪70年代初匈牙利学者阿格妮丝·赫勒(Agnes Heller)在其《日常生活》一书中指出:"社会的进步无法仅仅在宏观尺度上得以实现,人自身的改变,人的态度的改变,无论如何都将是一切变革的内在组成部分"。③ 尽管不同的文明观对文明的核心理解有所不同。但都紧紧围绕着一个内核,这个内核应是人自身的发展状况和生存状态。人自身的发展状况和生存状

---

① 《马克思恩格斯选集》第1卷,人民出版社1995年版,第277页。
② 同上书,第276页。
③ [匈]阿格妮丝·赫勒:《日常生活》,衣俊卿译,重庆出版社1990年版,第60页。

态，具体体现在三个层面的关系上：人与自然的关系、人与人之间的关系以及人与自身的关系，文明的其他一切层面都不过是这一核心内容的组合与展开。以往我们对文明的理解为：文明标志着人类社会进步和开化的状态。实际上社会进步与人的发展在本质上是相统一的，即社会的发展与人的发展在总趋势上是一致的。文明发展的本质是人类自身能力的发展；是人自身能力的不断累积与提升。人类文明是持续发展和演进的，而这种发展、演化显示的规律，归根到底是人类的物质生产活动的不断累积，人们自身物质的和精神的力量逐步地从低级向高级的演化，逐渐地由"地域性的个人为世界历史性的、经验上普遍的个人所代替"，[①] 逐步地转变成消除"一切自发性"的"完全的个人"。[②]

因此，人类文明发展的实质，是人类自身如何摆脱初始的野蛮状态走向文明状态，并不断推动文明向更高层次演化的过程。文明的发展，实际上是人的进步、人的发展。"文明是人类谋求自由和解放所取得的最伟大的成就。"[③] 这应是文明本质意义上的含义。社会的发展从各个层面反映了人自身的发展水平和人的解放程度。文明发展的标志是文明发展本质的外显和表现。例如，文字的出现是文明的标志之一，但不是文明的本质。文字的出现反映了人类智慧发展到一定程度：可以用抽象的符号来记录、表达思想是人类思维的巨大进步。再如，私有制、国家的出现也只是文明的重要标志之一，但也不是文明的本质。它的产生反映了人的存在状态：需要新的生产关系来维系人们之间的关系，维持社会的存在，是人们之间关系发展到一定程度的产物。

把文明的本质理解为人的发展，符合马克思的观点。马克思在分析资本剥削的实质时曾经指出："关键在于，满足绝对需求所需要的劳动时间留下了自由时间（自由时间的多少，在生产力发展的不同阶段有所不同）。"[④] 因为自由时间是供自由发展创造人类文明的时间，"既然所有自由时间都是供自由发展的时间，所以资本家是窃取了工人为社会创造的自

---

① 《马克思恩格斯选集》第1卷，人民出版社1995年版，第86页。
② 同上书，第130页。
③ 温珍奎：《文明概念新论》，《重庆邮电学院学报》（社会科学版）2004年第4期。
④ 《马克思恩格斯全集》第46卷（下），人民出版社1980年版，第114页。

由时间，即窃取了文明"。① 在这里，马克思实际上指出了，"自由时间"，即供自由发展的时间与文明的关系。这里，所谓"自由时间"、"自由发展的时间"，即人可以摆脱为生存而担忧的困扰，能够从容自主地从事"自由的有意识的活动"的时间。"自由时间——不论是闲暇时间还是从事较高级活动的时间——自然要把占有它的人变为另一主体。"② 从这个意义上我们可以说，"自由时间"就是人在文明进步的本质上再生产自身的时间。

将文明的本质和内核规定为人的发展与进步，也被人类历史发展与现实生活所证实。作为文明本质和内核的人的发展，体现于社会的物质生产力和一切社会交往关系以及科学、教育、文化艺术发展之中。人的发展与进步的程度首先表现为人类创造的一切成果。人类文明成果是实践活动中人的本质力量的对象化，其实质是人的本质的表现形式与展开，人类文明的成果反映着人类自身发展的状况。人类创造的能够流传下来的文明成果，往往是代表着当时人类征服自然和改造社会最高水平的智慧成果，如思想、制度、器物，以至风俗和习惯，等等。其次人的发展与进步的程度表现为社会关系的发展与丰富。"人的本质是一切社会关系的总和。"人类不仅要处理好与自然的关系，而且要处理好人与人之间的关系。人的发展与人的解放，包含着人的社会关系的丰富与发展。社会化的人的无比丰富的需要，正是由社会化的人的"自由的有意识的活动"创造出来，并且不断地内在化为人的秉性、素养，成为人的生活意向与追求。社会化的人不懈地追求自身需要的丰富性、完美性与更为高级的形式，事实上就是追求自身本质力量的充实与扩大：一句话，就是追求文明化。作为文明进步主体的人自身，从"自然个人"进步为"文明人"、"自由人"，这在当今较明显地体现在科学家、发明家、艺术家身上，而众多的社会个人则还正处于不断进步的历史过程之中。人追求真、善、美的感情，就是对于自己作为人的本质的肯定感情。③

---

① 《马克思恩格斯全集》第46卷（下），人民出版社1980年版，第139页。
② 同上书，第225—226页。
③ 参见孙梅生《试论人的文明进步本质》，《理论学刊》1996年第4期。

总之，文明的发展，本质上乃是人自身全面能力的不断积累和提升。[①]文明就是人类以人的自由和解放实现为目标，以"保护人、尊重人；解放人，发展人"为中心所取得的各种成就的总和。文明既包括物质层面的成就，亦涵盖精神层面的成果。衡量事物是否能够纳入人类文明的标准是看其能否在历史上有利于人类自由和解放的实现。

第二节 文明时代划分的新维度

人类文明发展历程经历了不同的阶段或时期。人们可能并未十分严谨地思考这些时代划分的标准问题，但之所以彼此相互区分，实际上是有一个标准或尺度的。对文明时代划分的维度是多维的，可以说，不同的文明观有不同的划分标准，因而也就有了不同的文明时代。我们这里依据马克思社会形态理论的"二形态说"，把人类文明理解由"物质时代"向"精神时代"发展的过程。由此，人类文明可以划分为"物质时代"与"精神时代"。

一 人类文明发展阶段划分的多重维度

人类文明是一种复杂的物质形态，具有诸多方面的相互关系和相互作用，其发展也表现在众多领域和方面。因此，从任何一个方面都可以写出一部人类文明史，都可以划分成若干不同的发展阶段。目前，主要有从生产方式、社会形态、社会制度、意识形态、人的发展状况等作为划分文明发展阶段的维度。

一是生产力维度。从人类发展的方向看，人类对改造自然的物质生产活动的发展是历史的主线，人类的发展归根结底是物质生产方式的发展。例如，恩格斯在进一步阐发摩尔根关于文明时代三个阶段的特征时，按照生产方式来划分文明发展时期，"蒙昧时代是以获取现成的天然产物为主的时期，人工产品主要是用作获取天然产物的辅助工具。野蛮时代是学会畜牧和农耕的时期，是学会靠人的活动来增加天然产物生产的方法的时

[①] 陈启能等：《文明理论》，福建教育出版社2010年版，第5页。

期。文明时代是学会对天然产物进一步加工的时期,是真正的工业和艺术的时期"。[①]

以生产力总和或总体的发展水平作为划分标准,将人类文明发展划分为"采猎时代"、"农业时代"、"工业时代",在这里,它们不再仅仅是物质生产的概念,而是综合文明的概念,所以,也可以把它们称之为"采猎文明"、"农业文明"、"工业文明"。还有的以生产力中某一要素的发展作为标准。例如,以生产工具的进步作为标准,将人类社会发展划分为"石器时代—金属时代—大机器时代—机器人时代";以动力或能源的改进作为标准,将社会发展划分为"人力时代—畜力时代—蒸汽时代—电力时代—核能时代";以技术进步变化中的作用作为标准,将社会发展划分为"材料时代—能源时代—信息时代"。

二是生产关系或生产的社会关系(广义生产关系)作为划分标准。例如,以一定生产关系的总和作为划分时代的标准。马克思的唯物史观强调,从社会关系特别是从经济关系来划分人类的发展历史。马克思在《雇佣劳动与资本》中专门论述了这一标准,他指出:"生产关系总和起来就构成所谓社会关系,构成所谓社会,并且是构成一个处于一定历史发展阶段上的社会,具有独特特征的社会,古典古代社会、封建社会和资产阶级社会都是这样的生产关系的总和,而其中每一个生产关系的总和同时又标志着人类历史发展中的一个特殊阶段。"[②] 在《德意志意识形态》中,马克思、恩格斯依据分工与所有制的关系,把历史演变顺序排列为部落所有制、古代公社所有制和国家所有制、封建的或等级的所有制,以及当时的资本主义所有制和后来的共产主义。在《〈政治经济学批判〉序言》中,马克思又做了这样的阐述:"大体说来,亚细亚的、古代的、封建的、现代资产阶级的生产方式,可以看作是社会经济形态演进的几个时代。"这个论述即是后来由斯大林表述的"五种社会形态"(原始共产主义、奴隶社会、封建社会、资本主义社会、共产主义社会)的思想。在《资本论》和其他著作中,马克思还有其他类似的历史发展阶段划分,例如,以财产关系或所有制为中轴的划分是:

[①] 《马克思恩格斯选集》第 4 卷,人民出版社 1995 年版,第 24 页。
[②] 《马克思恩格斯选集》第 1 卷,人民出版社 1995 年版,第 345 页。

公有制→私有制→公有制；按剥削形式进行的划分是：奴隶制（剥削剩余劳动）→封建制（剥削剩余产品）→资本主义制（剥削剩余价值）；按有无阶级及其阶级压迫进行的划分是：无阶级社会（原始社会）→阶级社会（包括三种类型的阶级压迫与剥削）→无阶级社会（未来的共产主义社会，即人类大同）。马克思和恩格斯肯定了不同时期的文明在整个文明发展中的作用，特别是对资本主义文明给予了充分肯定。"资产阶级，由于一切生产工具的迅速改进，由于交通的极其便利，把一切民族甚至最野蛮的民族都卷到文明中来了。"[1]

三是社会主体维度。以社会主体——人及其发展为线索，来考察人类社会的发展演进并划分历史阶段。例如，马克思关于人类社会三形态的观点，实际上就是以人的发展为核心对人类文明发展阶段进行划分的。依据人自身的发展程度可以把人类文明划分为：人的依赖关系为特征的文明形态—物的依赖为基础的人的独立性为特征的文明形态、以共同体为基础的自由个性为特征的文明形态。

四是广义文化标准。一些学者认为，文明是文化的最高形式。尤其在历史学和考古学界，普遍认为文明是较高的文化发展阶段。代表性的是摩尔根、斯宾格勒和汤因比的观点。19世纪中叶，美国人类学家摩尔根提出了人类文明的起点和文化进化概念。斯宾格勒运用他所首倡的"文化形态学"方法，将人类的存在划分为两大时代：原始文化时代和高级文化时代。汤因比在《历史研究》中，根据他所首倡的"文明形态史观"，将人类社会划分为原始社会和文明社会。与斯宾格勒一样，汤因比认为历史研究对象是文明社会中的各种文明形态。迄今为止世界历史上存在过26种文明，其中6种文明是直接产生于原始社会的"第一代文明"，其余20种文明则是由前者派生的"亲属文明"。他在大量的比较研究基础上证明：挑战和应战是文明起源与发展的根本规律，文明的生长没有固定的生命周期。

五是政治标准和知识进步标准。以政治标准（政治形式、政治关系的发展演变）作为划分文明时代的标准。例如，启蒙思想家维科认为，人类社会

---

[1] 《马克思恩格斯选集》第1卷，人民出版社1995年版，第276页。

的发展存在一种客观的规律性,使各个不同民族都周而复始地经过这样三个阶段,即"神权时代—英雄时代—人权时代"。① 孙中山也有类似划分,将社会发展分为四个时代:洪荒时代(人同兽斗,用力气)—神权时代(人同天斗,用神权)—君权时代(人同人斗,国与国争,用君权)—民权时代(人民同君主斗争,用民权)。② 还有以人类理智和精神的发展为线索划分文明发展阶段。如孙中山就从人类知识进步的角度将人类进化的历史分为三个时期,第一个时期是"由草昧进文明,为不知而行之期",第二个时期是"文明再进文明,为行而后知之时期",第三个时期是"科学发明而知后行之时期"。③

  20 世纪 70 年代,美国社会学家丹尼尔·贝尔预见了"后工业社会"的来临。后工业社会的主要经济部门从事加工处理,其中电信和电脑对于信息和知识的交流极其重要。美国未来学家阿尔温·托夫勒提出的"第三次浪潮"认为,当今是第三次浪潮,全新的技术和新材料冲击现存的生产方式和社会传统,引起新一次最深刻的社会大变革,开创了人类新的文明。另一位美国学者约翰·托夫勒提出的"第四次浪潮"是指信息革命,"第五次浪潮"是后信息社会——娱乐经济为主的社会。在我国当下,"生态文明"成为各领域关注与重视的问题。"生态文明"以人与自然的关系为维度来看人类文明的发展及其趋势,认为当今人类社会正处于由失衡迈向新的和谐而自觉协调与自然关系的过渡阶段。

  人类文明是一个不断发展的历史过程,期间必然经历若干相对独立的历史阶段或不同的形态。在各个不同阶段或不同的形态上,文明都有其特定的形式和内容。文明阶段虽然具有前后相继的关系,但世界范围内的各民族发展是不同步、不均衡的。文明发展的复杂性表明,无论从哪个角度分析文明发展都有其合理性,对人类文明发展的分析和把握本来就应从不同的维度上来进行。

---

① 参见刘昶《人心中的历史》,四川人民出版社 1987 年版,第 26—29 页。
② 参见付启学《中山思想体系》,台湾商务印书馆 1985 年版,第 162—163 页。
③ 参见《国父全集》第 1 册,台湾近代中国出版社 1989 年版,第 419—150 页。

二 马克思社会形态理论对文明时代划分的重要意义

随着社会生产力的不断发展,随着社会物质生产方式的不断进步,演变出标志着人类历史发展阶段和人的解放程度的一系列社会形态。学界通常将马克思关于社会形态的理论称为"三形态说"和"五形态说"。其中都涉及"社会形态"划分的问题。可见,马克思对社会形态的区分维度也是多角度的,"五形态说"和"三形态说"都是理解人类社会发展的视角。这两者的区别在于侧重点的不同、划分的标准、理解社会发展的主线不同以及研究的目的不同。另外,除了我们熟悉的"五分形态说"和"三形态说",在社会形态划分上,马克思还有一个"二形态说"。

"三形态说"是马克思根据人的发展状况对社会发展形态或阶段进行划分的思想。马克思按个人或个性发展程度把人的发展划分为三个阶段:人的依赖性→人的独立性→人的个性充分发展或自由;或者是个人从属于共同体→个人与共同体对立→共同体从属于所有的个人。这一思想最早可以追溯到马克思的早期著作《1844年经济学哲学手稿》。马克思根据劳动的不同类型和人性发展的不同阶段,把人类社会的发展划分为三个不同的时代。最初是真正人的本性,从事着对象化劳动,即合乎人性的劳动,改造和占有自然界,这是人类社会发展的第一阶段;异化劳动的出现,产生了私有制和人的本质的异化,劳动与资本的对立,进入到私有制社会,包括从私有制的最初产生直到资本主义社会,即阶级对抗的社会形态,这是人类社会发展的第二阶段;异化劳动的扬弃,私有制被公有制所代替,实现人的本性的复归,这是人类社会发展的第三阶段。不难看出,这一时期马克思还尚未完全摆脱旧唯物主义影响,其观点明显带有抽象人性论的色彩。后来,在《1857—1858年经济学手稿》中,马克思对人类社会发展的历史又作了第二种"三形态"划分。这种"三形态"的划分,是马克思、恩格斯较为科学的社会形态划分理论。马克思说:"人的依赖关系(起初完全是自然发生的),是最初的社会形态,在这种形态下,人的生产能力只是在狭窄的范围内和孤立的地点上发展着。以物的依赖性为基础的人的独立性,是第二大形态。在这种形态下,才形成普遍的社会物质变换,全面的关系,多方面的需求以及全面的能力的体系。建立在个人全面发展和他们共同的社会生产能力成为他们的社会财富这一基础上的自由个性，是第三个阶段。第二个阶段为第三个阶段创造条件。"① 大体说来，根据马克思的划分和人类社会发展的历史与现实，这三种社会形态中的第一个社会形态是人的依赖关系的社会形态，在经济上表现为自然经济社会；第二个社会形态是在物的依赖关系基础上的人的独立性的社会形态，在经济上表现为商品经济社会；第三个社会形态是人的自由个性的社会形态，在经济上表现为产品经济社会。三个社会形态划分的根据，是由人的发展状况不同所决定的社会关系的不同特点和表现形式。

"五形态说"是马克思以生产资料所有制形式为标准对社会发展形态或阶段进行划分的思想。这一思想从19世纪40年代提出，也经历不断充实发展、逐步成熟完善的过程。在《德意志意识形态》中，马克思以所有制形式为标准，将人类历史上各个生产发展阶段划分为"部落所有制—古代所有制—封建所有制—资本主义所有制"四种形式。后来，马克思在对蒲鲁东的批判中，进一步发展了历史分期的标准，用"社会"、"社会形式"代替了"市民社会"。在《雇佣劳动与资本》中，马克思认识到"部落所有制"缺乏科学材料，于是放弃了这个概念，只剩下了"古代社会—封建社会—资产阶级社会"三个阶段的历史分期。马克思指出："生产关系总和起来就构成所谓社会关系，构成所谓社会，并且是构成一个处于一定历史发展阶段上的社会，具有独特的特征的社会。古典古代社会、封建社会和资产阶级社会都是这样的生产关系的总和，而其中每一个生产关系的总和同时又标志着人类历史发展中的一个特殊阶段"②。第一次完整准确地提出五种社会形态依次演进，是在《〈政治经济学批判〉序言》中。马克思指出："大体说来，亚细亚的、古代的、封建的和现代资产阶级的生产方式可以看作是经济的社会形态演进的几个时代。"③

"三形态说"主要从人和自然关系的变化：适应自然—占有自然—人与自然的和谐；人的生产目的的变化：为获得使用价值而生产—为交换价值而生产—为满足人的需求生产为主线展开的，揭示了人类发展的共同性和人类

---

① 《马克思恩格斯全集》第46卷（上），人民出版社1979年版，第104页。
② 《马克思恩格斯选集》第1卷，人民出版社1995年，第345页。
③ 《马克思恩格斯选集》第2卷，人民出版社1995年，第33页。

由低级向高级演进的规律性，这些阶段是不可跨越的。同时，两种形态理论对人类社会的实践指导的有效性不同，"三形态说"具有很高的普遍时效性，而"五形态说"普遍时效性相对来说要低得多。①"五形态说"以生产工具—生产力—生产资料所有制形式为主线来展开，具有民族性、区域性。马克思根据生产关系的不同而把人类社会划分为五种社会形态。"三形态说"中实际包含着"五形态说"。人的依赖性社会或自然经济社会包括原始社会、奴隶社会、封建社会；物的依赖性社会或商品经济社会在马克思那里指的就是资本主义社会；个人全面发展的社会或产品经济社会，则指的是未来共产主义社会。资本主义社会是"以物的依赖性为基础的人的独立性"的社会，资本主义社会以前的原始社会、奴隶社会、封建社会是"人的依赖关系"的社会，资本主义社会以后的社会主义是"自由人联合体"的社会。"五形态说"中实际包含着"三形态说"。原始社会、奴隶社会、封建社会属于"人的依赖关系"的社会，资本主义社会属于"以物的依赖性为基础的人的独立性"的社会，社会主义（共产主义社会的低级阶段）属于"自由人联合体"的社会。

关于马克思的"二形态说"。马克思在《〈政治经济学批判〉序言》中指出："大体说来，亚细亚的、古代的、封建的和现代资产阶级的生产方式可以看作是经济的社会形态演进的几个时代。资产阶级的生产关系是社会生产过程的最后一个对抗形式，这里所说的对抗，不是指个人的对抗，而是指从个人的社会生活条件中生长出来的对抗；但是，在资产阶级社会的胎胞里发展的生产力，同时又创造着解决这种对抗的物质条件。因此，人类社会的史前时期就以这种社会形态而告终。"② 在这里，马克思实际指出了，资产阶级社会作为最后一个对抗形式，它的告终也就宣告了"人类社会的史前时期"的告终，进入真正的"人类社会或社会化的人类"。这样，人类社会便划分为两个阶段或形态：一种是从人类社会开始到资本主义阶段为止的"人类社会的史前时期"，即"人类社会的史前形态"，后者则是"真正的人类社会或社会化的人类时期"，即"共产主义社会"。"二

---

① 吴元梁：《当代科技革命与马克思社会形态理论》，《河北学刊》2004年第1期。
② 《马克思恩格斯选集》第2卷，人民出版社1995年版，第33页。

分法"是对人类社会十分准确的划分，只是这种划分在马克思那里还显得比较粗略。

"五形态说"、"三形态说"和"二形态说"是相互包含、相互补充的，并不是互相排斥、相互矛盾和冲突的，而且这两种划分法具有内在逻辑联系，在本质上是统一的。"五分法"把人类社会划分为原始社会、奴隶社会、封建社会、资本主义社会和社会主义社会五种形态，这一划分的特点是详细；"三分法"把人类社会划分为最初的社会形态、第二大形态和共产主义社会，即资本主义社会以前的所有社会形态，以资本主义为典型的商品经济社会形态和资本主义以后的社会形态，这一划分的主要特点是突出了对资本主义社会的研究；"二分法"则把人类社会划分为"人类社会的史前时期"和真正的人类史的开始，前者指到资本主义阶段为止的历史，后者指共产主义社会。[①]

马克思社会形态划分思想对于研究文明形态的划分具有重要意义。只有从"三形态学"、"五形态学"和"二形态说"的辩证统一来考察人类社会形态，即把社会发展和人的发展、把社会生产力发展与生产关系变化统一起来，才能更科学地理解社会历史发展阶段的历史方位。

三 "物质时代"与"精神时代"：区分文明时代的新维度

马克思关于社会形态的"二形态说"，往往被人们所忽视，但实际上对于分析人类文明的发展具有十分重要的意义。如果把马克思的"史前时期"称作人类的物质时代，那么，共产主义社会作为人类真正历史的开端，将是人类的精神时代。因此，人类文明便可划分为"物质时代"和"精神时代"。物质时代和精神时代是人类文明两个完全不同的发展时期。物质时代的根本特征是物质活动占主导地位；精神时代的根本特征则是精神活动占主导地位。物质时代，人和自然的关系起支配作用；精神时代，人和社会的关系起支配作用。由"物质时代"发展到"精神时代"，是人类文明发展的必然规律。马克思唯物史观这一划时代的发现，拨开人类历史领域迷雾，使人

[①] 王天恩：《人类社会：物质时代和精神时代》，《江西师范大学学报》（哲学社会科学版）1994年第4期。

类文明的发展呈现出清晰的逻辑。①

　　人类历史的基本前提,是有生命的个人的存在。人类的第一个历史活动,是生产物质生活本身。正像达尔文发现有机界的发展规律一样,马克思发现了人类历史的发展规律:人们首先必须吃、喝、住、穿,然后才能从事政治、科学、艺术、宗教活动等。为满足人的基本生活需要而从事的活动,构成了人类的第一个历史活动。人的需要经历了一个从生理需要到心理需要,再到精神需要这样一个发展过程。精神需要是人所特有的属性。在基本物质生活资料得到最低程度满足的条件下,人的精神需要才能得到发展;只有当整个人类摆脱了基本物质生活资料的束缚之后,才有人类作为精神存在的广阔发展空间。

　　当物质生产高度发展,物质财富极大丰富时,当生产资料社会公有、生活资料按需分配的时候,当社会物质生产通过它的不断发展达到能无偿供给所有社会成员基本物质生活资料的时候,即社会全体成员的基本物质生活资料无须以强制劳动为代价获取,每一个人才能从物质束缚下解脱出来得到彻底解放。这一过程,不仅是人们自觉干预(最终是通过社会生产)社会历史发展的产物,也是人们内在精神素质不断提高的必然结果。随着在这一进程中人们也得到高度发展的时候,人类社会便由"物质时代"进到了"精神时代"。

　　马克思关于社会形态的"二分法"是一项极为重要的成果。它不只是一种价值观的反映,本身就是基于对人类社会生活和生产条件的具体分析。以"二分法"为坐标,我们将看到:原始社会、奴隶社会、封建社会和资本主义社会是对人类社会史前时期的划分,它们和共产主义社会不是处于并

---

① 据笔者掌握的资料,这方面的研究目前还不多。有刘忠世的《关于马克思的"人类社会的史前时期"》,载《现代哲学》2000年第3期。该文主要对马克思的"史前时期"理论进行了详细研究,并认为如果把"史前时期"作人类的物质时代,那么,共产主义社会作为人类真正历史的开端,将是人类的精神时代。另有王天恩的《人类社会:物质时代和精神时代》,载《江西师范大学学报》(哲学社会科学版)1994年第4期。该文认为,马克思的社会形态两分法,是一项极为重要的成果。它不只是一种价值观的反映,本身就是基于对人类社会生活和生产条件的具体分析。以准确的二分法为坐标,我们将看到:原始社会、奴隶社会、封建社会和资本主义社会是对人类社会史前时期的划分,它们和共产主义社会不是处于并列的位置。共产主义属于完全不同的社会。如果把马克思的"史前时期"称作人类的物质时代,那么共产主义社会作为人类真正历史的开端,将是人类的精神时代。本书参考并吸收了上述观点。

列的位置。共产主义属于完全不同的社会。如果把马克思的"史前时期"称作人类的物质时代，那么共产主义社会作为人类真正历史的开端，将是人类的"精神时代"。①

"物质时代"是一个以"物"为本的时代。"本"在哲学上可以有两种理解，一种是指世界的"本原"，这是存在论意义上的理解；另一种是指事物的"根本"，这是价值论意义上的理解。这里所说的"本"，不是"本体"的本，而是"根本"的本，"本"是相对"末"而言。这是一个价值论的命题，而不是本体论的命题。也就是说，它不是要回答世界的本原是什么的问题，而是要回答在我们生活的这个世界上，什么最重要、什么最根本、什么最值得我们关注的问题。②

因此，所谓人类文明之"本"，其内涵是指奠基在一定生产力基础之上的人类一切活动的中心、元点、基点。一个社会以何为"本"，决定社会的价值取向和价值追求。在人类文明发展的长河中，大体上经历了由以"物质"为"本"向以"精神"为"本"的发展过程，这是一个相当漫长而艰辛的历程。可以说，迄今为止，人类文明发展从整体上看，依然处于"物本位"时代。虽然距离真正的"精神时代"还很遥远，但当代西方社会在价值观上由"物质主义"向"后物质主义"的转变，中国以"以人文本"为核心的科学发展观的提出，正昭示着人类向真正意义上的"精神时代"的迈进。

"物质时代"压倒一切的活动是谋求基本物质生活资料。其基本特征就是人类一切活动以"物"为中心、元点、基点，以改造自然而获得物质财富的生产活动，成为人类一切活动的中心，居于绝对的主导地位，一切都必须、也只能服从于这个"霸权"。"物"统治和笼罩着一切，它是人类一切活动围绕着的"太阳"，是人类一切活动获得光明和温暖的"普照之光"。在"物"时代，由于物质生产活动是人类其他所有活动的根本前提，物质活动对其他一切社会活动都具有决定性的影响。人类的所有其他社会活动都不同程度地既建立在物质生产活动的基础上，同时又受着它的制约。物质时

---

① 王天恩：《人类社会：物质时代和精神时代》，《江西师范大学学报》（哲学社会科学版）1994年第4期。
② 参见陈曙光《关于"以人为本"的形上之思》，《哲学研究》2009年第3期。

代的一切社会活动，无不打上经济的或物质的烙印。由此决定，这个时代必然把物质享受视为人生的首要价值和最高价值，人只不过是"依赖于物"的奴隶，是获取物质财富的手段。迄今为止的人类文明，在总体上还处于"物质时代"。

　　迄今为止，"物质时代"经历了原始文明、渔猎游牧文明、农耕文明、工业文明时代。"物质时代"主要包括马克思所讲的"史前时期"，即阶级对抗的社会。但以物质生活资料生产为人类一切活动中心、元点、基点的社会，也包括原始社会。人类初期表现为"以自然为本"。人类刚刚摆脱动物界，主要依靠采集和渔猎生存，经过漫长而艰辛的历程，人类文明迎来了"第一次浪潮"，人类进入到了农耕文明时代。这两个时代的共同特征是以天然自然物为主要资源，人受自然的统治和支配，导致了人对自然的依赖，也由此产生了对自然的崇拜。人类进入工业文明时代，即人类文明发展的"第二次浪潮"。工业文明的实质，依然是以消耗自然资源为主的时代。但是与前两个时代不同，工业文明建立在先进的社会化大生产基础之上，它拥有最优化的劳动方式、精细化的劳动分工、同步化的劳动节奏、集中化的劳动组织、规模化的生产和集权化的经济，因此创造了空前丰富的物质财富。谁拥有了物质财富，谁就拥有了一切。而货币又是物质财富的代表，所以，在工业文明时代，"以物为本"表现为"以金钱为本"，对财富的追求就表现为对金钱的追求，人则成为金钱的奴隶。

　　"精神时代"的基本特征就是人类一切活动以"人"为中心、元点、基点。社会的经济活动自始至终以人为"元本"，将人作为经济活动乃至一切活动的出发点与归宿点。而从人的需求层次来看，满足人的精神文化需求，是"以人为本"的最高层次和最高境界。[①] 因此，真正的"精神时代"实质上是以满足人的精神文化需求为主的时代。

　　马克思预见的"共产主义"是真正的"精神时代"。这一时代奠定在物质生产力高度发达、物质财富极大丰富的基础上，实现了生产资料社会公有、生活资料按需分配。社会全体成员的基本物质生活资料无须以强制劳动为代价获取，人便在一定意义上最终脱离了动物界，从动物的生存条

---

① 李春华：《发展文化生产应坚持正确的价值取向》，《理论学刊》2012年第1期。

件进到了真正的人的生存条件。真正的人的生存条件的获得，标志着人类的世界性解放：每一个人的物质束缚都得到相对解脱。生产资料归全体社会成员的所有制性质，决定了人类精神时代的基本经济特征：社会不再存在产品交换；由于没有商品，也没有货币；分配制度将由"按劳分配"进到"各尽所能、按需分配"。正是在"按需分配"这面旗帜下，人类才彻底地从动物的生存条件进到了真正的人的生存条件；人类活动才完全由动物式的活动变成了真正的人的活动。真正的人的活动，是为满足精神性需要而进行的。人的精神需要作为发展的高级阶段上的产物，无论就社会发展还是人本身的发展来说，都是更有意义的需要。它既为人所特有，也代表着社会人类的发展方向。因此，为满足精神需要而进行的活动，是人类精神时代占主导地位的活动。与物质的活动相比，这种精神的活动更符合人的本性，是人的本真意义上的活动，真正的人的活动。作为真正的人的活动，人的精神性活动产生于其物质的活动中，精神性活动是人的活动本身充分发展的结果。[①]

尽管真正进入这一时代还要经历遥远的路程，但从发展趋势上可以预见，人类文明发展将进入以精神需求为主的"精神时代"。人类每前进一步都是向这一时代的迈进。"精神时代"把以人为本作为经济活动乃至一切活动的理念，确认经济生活中人的主体性，强调在经济活动中对人本身的尊重。在这一时代，人作为真正的主体，不再是机器，不再是被奴役、被宰割、被控制的对象或工具，人有自己的人格，有自己的个性，也有自己的尊严，人的价值和意义获得肯定与实现，人类文明将进入人的自由而全面发展的新阶段。

第三节　人类文明发展的加速度趋势

其实，"文明"本身就表明人类社会及人自身是一个从低级向高级的发展过程。但这个过程不是匀速运动，而是加速度运动。没有人否认，人类文明发展的速度越来越快。翻开人类文明史这部长卷，我们会发现，它的内容

[①] 参见王天恩《人类社会：物质时代和精神时代》，《江西师范大学学报》（哲学社会科学版）1994年第4期。

变化越来越快，文明时代的时间变得越来越短：百万年蒙昧，数万年游牧，几千年农耕，几百年工商，几十年信息（时代）……人类文明正以"重力加速度"的趋势向前发展。早在19世纪中叶，恩格斯在总结当时自然科学的成就时，就已经注意到这一现象。他在《自然辩证法》中指出："在有机体发展的全部历史中，是应该承认加速度同离开起点的时间距离的平方成正比的定律的。……在这里可以看到与各种地质年代相适应的各种有机形态。形态愈高，进步也就愈快。"① 20世纪中叶以来起，人类文明发展的加速度趋势越来越明显。20世纪80年代，著名的美国未来学家阿尔温·托夫勒在其《第三次浪潮》中提出了"新文明诞生"的命题，并洞察到了文明时代变迁的加速度发展趋势。② 进入21世纪，他又在《再造新文明》中指出，从社会和国家诞生起，人类经历了三次浪潮的冲击，其中的趋势是：每次经历的时间比上次更为短暂，科技水平更为发达，变化更加迅速，要求更高等特点。③ "人类社会的发展犹如一个从光滑斜面上自由下滑的小球，由于获得了一定的加速度，其运动速度越来越快，并以一股不可遏止的气势高速地向前运动，使社会面貌日新月异。我们把当代社会发展的这种必然趋势称为'社会发展加速递增趋势'。"④ 人类文明加速度的趋势蕴含着内在的规律。一旦把握这一规律，便可以预测人类文明发展变化的趋势与方向，可以增进自觉、争取主动，避免和减少失误，引导文明向着合理的方向发展。⑤

一 人类文明发展的加速度现象

从整个人类文明发展过程可以明显看出，人类文明呈现加速度发展的特点。这种加速发展现象主要表现为：文明形态的历史周期越来越短，社会经济发展速度越来越快，社会上层建筑领域的变化越来越快、科学技术的进步越来越快、人自身的发展和解放程度迅速提高。

---

① 《马克思恩格斯全集》第20卷，人民出版社1971年版，第650页。
② ［美］阿尔温·托夫勒：《第三次浪潮》，朱志焱等译，生活·读书·新知三联书店1983年版。
③ ［美］阿尔温·托夫勒、海蒂·托夫勒：《再造新文明》，白裕承译，中信出版社2006年版。
④ 参见覃明兴《社会发展加速递增趋势探析》，《浙江社会科学》1999年第1期。
⑤ 目前这方面的研究资源还非常少。据笔者能够掌握的资料，仅有苏毅然的《社会发展的加速度趋势》、覃明兴的《社会发展加速递增趋势探析》和王家庠的《加速度发展规律》。本书在借鉴极其有限的资源的基础上尝试作以初步探索。

人类文明形态的历史周期在不断缩短，社会发展阶段所经历的时间在不断递减。按照马克思唯物史观的划分，人类文明分为原始社会、奴隶社会、封建社会、资本主义社会和共产主义社会（社会主义为其第一阶段）。阿尔温·托夫勒则把人类文明分为三次浪潮并指出："第一次浪潮历时数千年；第二次浪潮至今不过三百年；今天历史发展速度加快，第三次浪潮可能只要几十年。"[①] 人类文明经历了采集渔猎、农耕文明、工业文明、信息文明几个阶段或形态。无论划分为几个时期，其发展都表明了加速度的特点。由于生产力水平极端低下，人类的能动性和创造力尚处于萌芽状态，决定了采集渔猎时代的原始社会的历史最长，至少经过三四十万年。奴隶制和封建制的农业文明历史，人类的认识和实践能力有了较大的提高，人类改造自然和社会取得了巨大成就，较之原始文明的周期缩短很多，但发展速度依然非常缓慢。埃及、印度和西南亚的奴隶制时期，存在三千多年，比原始社会周期缩短了一百多年。而封建社会的历史周期又比奴隶社会缩短了很多。埃及、印度的封建社会，存在一千二百年。欧洲的封建社会，存在一千年左右，仅是奴隶社会历史周期的三分之一。中国的封建社会长达两千多年，但依然比奴隶社会的时间短。进入工业文明时代之后，人类社会发展速度突然加快，呈现出同以往时代完全不同的态势。工业文明主要社会形态是资本主义社会。英国的资本主义历史最长，但从产生至今也就是三百多年。法国从建立资产阶级政权到现在，只有二百多年的历史。美国的资本主义也只有二百多年。日本从明治维新到现在，资本主义的历史也不过一百多年而已。在文明发展史中，发生飞跃式发展的是从18世纪中叶工业革命以来的250年，而在这250年中，第二次世界大战以后的50年又超过前200年。

人类社会经济发展的速度不断加快。前工业文明时期，社会的经济发展都十分缓慢。原始社会的经济发展速度极其缓慢，任何一点点的提高都要经历成千上万年。奴隶社会的经济比原始社会发展快，几千年就奠定了人类社会文明时代的物质基础。封建社会的经济发展又比奴隶社会快。只

[①] ［美］阿尔温·托夫勒：《第三次浪潮》，朱志焱等译，生活、读书、新知三联书店1983年版，第28页。

是到了资本主义社会，社会经济的发展，几百年超过了以往的几千年甚至上万年。正如马克思和恩格斯在《共产党宣言》中所说的："资产阶级在它的不到一百年的阶级统治中所创造的生产力，比过去一切世代创造的全部生产力还要多，还要大。"① 从历史角度看，人类历史上大部分时期，世界人均产量的增长平均只有大约每年 0.1%。只有到了 18 世纪增长才加速到二百年来平均每年 1.2% 的速度。② 20 世纪以来，全球经济总量犹如正在充气的气球迅速膨胀，达到了惊人的地步。毫不夸张地说，二战以后，人类所创造的生产力和物质财富远远超过了以往时代所创造的生产力和财富的总和。

科学技术的飞速发展。在古代，科学技术十分落后，发展也相当缓慢，对社会发展的影响很小。从生产工具的演进时间可以看出，从石器时代到铜器时代历经二百多万年，从铜器时代到铁器时代历经八千多年。经过几万年的摸索人类才掌握了使用火和人工取火的技术，同样是经过非常漫长的时间人类才创造出储存信息和传递信息的文字。到了 17、18 世纪，由于科学尚处于搜集材料的阶段，尽管其对社会作用比以前有所扩大，但对整个社会发展的影响仍不明显。而到了 18 世纪的第一次技术革命，科学技术的社会作用才明显地扩大。由于蒸汽机和纺织机的发明，大大提高了劳动生产率，从而加快了社会发展的速度。19 世纪电的发明和使用，又成几十倍地提高了劳动生产率，社会发展的速度又进一步提高。当代社会，随着电子技术的普及和推广，最终会使现实生产力提高上百倍，把社会发展的速度再推向一个新的阶段。据统计，在 20 世纪初，整个社会依靠科学技术提高劳动生产率的比例仅占 5%—20%，而现在已占到了 60%—80%。有统计表明，当代社会由于科学进步在三年内发生的变化，相当于 20 世纪 30 年内的变化，相当于牛顿以前时代三百年内的变化，石器时代三千年的变化。科学技术的发展为生产力的加速发展提供了极大的智力支持。如今，全世界近 30 年所创造的知识，相当于此前 5000 年的人类文明所创造的知识的总和。③ 科技转化为

---

① 《马克思恩格斯选集》第 1 卷，人民出版社 1995 年版，第 277 页。
② 赵春珍、龚伟：《美国生产力还会继续增长吗?》，《国外理论动态》2002 年第 5 期。
③ 《信息经济学》，吉林大学出版社 1991 年版，第 68 页。

商品的时间，在 18 世纪是 100 年，在 19 世纪这一过程缩短到 50 年，1990 年以来只有 2—5 年。以信息技术、纳米技术、微电子技术、生物技术、航空航天技术、新材料新能源开发利用技术等为代表的新一轮科技革命，成为当代社会经济发展和社会进步的最具革命性的推动力量。

人自身的发展和解放程度迅速提高。社会的进步和发展归根到底是作为历史主体的人的进步和发展。原始文明时期，人类几乎未完全脱离自然界。进入农业文明之后，人类对自然的依赖相对弱化，但多数人对少数人的人身依附关系却大大增强，这一时期是处于马克思所说的"人的依赖"阶段。在封闭农业文明时代，由于交通通信的限制，人类交流、交往非常困难，使文明成果不能迅速传播，不同的人类共同体不能或不能较快地享受人类的共同文明成果，人类形成的是自在自发的单调贫乏的社会关系。工业文明时代处于"人的独立"阶段，虽然这种独立是建立在以物的依赖性为基础的独立，人的存在依然受到严重的压抑，但相比农业文明时代，人还是获得了空前的解放，人的价值和尊严受到极大重视，人的主体性得到了极大的弘扬，人的批判意识、创造性得到了前所未有的发挥。工业文明使人们的交往从封闭走向开放，从自在走向自为，从自发走向自觉，形成了错综复杂的网络式交往关系。交往的日益频繁以及由此出现的人的多层次、全方位的普遍交往，正使狭隘地域性的个人越来越成为世界性的具有丰富属性的个人。社会是人的社会，当代人的社会交往的频繁化，从人的生成角度表现了社会加速发展的趋势。[①]

回顾迄今为止的人类文明的历史，其发展速度越来越快，客观上存在着一个"发展加速度"现象。社会形态越高，历史周期越短，文明发展的速度越快。在社会发展加速度的推动下，今后人类的经济、科技、社会、文化等的发展速度还要加快。我们现在很难想象，几百年以后，人类社会面貌将会发生怎样的变化，未来社会的发展速度与以往历史的发展速度相比，用"日新月异"、"一日千里"等词语来形容已经远远不够了。

---

① 参见覃明兴《社会发展加速递增趋势探析》，《浙江社会科学》1999 年第 1 期。

二 人类文明发展加速度现象的原因

人类文明加速度发展的原因是复杂的。依据马克思唯物史观，社会的基本结构是生产力、生产关系（即经济基础）和上层建筑。社会的发展无非是这几个基本要素相互作用的结果。

第一，最根本的是生产力的发展。人类文明发展的根源在于生产力的发展。生产力的加速度发展，既是人类文明加速度发展的表现，也是人类文明加速度发展的原因。人类文明发展的实质内容，是社会生产力不断从低级到高级、从落后到先进的发展过程。从生产力的发展考察，大体经历了石器时代、铜器时代、铁器时代、机器时代、电子时代和当代的信息时代。依历史顺序，生产力的发展是一个时代比一个时代快。一方面，生产力发展水平逐代提高；另一方面，生产力发展的时代周期逐代缩短。使用粗加工的石块和木棒的旧石器时代长达二三百万年；把石块磨成石刀、石斧，骨角磨出骨针、骨锥并使用陶器的新石器时代经历了几十万年；铜器时代缩短到三千余年，发展速度较之前提高了百倍以上。铁器时代，从古代铁鼎到近代机器的出现，又缩短到二千余年。而机器时代，从蒸汽机的使用到现在才二百余年，发展速度又提高十倍。生产力发展的时代周期，从几十万年，依次缩短到三千余年、两千余年和二百余年。而使用动力机器的工业社会不到三百年，就出现了电脑和机器人。由此，人类社会的生产手段、生存方式发生了一次根本性的变革，人类进入了"后工业社会"或"信息时代"。随之，社会发展的速度更是越来越快。据苏联经济学家C. T. 斯特鲁米林院士研究，石器时代，技术进步的速度，平均每一万年提高1%—2%；铁器时代，平均每一百年提高4%；而机器时代，平均每年就可提高百分之几，甚至更多。[①]

第二，科学技术水平的提高使得社会时间的节奏越来越快，对社会发展的作用也来越大。生产力的加速度发展是由什么引起的呢？如果再进一步考察，就会发现是与科学技术分不开的。科学技术是第一生产力。可以说，科学技术是社会发展的第一推动力，是文明加速度发展的关键性因素。

---

① 参见苏毅然《社会发展的加速度趋势》，《北京电子科技学院学报》1998年第1期。

第一次技术革命和第二次技术革命把人类分别带入了蒸汽时代和电机时代，第三次科技革命更从根本上改变了社会发展的进程，使社会面貌焕然一新。早在19世纪中叶，恩格斯在《自然辩证法》中指出，文艺复兴驱散了"中世纪的幽灵"，自然科学从宗教下面真正解放出来以后，自然科学的发展便大踏步地迈进，"可以说是与从其出发点起的（时间的）距离的平方成正比的"。[①] 生产力和人类社会的加速度发展，是由科学技术直接推动的。因此，科学技术是社会加速度发展的最关键因素、最重要的原因。科学技术本身发展就有加速度的特点。早在一百多年以前，马克思和恩格斯在《共产党宣言》中说到"资产阶级生产力"的作用时同时指出，"自然力的征服，机器的采用，化学在工业和农业中的应用，轮船的行驶，铁路的通行，电报的使用，整个整个大陆的开垦，河川的通航，仿佛用法术从地下呼唤出来的大量人口，——过去哪一个世纪能够料想到在社会劳动里蕴藏有这样的生产力呢？"[②] 这实际说明了生产力的快速发展与科学技术的紧密联系。恩格斯也曾预言："科学发展的速度至少也是和人口的增长一样快；人口的增长同前一代的人数成比例，而科学的发展则同前一代人遗留下的知识量成比例，因此在最普通的情况下，科学也是按几何级数发展的。"[③] 科技进步是推动生产力发展的重大杠杆。由科技因素造成的劳动生产率和经济增长率越来越高，使生产力的发展明显地呈现出加速度的趋势，进而成为人类文明发展的最具革命性的推动力量。正是在新科技革命的推动下，生产力出现了指数曲线式的增长，并使人类生产生活各个领域发生了翻天覆地的变化。

第三，人口的剧增和人类需求的膨胀是社会加速度发展的强大动力。依据唯物史观，社会发展的最终决定力量是物质资料的生产方式，同时也认为人口是影响发展的因素之一。尽管这种影响具有正、负两个方面，但人口增长对社会快速发展的作用是不能否认的。一定的人口生存和发展需要消费一定的物质产品和精神产品，工业革命以来人口的爆炸性增长，导

[①] 《马克思恩格斯全集》第20卷，人民出版社1973年版，第363页。
[②] 《马克思恩格斯选集》第1卷，人民出版社1995年版，第277页。
[③] 《马克思恩格斯全集》第1卷，人民出版社1960年版，第621页。

致了人类消费需求绝对量的剧增。另外，人的需求具有无限性的特点，基本的、简单的、低级需求满足后，就会产生复杂的、高级的需求，我们把人类这种基于基本生活需求之上的多样性、高档化的需求称为相对需求。在现代，由于现代科技生产等所提供的现实可能性，人类不同层次的相对需求不断得到满足，这又反过来强烈刺激新的、更高层次的需求源源不断产生、涌现，人类的相对需求得到了充分的扩张。绝对需求和相对需求的同时发展，有力地促使人类致力于社会生产活动，创造出庞大的社会财富，以满足人类以倍增速度扩张的消费需求，从而巨大地推动了社会的快速发展。

第四，知识信息大爆炸、科学技术的迅猛发展以及教育的大发展是社会加速发展最坚实的基础。1945年以来，人类知识总量前所未有地在质与量、深度与广度、内涵与外延等方面迅猛扩张、飞跃，知识财富不可思议地迅猛增长、膨胀。人们把这种现象称为知识大爆炸，它成为现代社会飞速发展在精神生产方面的集中表现。据统计，90%的人类社会的知识总量是近50年来所创造出来的。随着全球信息化的进一步发展，世界将成为知识信息网络相互交织的新天地，使社会知识以级数、指数的速度超常发展。教育的内容和形式日趋现代化，并由少数国家或少数人的奢侈变为大多数国家和大多数人所共同享有，这对社会的发展与进步起到了不可估量的作用。

第五，国际生产关系和产业结构的调整、国际分工协作的深入发展成为文明加速发展的重要原因。虽然当代世界国际关系错综复杂，在国际经济、政治、文化等领域，霸权主义和强权势力的存在无疑构成人类文明的发展障碍。但不可否认，自20世纪中叶以来，国际范围内的生产关系的不断调整，促进了社会结构的合理化，为生产力发展开辟了道路。全球范围的产业结构调整，不仅使发达国家的产业结构升级，也给发展中国家乃至落后国家的发展提供了历史机遇。当今时代，经济全球化势头强劲，国际分工与协作不断向深度和广度发展，客观上推动了国际分工协作效益的提高。[①]

总之，人类文明的加速度发展是一个无可争辩的事实。当然，社会发

---

① 参见覃明兴《社会发展加速递增趋势探究》，《浙江社会科学》1999年第1期。

展的速度越快，错综复杂的人类社会各个领域越容易出问题。实际上，当代社会已经显露出来由此引发的一系列问题。例如，人类活动对自然界的加速作用引发的全球性生态环境危机；社会的加速度发展使世界发展的不平衡状况有所加剧；"物质主义"导致的精神家园的迷失。等等。因此，面对人类文明加速度发展的趋势，人类应提高从整体上引导、调控文明发展的能力。

三　人类文明加速度发展的特征及规律

按照辩证法的规律，世界上的万事万物都是运动和发展的。不同的物质形态，其运动和发展具有不同的形式和特点。但是，"量变"或"渐变"、"质变"或"飞跃"，是事物运动发展的基本形式和普遍规律。从事物发展的全过程来看，事物发展的加速度特征是普遍现象。任何事物的发展包括社会发展过程都要遵循这一普遍规律。因此，人类文明在长期积累的基础上必然会出现质的迅速飞跃。人类文明的加速度发展，离不开量变提供的必要准备，它是人类经过相当漫长的积累的必然结果。

古希腊的哲学家和物理学家亚里士多德提出了"物体的下落速度与物体的重量成正比"的论断。这个论断统治了人们的思想整整2000年。直到距今300多年前，伽利略·伽利莱在比萨斜塔上做了著名的自由落体实验，让一个1磅重和另一个10磅重的铅球从塔顶同时落下，结果同时到达地面，从而推翻了亚里士多德的论断。此后，他通过长期的观察和实验发现，一切比重相同的物体，不论轻重都以同样的时间经过同样的距离坠落，而在没有阻力的介质（如真空）中所有物体下落速度相同，且距离和物体坠落的时间的平方成正比，即落体的速度随时间均匀地加快。这就是已成为常识的自由落体加速度，又叫重力加速度。这一自然规律，也同样存在于社会历史的发展之中。

人类文明发展的加速度发展，其实质是生产力的加速度发展。在人类文明发展的过程中，生产力呈加速趋势是毋庸置疑的。那么，我们可以建立一个模型来描述整个人类文明发展的历程。在建立模型的过程中，首先应该确定的是一个衡量人类文明的指标，即生产力。然后，我们假设人类文明发展与物理学中的经典模型—自由落体运动是相似的。

首先，自由落体运动中，下落速度公式和下落高度公式为：

$$v = gt, h = \frac{1}{2}gt^2$$

其中 v 是下落速度，h 是下落高度，g 是重力加速度，t 为时间。

当我们把 h 看成是生产力，v 看作生产力发展速度，t 看作时间，那么这个公式可以用来描述人类文明发展。它满足我们前面所说的随着时间的推移，生产力发展速度越来越快的特点。

并且，如果将公式变形为：

$$\triangle h = h_2 - h_1 = \frac{1}{2}gt_2^2 - \frac{1}{2}gt_1^2$$

$$\triangle h = \frac{1}{2}g(t_2 - t_1)(t_2 + t_1)$$

即，要增加一定量的生产力 $\triangle h$，要消耗一定量的时间，而且：

$$\triangle t = t_2 - t_1 = \frac{\triangle h}{\frac{1}{2}g(t_2 + t_1)}$$

随着 t 不断增大，$t_2 + t_1$ 逐渐增大，$\triangle t$ 逐渐减小。即随着时间的推移，生产力增加一定量所需要的时间逐渐缩短。亦即生产力的变化是呈加速趋势的。

相对于自由落体运动中的加速度趋势来自万有引力，而在人类社会发展中，这种加速趋势的动力来源于多种原因，主要来自于科学技术水平的发展。但是，在自由落体运动中，g 是恒定不变的，而科学技术水平等加速度的动力则是不断发展的。即在人类文明发展公式中：

$$g = kt^n, (n \geq 1, k\ 为常数)$$

我们假定，n 与自由落体运动中的 n 是一致的，等于 2，那么就得到了文明发展的公式：

$$h = \frac{1}{2}kt^2, (k\ 为常数)$$

通过这个公式，我们能得到如下结论：随着时间的推移，生产力发展速度越来越快；随着时间的推移，生产力水平不断提高；随着时间的推移，生产力呈加速度增大的加速发展。当然，这里的时间非自然时间，而是社会时间。人类文明之所以会加速度发展是社会时间加速度发展所使然,人类文明的进程与社会时间的运行是相关的,人类文明只可能在社会时间中产生、发展与消亡。社会时间中的"加速力",就是在每个时代影响生产力的各种因素。在当代,人类文明正由工业时代迈向信息时代,信息、知识、科技等精神文化因素成为生产力和整个社会"加速力"的主要因素。正是受到社会发展加速力的推动,人类社会的发展便会发生总体上的飞跃,跃上一个新的台阶,表现出陡直的指数曲线增长的发展形式,社会系统的某些方面甚至发生爆炸性的变化。

我们采用从公元元年到现在所能收集到的世界生产总值来做拟合函数:[1]

年份	世界总产值(单位:十亿美元)
2011	69110.00
2000	41016.69
1995	33644.33
1990	27539.57
1985	22481.11
1980	18818.46
1975	15149.42
1970	12137.94
1965	9126.98
1960	6855.25
1955	5430.44
1950	4081.81
1940	3001.36
1930	2253.81
1925	2102.88

---

[1] 世界生产总值 GWP 数据来源:http://en.wikipedia.org/wiki/Gross_world_product。

续表

年份	世界总产值（单位：十亿美元）
1920	1733.67
1900	1102.96
1875	568.08
1850	359.90
1800	175.24
1750	128.51
1700	99.80
1650	81.74
1600	77.01
1500	58.67
1400	44.92
1340	40.50
1300	32.09
1250	35.58
1200	37.44
1100	39.60
1000	35.31
900	31.68
800	25.23
700	23.44
600	20.86
500	19.92
400	18.44
350	17.93
200	18.54
14	17.50
1	18.50

并将其分成四段：文艺复兴之前，文艺复兴到工业革命，工业革命到信息革命、信息革命至今四部分，并把每一部分的元年记做 x = 0 的初始年份。

分别拟合图像如下：

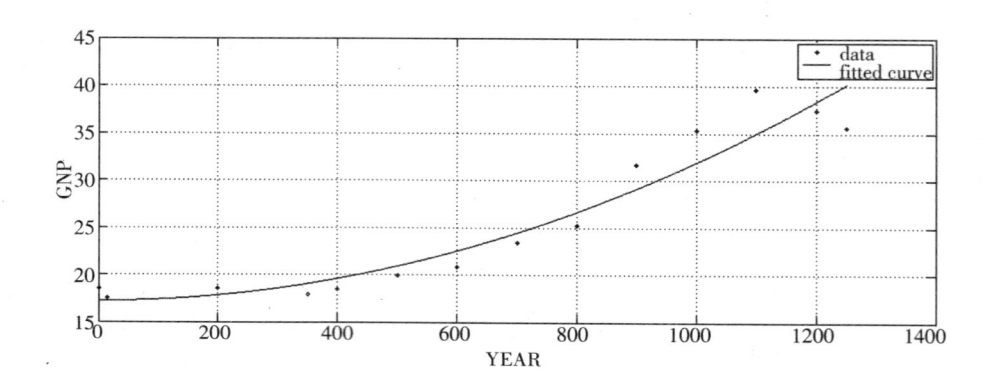

公元 1—1400 年，文艺复兴之前

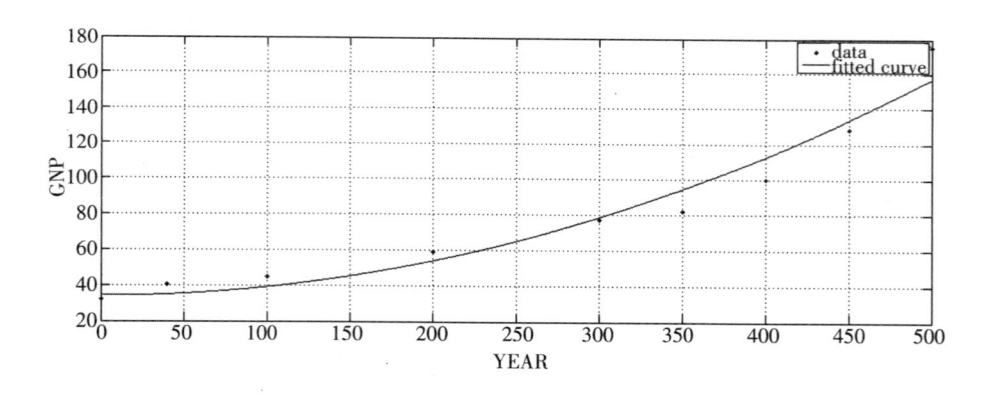

公元 1400—1850 年，文艺复兴到工业革命

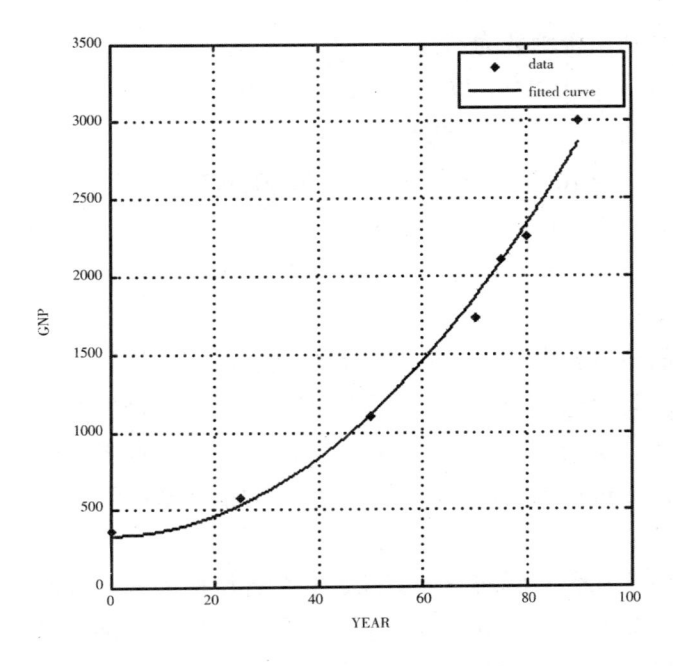

公元1850—1950年，工业革命到信息革命

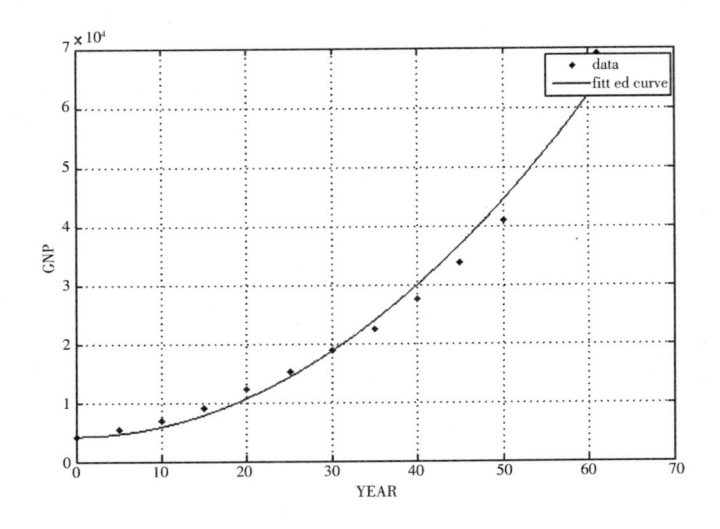

公元1950—2011年，信息革命至今

这四次分别拟合函数为：

$$\begin{cases} p = 1.468 \times 10^{-5} t^2 + 17.23, t \in [1,1300) \\ p = 7.696 \times 10^{-5} t^2 - 107.5, t \in [1300,1850) \\ p = 7.012 \times 10^{-3} t^2 - 23880, t \in [1850,1950) \\ p = 16.07 t^2 + 4244, t \in [1950,2011) \end{cases}$$

（其中 p 为世界生产总值，t 为年份）

从上面的拟合函数中，我们可以看到随着时间的推移，生产力呈现加速度发展现象。而信息、知识、科技等精神文化因素正是生产力和整个社会加速发展的主要"加速力"。历史发展表明，每一次技术或者观念的革新，以及信息、知识、科技等精神文化因素向生产力诸要素的渗透与融合，都会给生产力带来至少一个数量级的变化。

当然，由于社会发展的不平衡性，社会各层次和各部分的发展情况是复杂的，社会加速度发展不可能像数学公式那样精确，就某一时期出现曲折甚至回退的个别情况也是存在的，但这并不否定社会发展在总体上加速度发展的规律。

第四章
由"物质"到"精神"：人类文明的跃迁

当今时代，从人类发展的整体来看，人类文明依然处在"物质时代"，正在向着"精神时代"迈进。相对于5000多年的农业文明、300多年的工业文明来说，人类文明的这次转换，将是具有重要意义的迁升！这里的"跃迁"，既具有质变、飞跃的含义，也包括时间缩短、速度加快的含义。从质变来看，它将实现人类文明的大转型，使人类摆脱物质纠缠，实现人类一直向往和追求的美好愿望；从时间和速度上看，它使精神文化因素迅速"扩张"到整个社会领域，使社会生产、生活和人自身都发生了根本性变化。

第一节 "物质时代"：以追求物质财富为主要目标

在"物质时代"，谋求基本物质生活资料的活动压倒了一切，人类的所有其他社会活动无不打上物质的烙印。追求物质财富的增长成为一切活动的目标，以改造自然而获得物质财富的生产活动，成为人类一切活动的中心，"物质主义"成为这一时代的核心理念。人类文明发展至今，在总体上依然处于这样的时代。尽管"物质时代"存在诸多的问题，但它是人类文明的发展必然经历的时代，为人类文明的发展奠定了物质基础。

一 物质性需求：物质时代的主导性需求

人是社会的人，社会的一切活动无不与人相关。可以说，我们所做的一切最终都是为了人。因此，在这个意义上可以说，任何时代、任何社会都是

"以人为本"的社会。但这里的关键是：以人的"什么"为本？有一种观点提出，"以人为本"是以人的"需要"为本，[①] 人的一切活动都是从自身需要出发，都是为了满足自身的需要。否则，人做事就毫无意义可言。但是"需要"不仅有层次之分（物质性与精神性），而且存在前提性的价值判断问题（即合理与不合理），另外，即使是"合理"的需要，也可以区分为个别人、少数人的合理需要，与绝大多数人的合理需要。[②] 因此，人的"需要"也是极其复杂的。从人的"需要"层次上来看，归结起来不外乎就是物质性需求和精神性需求。从人之为人的精神本性这一深层而言，精神性需求是高层次需求。但人首先是生物性的存在。无论在任何时代，衣食住行等物质需求都是基础性或最基本的需求。在人类处于"物质时代"相当漫长的历史时期，由于生产力水平相对低下、物质财富有限，人们不得不为生存而劳作奔波，物质需求在人类总需求中占主要地位，精神文化需求的比例就会相应地受到限制，因而人的精神生活和精神追求被遮蔽了。

迄今为止的人类文明，在总体上仍处于"物质时代"，即马克思所说的"史前时代"。它包括渔猎游牧文明、农耕文明、工业文明时代。在这一时代，物质需求成为人的主导性需求。在前工业文明时期，主要表现为对实物性产品的需求，之后则表现为对财富象征者——货币的追求。在前工业文明时期，由于社会分工极不发达，人们所需的生活资料不是主要由其他社会生产部门提供，而主要是由生产者自己生产的，人们所关注的是物的使用价值，而不是交换价值。人们生产的绝大部分产品是用于满足自己需要的生活必需品，只有少量的剩余产品用于交换。人们的财产积累欲望，"一方面受需求、另一方面受产品的有限性制约"[③]。工业文明时期的市场经济则是人的需要及其实现方式的现代形式。在市场经济条件下，人的物质需要的实现间接化和社会化了，生产者的注意力由自身需要转向社会需要，由追求使用价值变为追求交换价值。"我只有为社会生产才是为自己生产，而社会的每个成员又在另一个领域中为我劳动。"[④] 在内部利益和外部竞争环境的驱使

[①] 李春华：《发展文化生产应坚持正确的价值取向》，《理论学刊》2012年第1期。
[②] 陈曙光：《关于"以人为本"的形上之思》，《哲学研究》2009年第3期。
[③] 《马克思恩格斯全集》第46卷（上），人民出版社1979年版，第110页。
[④] 《马克思恩格斯全集》第46卷（下），人民出版社1980年版，第465—466页。

下，生产者会充分发挥主体能动性，普遍地利用自然的属性和人的属性，积极主动地去发现、创造、引导和刺激社会需要，开拓新的市场，扩大商品需要者的范围。生产超出了需要的自然界限，这一方面造成社会生产力的迅速发展，使人的基本物质需要能够得到保障，另一方面又使社会关系以物的形式表现出来，使一些人利欲熏心，去无止境地追求财富的一般形式——货币。[1] 工业文明时期对货币和对资本占有的无限贪欲和追逐，使人们之间的利益冲突更加尖锐。因此，协调人与人之间的利益关系，维持社会秩序，也就成为人们的一种必需。于是在经济上占主导地位的阶级和集团，建立起了国家政权，不断调整各种社会关系，把不同阶级、集团的利益冲突控制在一定社会秩序所允许的范围内。但是，人类对"社会交往秩序的需要"，归根到底也是为了物质需求的满足，因而是从属于物质需要的需要。

精神文化需求作为人类的一种基本需求，始终与人类文明的发展相伴随。但在物质需要处于主导地位的"物质时代"，精神文化需求必然地受到制约。特别是在"物质时代"早期的古代社会，社会生产几乎都是农产品，即由生物经过种植和饲养发育而成的产品，这种农产品大约要占90%。除农产品以外，有10%为手工业产品，如劳动工具、生活用具和兵器。从这里可以看出，当时社会生产的产品都是满足人的物质需求的产品，物质需求几乎占社会总需求的100%。在当代社会，人类总体上依然处于物质需求为主的社会。一般而言，人均GDP在1000美元以内，人们主要关心的是基本的物质需求的满足；人均GDP在1000美元—3000美元之间，人们消费需求进入物质消费需求与精神消费需求并重的时期。目前，中等以上发达国家，精神消费的比重已超过50%，欧美发达国家达到60%以上，中国约占38%。在世界各国人文发展指数排名中，中国2002年排在第94位，2003年排在第85位。[2] 2004年排在第81位，2005年也是第81位。[3] 应该说，改革开放以来，我国大多数居民的精神文化消费比重的确在逐步提高，但在消费结构中的比重并不高，直到2009年，居民家庭平均每人用于娱乐教育文化服务的

---

[1] 李淑梅：《人的需要结构及其历史发展》，《教学与研究》1999年第8期。
[2] 《国际统计年鉴（2005）》，中国统计出版社2005年版，第353页。
[3] 《国际统计年鉴（2009）》，中国统计出版社2009年版，第365页。

支出在消费结构中的比重，城镇居民仅为12%左右，农村居民还不到9%，与发达国家相比差距很大。这表明我国居民整体精神文化消费还处在比较贫乏的阶段。①

二 物质生产：物质时代的主要生产活动

从人类文明发展历程来看，人类社会的生产是一个从以物质生产为主到以精神文化生产为主的发展过程。在人类社会相当漫长的历史中，物质需求在人类总需求中占主要地位，从而决定了物质生产、物质生活、物质产品或"实物商品"占主要地位，而文学、艺术等文化产品只能局限在非常小的规模内，发展水平较低。精神文化因素在生产力中的比重很小，对物质生产的作用不明显，在古代社会甚至可以忽略不计。古代社会也有结绳记事、壁画、竹简之类的信息载体，但创造这类载体投入的劳动，同物质生产、劳务生产投入的劳动相比，是微不足道的。这就是"物质时代"的基本特征之一。

需求是生产的原动力，有需求就有了生产。人的需求可以划分为物质需求和精神文化需求，人类的生产也可以相对地区分为两种生产：满足物质需求的生产即是物质生产；而满足文化需求的生产即是精神文化生产。同样，从总体上，也可以把整个人类的生活相对地分为物质生活和精神生活两大方面，社会产品也可以相对地分为满足物质生活需要的物质产品和满足精神生活需要的精神产品。当然，人类的物质生产与文化生产并非是泾渭分明、完全割裂的，而是相互渗透、相互组合在一起的。任何时候人类的生产都是物质生产和文化生产的结合，任何一个时期的社会生产中都包括物质生产和精神文化生产两个部分，即使在生产力极端低下的原始社会也不例外。

既然人作为物质与精神统一的存在物，就既有对物质产品的需求，也有对精神文化产品的需求。因而从逻辑上说，物质产品与精神文化产品的生产应该是均衡发展的。但事实并非如此，在人类社会发展的漫长过程中，物质产品生产与文化产品生产的关系常常是复杂的，有时甚至是矛盾的。例如，人类在自己的童年时代创造的辉煌灿灿的文化，即使在科学技术高度发达的

---

① 尹世杰：《提高精神消费力的意义和途径》，《人民日报》2011年7月28日第7版。

今天，也令人赞叹不已。马克思在《〈政治经济学批判〉导言》中指出："关于艺术，大家知道，它的一定的繁盛时期决不是同社会的一般发展成比例的，因而也决不是同仿佛是社会组织的骨骼的物质基础的一般发展成比例的。例如，拿希腊人或莎士比亚同现代人相比，就某些艺术形式，例如史诗来说，甚至谁都承认：当艺术生产一旦作为艺术生产出现，它们就再不能以那种在世界史上划时代的、古典的形式创造出来；因此，在艺术本身的领域内，某些重大意义的艺术形式只有在艺术发展的不发达阶段上才是可能的。"①

但是，即使人类童年时期曾经创造了艺术上的辉煌，在总体上这一时期依然处于物质生产占主要地位的时期。物质产品本身虽然具有某种精神文化意义，但满足人类的物质需要是物质产品的主要功能，精神文化功能居于次要地位。由于社会物质生产力不发达、物质产品匮乏，生产满足人类生存所必需的物质产品就成为整个社会首要的任务，文化艺术、休闲娱乐只是少数富人才能够享受的奢侈品，绝大多数的普通劳动者是与此无缘的。正如亚当·斯密所说的，"有些社会上等阶级人士的劳动，和家仆的劳动一样，不生产价值，既不固定或实现在耐久物品或可出卖的商品上，亦不能保藏起来供日后雇用等量劳动之用。例如，君主以及他的官吏和海陆军，都是不生产的劳动者。它们是公仆，其生计由他人劳动年产物的一部分来维持。他们的职务，无论是怎样高贵，怎样有用，怎样必要，但终究是随生随灭，……在这一类中，当然包含着各种职业，有些是很尊贵很重要的，有些却可以说是最不重要的。前者如牧师、律师、医师、文人；后者如演员、歌手、舞蹈家"。②

但人的需要是发展变化的，其基本趋势是：从物质需要为主向物质、精神需要并重再进一步发展为以精神需要为主。在物质生产力占主导地位的"物质时代"，精神文化因素依然是人类的物质资料生产活动不可缺少的组成部分，但其在物质生产系统中处于次要地位，对生产力的影响和作用是有限的。在相当长的时间里，劳务生产与信息生产以及文化生产尚未从物质生

---

① 《马克思恩格斯选集》第 2 卷，人民出版社 1995 年版，第 28 页。
② [英]亚当·斯密：《国民财富的性质和原因的研究》（上），郭大力等译，商务印书馆 1972 年版，第 305 页。

产中分化和独立出来,他们属于物质生产的一部分。由此决定,在"物质时代",社会产品几乎都是物质产品和实物产品。信息产品、劳务产品附属于物质产品而尚未独立,信息产品属于物质产品的一部分,信息蕴藏于物质之中。从用途来看,这些产品也不是直接满足人的精神文化需求的产品。18世纪以后,出现了把技术发明制成模型,图纸、技术文件加工为信息产品的科研部门,信息产品开始从物质产品中分化出来并独立出来。在当代社会,虽然包括信息产业、服务产业和文化产业的第三产业已经有了相当的发展,但从总体来看,社会产品依然是以物质产品和实物产品为主,精神文化产品以及其他非实物产品占整个社会总产品的比重还不高。因而,人类文明依然处于"物质时代"。

三 "物质主义":"物质时代"的意识形态

有什么样的社会实践活动方式,就会形成与之相适应的价值理念和价值标准,这种价值理念和价值标准反过来又进一步强化这种社会实践方式的发展。"物质时代"把人的需求局限于生物性意义上的片面需求和物质性欲望,如马克思所言的,"一切肉体的和精神的感觉都被这一切感觉的单纯异化即拥有的感觉所代替"[1],满足物质需求和物质利益就作为支配一切活动的出发点和归宿,"将集聚物质财富视为人生中的主要目标"[2],于是,便形成一种意识形态或价值信仰——"物质主义"。在整个"物质时代","物质主义"一直是支配和统治人的一种思想观念。在前资本主义时期,这种思想观念的支配作用是不自觉的,人类为了生存必须将获得生存资料作为人的主要甚至是唯一的目标。但"物质主义"作为一种自觉的价值观念,主要还是在工业文明之后的资本主义时期,特别是人类进入20世纪中叶以后。

"物质主义"(materialism),虽然屡见于哲学家、伦理学家、心理学家及经济学家的论著之中,但对其具体的界定存在不同的观点。牛津英语词典将其定义为"热衷于物质的需求和欲望,忽视精神的东西;是完全以物质兴

---

[1] 《马克思恩格斯全集》第42卷,人民出版社1979年版,第124页。
[2] [美]托马斯·古德尔、杰弗瑞·戈比:《人类思想史中的休闲》,成素梅、马惠娣等译,云南人民出版社2000年版,第36页。

趣为基础的一种生活方式、观点或倾向"。也有人认为,"物质主义是以拥有金钱和财物来追求快乐及彰显社会地位晋升的价值观,并相信更多的财物能够带来更多的幸福"。[1] 目前多数研究者都沿用了 Richins 和 Dawson 的定义,即把"物质主义"看作一种强调拥有物质财富重要性的个人价值观。一般认为,物质主义者具有几个典型的人格和行为特征:一是特别看重财物的获得,渴望更高水平的收入,更重视经济安全,而更少注重人际关系;二是自我中心和自私,更愿意保留资源为自己所用,而不愿意与他人分享自己所拥有的东西;三是追求充满财物的生活风格,不愿意在物质上过简单的生活,如在交通方面,他们往往会选择汽车而非自行车;四是相对于非物质主义者,物质主义者对生活更不满意。[2] "物质主义"是指把对物质的获取、占有和消费作为人生主要甚至唯一目标的价值观念和思想体系[3],是一种强调物质拥有、社会声望和外在形象重要性的个体价值观。[4]

"物质主义"实际上是以西方逻各斯中心主义为哲学基础的理性主义的极端表现形式。近现代科技对社会发展的巨大作用,最终确立了科技理性在社会中的主导地位,人们普遍持有这样的信念,即科技理性是至善的,科学技术是万能的,是可以解决人类面临一切问题的。理性主义强调人有巨大的潜能和无穷的创造力,人应当而且能够运用人类的力量满足其不断增长的各种需要。在当代,科技理性的强大张力,比人类任何时期更激发了人类强大的能动性、创造力和征服自然、改造自然的强烈欲望,增强了人类在一切领域中取得胜利的信心,成为当代社会发展的深厚的哲学理性背景。[5] 在"物质主义"统治的时代,谁拥有了财富,谁就拥有了一切,这一认知导致了人们对物质财富的贪婪欲望和无限制的追求。由此产生了商品拜物教、资本拜物教,人创造的财富反过来成为对人的统治与支配力量,产生了人对物(物质财富及其代表商品、货币、资本等,而非自然物)的依赖。由于货币是财

---

[1] Kara C. and Gerard P., "Materialism and Social Comparison among Adolescents", *Social Behavior and Personality*, 2007, 35 (2).
[2] 参见李静、郭永玉《物质主义及其相关研究》,《心理科学进展》2008 年第 4 期。
[3] 刘笑平、雷定安:《论唯物质主义》,《西北师大学报》(社会科学版) 1998 年第 1 期。
[4] 李原、李朝霞:《物质主义价值观的内在心理机制探讨》,《哈尔滨工业大学学报》(社会科学版) 2012 年第 6 期。
[5] 覃明兴:《社会发展加速递增趋势探析》,《浙江社会科学》1999 年第 1 期。

富的代表,这种崇拜和追求就表现为对金钱、物质财富和交换关系的依赖,人成为物的奴隶,成为只为物而存在的人。反映"物质时代"经济活动及其规律的就是"物本经济学"。从亚当·斯密的《国富论》开始,经济学的二百余年历史都是以物质财富为研究对象、为中心内容展开理论研究的历史,是物本经济学统治的历史。马克思以大无畏的气概对其进行了批判,以《资本论》为楷模建树了以人为主体的崭新的经济学体系,凡是在资产阶级经济学家看见物与物关系的地方,他都揭示出人与人之间的关系。①

唯物史观承认追求物质需求的合理性。物质需求是人的最基本需求,人的生存与幸福固然要依赖于物质产品,但物质财富的获得只是人自身维持生存、保障健康的一种手段,而不是人需求的全部内容,人的需求与其他动物需求的最大区别就是超越动物需求,具有对美好的情感和充实思想的精神需求。因此,人们形成适当地谋取物质财富以维持其生存的思想观念并付诸一定的实践都是正常的。"物质主义"的错误在于,它把追求物质财富作为生活的唯一准则和理想,完全否认和拒绝精神活动对人的生存和健康的价值和意义,实际上是把人的需求和其他动物的需求等量齐观。在"物质主义"的支配和统治下,"所有衡量人类进步的主客观标准,似乎都显得不完善,因为,人们所有的标准在很大程度上都忽视了对人类生存的真正目标的思考"。"诸如这样一些标准:消除疾病和战争、防止意外事故的发生、长寿、就业率、追求'必需性'消费之后的财富积累等,都把物质文明作为衡量人类进步的尺度。这些标准固然重要,但它们代表的只是人类进步的某些手段,而没有涉及到人类渴望进步的最终目的。这些标准并不能衡量人们在多大的程度上觉得自己的生命有意义,也不能衡量在多大的程度上能实现自我。同时,这些标准也不能反映出人类究竟在多大程度上能超越自己并进入一个全新的领域。"②

迄今为止的人类总体上依然处于"物质时代","物质主义"依然是主导性的价值观。但在人类早期的采集渔猎时代和古代的农耕文明时代,"物

---

① 参见巫继学《人本经济学:以人为本的政治经济学诠释》,《中州学刊》2004年第5期。
② [美]托马斯·古德尔、杰弗瑞·戈比:《人类思想史中的休闲》,成素梅、马惠娣等译,云南人民出版社2000年版,第4页。

质主义"主要表现为"自然物本主义"。这个时期人类主要是依赖天然自然物生存,"物质主义"主要表现为对自然物的崇拜,把个别自然物当作神灵一样来敬仰。从资本主义文明开始,"物质主义"真正成为主流价值观。"物质主义"的表现由对自然物崇拜转变为对货币和资本崇拜。特别是在20世纪中叶以后,欧美资本主义各国进入相对稳定的经济繁荣时期,西方各国科技迅猛发展,经济快速增长,物质财富涌流。人们开始尽情享受并热衷于追求工业社会所带来的物质满足,"物质主义"成为社会生活的主流价值观。"物质主义"在资本主义制度下达到了顶峰。莎士比亚在《雅典的泰门》中对"黄金"的精彩刻画深刻揭示了"货币和资本"的绝对权力。

> 金子!黄黄的、发光的、宝贵的金子!
> 不,天神们啊,
> 这东西,只这一点点儿,
> 就可以使黑的变成白的,丑的变成美的;
> 错的变成对的,卑贱变成尊贵,
> 老人变成少年,懦夫变成勇士。
> 它可以使鸡皮黄脸的寡妇重做新娘,
> 即使她的尊容可以使身染恶疮的人见了呕吐,
> 有了这东西也会恢复三春的娇艳。
> 该死的土块,你这人尽可夫的娼妇,
> 你惯会在乱七八糟的列国之间挑起纷争。
> 啊,你可爱的凶手,
> 帝王逃不过你的掌握,
> 亲生的父子会被你离间!
> 你有形的神明,
> 你会使冰炭化为胶漆,仇敌互相亲吻!
> 为了不同的目的,
> 你会说任何的方言!
> 你动人心坎的宝物啊!
> 你的奴隶,那些人类,要造反了,

快快运用你的法力,让他们互相砍杀,
留下这个世界来给兽类统治吧!①

"物质主义"不仅是资本主义的基本特征,也是当今世界的基本特征和主流意识形态。"人类中心主义"、"物质主义"、"发展决定论"、"唯 GDP 主义"、"科学万能论"、"技术乐观主义"、"工具理性";甚至拜金主义、享乐主义、功利主义、实用主义,等等,都可谓是"物质主义"价值观的具体表现。单纯追求经济增长的不合理生产方式,以及迷恋和沉溺于物欲的奢侈生活方式,把人仅仅作为"物"的奴隶,都是这种价值观在实践上的具体表现。

第二节 "物质时代"的弊端:呼唤人类文明的转换

"物质时代"为人类文明的发展奠定了基础,但也带来了诸多与文明本身相悖的问题。就一般意义而言,"发展"是人类社会的基本特征。但现代意义上的"发展"是从工业革命开始的。特别是 20 世纪中叶以来,人类借助于科学技术进步的成果,使社会生产力的发展突飞猛进,由此创造了巨大的物质财富。然而,由于主张经济第一、物质至上、单纯追求经济的无限增长的"物质主义"的膨胀,发展却越来越违背自己的宗旨。人类在享受科学技术和生产力带来的福祉的同时,也遭遇了前所未有的复杂难题和严峻挑战。人口剧增、资源过度消耗、环境污染、生态破坏和地区差距扩大等成为全球性大问题,严重地阻碍着社会经济的发展和人的生活质量的提高,继而威胁着整个人类文明的发展。自然—人—社会(关系)的链条不断发生缺损,导致人与自然关系的失衡、紧张,甚至冲突,进而导致人与人的社会关系以及人与自身关系的紧张。环境污染、生态恶化;人际关系紧张、社会冲突加剧;信念失落、精神空虚……人类文明正面临着自然危机、社会问题和人自身的困惑。

一 生态危机:人与自然关系的冲突

环境污染、生态恶化,人与自然关系的失衡愈演愈烈。"以物为本"表现

---

① 转引自《马克思恩格斯全集》第 42 卷,人民出版社 1979 年版,第 151—152 页。

在社会发展战略上，就是"唯生产力"、"唯经济主义"、"唯科学主义"价值观念，具体表现则是把"物质经济增长"视为社会发展的主要甚至是唯一的目标，把物质生产的高速度和物质财富的高积累及物质生活的高消费放在核心的地位。"改天换地"、"与天斗与地斗"、"征服自然"、"人定胜天"、"做大自然的主人"……无不是这一时代人类借以活着和奋斗的信念和信仰、理想与追求。在20世纪，在这一理念的导引下，人类创造了无数奇迹，取得了令人激动不已的空前"胜利"，在征服自然中获得了巨大的物质财富。但同时，也导致了人与自然的矛盾与冲突。在人与自然的关系上强调人的利益，在人与人的关系上强调强势主体利益，在当代人与后代人的关系上强调当代人的利益。人类对自然界的任何态度和任何行为，甚至是恶劣态度、任意破坏自然环境和肆意掠夺自然资源的行为，都是天经地义、合理而又正当的。人们利用手中的技术手段疯狂地向自然界攫取，以满足无止境的物质需求。这样疯狂和无限的攫取行为，超出了自然界的承受能力，造成人与自然关系的恶化，导致了严重的环境污染、生态危机、能源短缺等问题，人类面临着不可再生资源消耗殆尽、地球生态系统不可逆转的破坏等生存危机。

在前工业文明时期，人与自然之间基本保持着原始的和谐关系。在远古洪荒时代，人类群体只是被动地适应自然、依赖自然，盲目地崇拜自然、顺从自然，对自然生态没有任何实质性的破坏和威胁，并且处处受自然界的摆布和束缚，人类是自然的仆人和朋友。随着农业的诞生和生产力的发展，人类从被动适应自然转变到主动适应，人类为了自身生存与发展的需要，把自己凌驾于自然之上，主动发起了对地球的挑战，开始了自觉和不自觉地征服和改造自然的过程，人与自然之间的矛盾从小至大逐步激化，人对自然资源的掠夺和破坏不断增加。但在人类文明发展的这一时期，人类改造和征服自然的活动对自然的破坏还是微不足道的。从18世纪西方工业革命开始的工业文明，才打破了人与自然的原始和谐关系。由西方价值主导的现代化和现代文明，是自然环境面临严重威胁的根源。人类在理性主义的支配下，把征服和改造自然的欲望推向登峰造极的地步，似乎只有移山填海才能显示人类至高无上的地位和人类生存的意义。人类通过发展科学技术和生产力，增强了改造自然的能力，创造了巨大的物质文明与技术文明，扩大了人类的生存空间，带来了物质生活的丰富和生活条件的改善，现代化给人类生活提供了更多便利，也改变着人类的生产方式、生活方式和思维方式。

但是，西方哲学主客二分的思维方式和价值取向，导致主体（人）对客体，包括对自然、他人和他族的占有和控制行为。按照这种价值观和发展观，对待自然不是心怀敬畏顺应自然，而是要无限地改造、占有和征服。对"物"的贪婪不仅表现为对自然资源超大规模的开发和掠夺，而且表现为对财富的代表——货币与资本的贪婪追求，货币与资本成为这一时期人类文明的"元""本""基"，金钱成为万物的尺度。人类因此付出了巨大的代价。欧洲人先是在欧洲、北美以及澳大利亚大规模地砍伐森林，开发大片的牧场和农田，继而是将现代农业和牧业生产方式随着殖民扩张带到世界各地。18世纪中叶，蒸汽机的诞生标志着现代工业的开始，从火力发电厂和冶炼厂的出现，到农药和化肥的广泛使用，到汽车的发明和普及，再到冰箱和空调的推广，人类开始了一场前所未有的自然浩劫。20世纪50年代，由于二战结束，世界经济和人口快速增长，科学技术和工农业生产迅速发展，环境污染也随之扩大和加深。据估计，二战以来的技术变迁所造成的污染占目前全球所有污染的80%；特别是20世纪80年代以来，全球化浪潮冲击到世界的每一个角落，使所有的国家、民族、地区都被卷入这个洪流，而中国和印度等广大第三世界国家加入以汽车和电力消费为标志的现代化，将大大加剧人类对环境的破坏。新兴国家的发展正在释放巨大能量，其影响是难以想象的，同时，环境破坏使广大发展中国家原有的经济和社会困境雪上加霜。人类生存遇到了严峻的挑战，水资源危机、粮食危机、物种危机、臭氧层危机、荒漠化、大气污染、核污染、气候变暖等全球环境危机和资源危机日益威胁着人类的安全。疯狂地对自然资源进行超大规模的掠夺和破坏，带来的资源短缺、环境污染和生态破坏是前所未有的。目前，人类从地球过度索取了约23%的资源，已经达到了地球所能承受的极限。过度的消耗造成了土地资源日益减少、森林资源急速递减、淡水资源短缺严重、可开发能源面临枯竭，最终破坏了自然的生态系统，带来了严重的环境污染，造成严重的水资源污染、大气污染、海洋污染……人与自然关系越来越紧张，甚至到了严重对立、无法调和的地步。工业文明的生产和生活方式破坏了整个人类与地球的生命循环系统，人类和自然的存在方式被改变了，自然秩序和整个生命秩序紊乱了，人与自然失去了平衡。①

二 社会问题：人与人的社会关系的冲突

从人与人及人与社会的关系上看，人际关系紧张、社会冲突加剧。人是一种"关系"的存在，人的世界是一个"关系"的世界。"人与自然界的关系同人与人之间的社会关系相互联系、相互制约、相互依赖，构成一个多维度、多层次而内容和形式又多种多样的极其错综复杂的人的关系系统，形成一个以人为中心、符合于人的目的的自然—社会相统一的人的世界。"② 人与自然关系和人与人之间的关系是相互作用的。人与自然不和谐，人与人之间的关系也会紧张，没有人与人之间的社会关系的和谐，人与自然界的关系也难以和谐发展。因此，片面追求物质利益的价值观及其实践活动，不仅会导致人与自然关系的危机，严重威胁到人类的可持续生存和全人类的共同利益，而且也会引发人与人的社会关系的紧张、矛盾、冲突，甚至造成严重的社会危机。所谓社会危机，是不同民族、国家、地区以及个体与群体、个体与个体之间，由于不公正、不公平、不合理的社会关系、社会制度、社会体制、社会组织的活动而带来的矛盾和冲突。从国际关系来看，不同社会制度、不同国家，不同国际性的政治、经济、军事集团的利益不同，造成了它们之间的相互摩擦，相互冲突。从一国内部来看，社会危机表现为不合理的经济制度、政治制度对劳动人民的剥削压迫，造成的贫富分化、生活贫困、种族歧视等。

"物质时代"的任何冲突、争端乃至战争，无论是打着"正义"的口号，还是传播文明的幌子，归根结底都是为了谋求物质利益。在当今世界，也有很多人把利益冲突转化为所谓的文明冲突。例如美国政治学家塞缪尔·亨廷顿所谓的"文明冲突论"就是如此。但是，冷战之后不断凸显的民族主义国际冲突，表面上似乎是文化冲突、意识形态矛盾，但事实上，社会危机的直接原因来自于社会结构层面，其根源仍在于物质利益。社会阶层结构的不健全、社会利益结构的失衡以及社会群体之间对立感的增强，形成了程

---

① 以上资料参见张明《现代化与人和自然的矛盾》，知识产权出版社 2009 年版；庄世坚《生态文明：迈向人与自然的和谐》，《马克思主义与现实》2007 年第 3 期。
② 夏甄陶：《人：关系 活动 发展》，《哲学研究》1997 年第 10 期。

度不同的社会紧张情势甚至社会动荡的局面。经济（物质）利益是人类社会制度不平等的根源，反过来，不平等的社会制度又加剧了人类经济（物质）利益的不平等。私有制的出现、剥削和压迫的产生，都根源于物质财富的匮乏和对物质利益的追逐。历史上的阶级压迫和剥削的产生，阶级和国家的出现，无数次的国家之间、民族之间、阶级及阶层之间的矛盾、冲突、争端甚至战争，无论是国家内部还是民族之间，其本质无不是为了争夺领土等资源而引发的物质利益冲突。虽然和平与发展依然是当今时代主题，但世界的矛盾冲突从未停止过，而且局部有所升级。在各个国家经济快速发展，全世界各国交流日益频繁、全球化日益推进的背景下，国家内部矛盾、国家之间的矛盾呈现更加复杂的局面。当代社会，世界的物质财富前所未有的丰富了，但贫富两极分化却严重了，人们之间的不平等日趋严重。拥有大量物质财富、经济发达的国家也便成为政治上的统治者，他们依靠其强大的经济实力压迫、剥削、控制、欺辱不发达民族，攫取其资源，造成世界民族之间的不平等，许多国家的人民还在遭受战争和动乱的苦难。

从一国的制度到国际社会建立的国际秩序体系，都是试图消除人与人之间的不平等。然而，制度乃是由人制定的。霸权主义和强权势力是国际规则的制定者，他们可以通过人为的操作或者变相的改变，使规则有利于他们自己，从而加剧世界的不平等。因此，在霸权主义和强权政治依然存在的国际社会，真正公正、合理的国际社会的建立还是遥远的梦想。霸权主义打着"自由"的旗号，对弱者的肆意欺凌，是最大的不平等。经济不平等在很多国家都在上升；即使在欧洲富裕国家内部，欧盟成员国之间的经济不平等在过去10—15年间也有增长。[①] 在全球化的今天，"世界不平等事实的观点却很少或几乎没有分歧。关于过去的十年里收入不平等的（微小的）变化方向的争论，并不应该使我们忽略世界不平等已经达到了令人不安的程度的事实"[②]。少数人利用特权获取更多物质利益，导致社会的贫富严重分化，加剧了人（个体和类）的发展的不平衡和人类内部关系的紧张与对抗。许多

---

① European Commission, European Research Against Exclusion, Poverty and Socioeconomic Inequalities, EU Research Area, 7th Framework Programme: Brussels. 2010.

② Bart Capéau、Andréand Decoster:《世界不平等上升了还是下降了：一个虚假的争论吗？》，王丽娜译，《世界经济文汇》2005年第3期。

自由贸易和自由资本流动的支持者表示，随着全球化的推进，世界收入分配正在变得越来越平等。但事实上，收入集中在世界最富有的五分之一人口中，这的确是令人骇人听闻的，并且经不起任何似是而非的合理性检验。[①]

人类渴望建立一个充满平等友爱、互助共利、和睦相处、安居乐业的社会。但"物质时代"把发展局限在物质生活和物质生产方面，导致了人们为争夺利益而引发矛盾和冲突，成为社会走向公正、民主、自由、和谐的严重障碍。比如环境污染，表面上是人对自然的一种行为，而其实质是追求利益的阶层与承受代价的阶层之间的利益冲突。因此，人与人的关系是人与自然关系的反映。人与人之间的关系是人类改造自然界活动的组织形式，即人类要组织起来以"群"的形式实现改造自然界的目的。"征服自然"、"人定胜天"的信念和信仰，渗透到社会政治经济文化生活的方方面面，成为主流意识形态的核心力量。"人的本性是自私的"，"人不为己、天诛地灭"，成为一些人思考和处理问题的准则，金钱成为万物的尺度。对物质享受的贪婪追求使人与人、人与社会之间的关系发生了异化。以生产活动的资本化、利益化为主要内容的资本逻辑，不仅造成了人与自然关系的工具化，使自然仅仅成为制造商品的原材料；而且也造成了人与人之间的分裂和对抗，使人与人的关系变为物与物的关系，变为冷冰冰的金钱与利益关系，其间没有温情、友爱、互助，有的只是赤裸裸的利用与被利用的关系。当人与人的关系变为金钱利益关系之后，唯利是图、相互算计、坑蒙拐骗、冷漠猜忌等现象的大量产生就具有必然性；政治腐败、道德滑坡、社会风气变坏等现象的出现也就不足为奇。这种恶性的人际关系必然对统治秩序、法律秩序和社会生活秩序产生不良的冲击和影响，使整个社会处于一种不和谐的状态，表现出许多问题、矛盾甚至冲突，从而加大社会风险，严重时则会导致社会危机。

三 精神困惑：人与自身的矛盾冲突

物质财富成为整个世界的上帝，获得物质财富成了人们活动的最大动力，由此产生的经济第一、物质至上的"物质主义"价值取向，又进一步

[①] [英] 罗伯特·亨特·韦德、沈琳妲：《富者越富穷者越穷——不断上升的世界不平等分配》，《国外社会科学文摘》2002年第4期。

加剧了人们对物质财富的追逐。其结果，不仅导致人类生存环境的恶化和社会关系的紧张，而且使人类遭遇到严重的人文精神危机和文化危机。人类取得了令人激动不已的空前"胜利"，在征服自然中获得了巨大的物质财富，但在富裕的物质生活中，人们却普遍没有感到幸福，反而感到苦恼、焦虑、痛苦。人不能与自己的内心和谐相处，从而陷入深深的困惑与迷茫之中。

在物欲横流的"物质时代"，高尚、理想、意义——这些人性中形而上的东西在现实生活中越来越稀缺，人的本真的精神生活被排挤到了极其狭小的空间。形而上学的深层本质是人的超越性及其本质精神的自觉显现，是人不可缺少的信念力量，为人类提供终极关怀，提供人生的精神依托。人与动物的重要区别就在于，人虽然生活在"现实"的世界中，但总是试图超越现实世界，向着理想中的目标前进。"文化领域是意义的领域，它通过艺术与仪式，以想象的表达方法诠释世界的意义。"① 人的形上迷失和精神家园的失落，意味着人自身完整性的丧失，这也就意味着在人的世界中，用以表达人类理想、追求、信仰等超验的精神世界的丧失。其结果必然是生存意义与价值的崩溃，使人失去与理想的联系，迷失在现实的物质世界之中。对物质享受的过度追逐，带来了道德沦丧、人情冷漠、精神空虚、信仰迷失、情感扭曲、人格分离、焦虑痛苦等问题。当然，在现代社会，也不乏"丰富"的精神生活。但"精神生活"并不是简单地等同于"精神的生活"。因为"精神生活"更注重人的心灵特质和心灵诉求，它关乎人的终极关怀和意义追求。很多现代人虽然也拼命地读书，但这并不是单纯的精神生活需要，而是实用性和功利性的需要，目的是达到自己所要追求的财富，其实质是达到物质满足的工具，而并不是心灵本身的诉求。一些人把追求消费，作为"精神生活"的体现和评价。他们对精神生活本身却漠不关心，精神生活仅仅是他们达到人类物质幸福的工具与手段，精神生活成了为功利服务的婢女。物质生活的提高可以在更大程度上满足和发展精神生活的需求，但这些物性生活并不一定能够使人从中得到精神上最大的享受与满足，也不一定向着文明和完善自己素质的正确方向发展。"富足，无忧无虑的享乐生活，并不足以使我们幸

---

① [美]丹尼卡·贝尔：《资本主义文化矛盾》，赵一凡等译，生活·读书·新知三联书店1992年版，第30页。

福；因为当我们制服一个敌人（悲哀和不足）时，另一个敌人，也许更坏的一个（即空虚和无聊）又出现了……事实上，以助长和增进人的直接利益为目标的整个文明，不可避免地打上贫瘠荒芜的印记。"① 盲目地将对精神生活的追求等同于对物质生活的追求，只会一步一步地腐蚀人的精神世界。

　　从20世纪80年代起，中国的现代化进程以前所未有的速度向前发展，以经济建设为中心、以建立市场经济体制为目标的改革开放，创造了中华大地空前的物质文明。中国人虽然获得了前所未有的物质享受和满足，但人们的幸福感并没有随着物质生活的提高而正比例提高，金钱在带给人们最初的享乐和满足后，也给人们带来精神的空虚，造成了社会价值的断裂、人文精神的失落。个人的享乐和个人的成功最终所面对的仍不过是有限的个体，如果不超出个体之外，不超越物质之上，人是不可能有真正的幸福、美满和快乐的。"在个人层面上，无论是自觉的或不自觉的，人生都离不开一套'意义之网'的支持。这是人的'精神之家'。一旦'意义之网'破灭了，个人便当然落到存在主义所说的'无家可归'的境地。"② 因此，人们在物质生活普遍富裕起来的同时，却普遍感到"精神不在家"，"意义"消失了。腰缠万贯的老板发出了"我穷得只剩下钱"的感叹；住进高楼大厦的城里人却有"失家"的感觉。"我不相信""跟着感觉走""潇洒走一回""过把瘾就死"的哀歌和文学风潮，从一个侧面反映了当下中国人的精神世界。正因为如此，在我国刚刚改革开放不久，许多有识之士便大声疾呼"人文精神失落"，"我们已经被抛入一个物化的时代"，"我们已进入一个追求利益的时代"，要求"重建人文精神"，"重建文化理性"。③

　　进入新世纪，现代人精神层面的问题越来越突出，特别是在经济发展速度较快的国家和地区。这些问题主要表现为普遍出现了对一切的不信任、对未来的不确定感，因而产生不安全感，甚至更消极的情绪，如感到生活和前途无望，产生幻灭感和绝望感等。并且较之以往任何时代呈现出多样化、复杂化的特点，出现忧郁症、精神分裂、自杀，甚至杀人抢劫等伤害他人的极

---

① ［德］鲁道夫·奥伊肯：《生活的意义在价值》，万以译，上海译文出版社1997年版，第16、34页。
② 钱穆：《文化学大义》，（台北）中正书局1980年版，第50页。
③ 李春华：《论当代中国文化的价值定位》，《学习与探索》2001年第6期。

端行为和现象，这是一种新型的现代精神危机。据 2002 年世界卫生组织估计，全球抑郁症的患病率为 3%—5%。① 而到了 2007 年，世界卫生组织统计，全球抑郁症的发病率约为 11%，全球抑郁人口多达 1.2 亿人，抑郁症已经成为威胁人类健康的第四大疾病。② 2010 年，富士康科技集团（中国大陆）接连发生了十多起员工跳楼事件，反映出现代社会发展中存在的一系列深层问题。其中之一，就是现代人面临的工作压力和心理等精神层面的问题。对于处于弱势地位富士康的员工，更希望获得友情、爱情，实现理想，找到自己的精神家园。然而在那里，他们的这些精神需求和情感诉求不能得到很好的满足，压力与焦虑、孤独与无助、惶恐与不安、恐惧与绝望……达到一定程度，个别人就会走向极端。

发展的目的是使人生活得更美好。但在"物质主义"价值理念的导引下，发展却越来越偏离自己的宗旨，甚至走向了自己的反面。正如美国著名生态学家和环境保护主义先驱，被誉为"美国新环境理论的创始者""生态伦理之父"、生态作家、思想家的奥尔多·利奥波德所批判的那样："盖一幢、两幢、三幢、四幢……直至所能占用土地的最后一幢，然而，我们却忘记了盖房子是为了什么。……这不仅算不上发展，而且堪称短视的愚蠢。这样的'发展'之结局，必将像莎士比亚所说的那样：'死于过度'。"③ 因为，现代社会认为"发展决定一切"，其他的方面与发展相比都是微不足道的，所以可以被忽视。美国生态文学作家爱德华·艾比，在 20 世纪 50 年代就使用"唯发展主义"来称呼发展至上论，他指出，"为发展而发展"（the growth for the sake of growth）已经成为整个民族、整个国家的激情或欲望，却没有人看出这种"唯发展主义"是"癌细胞的意识形态"。④ 在这样的时代，人难以避免成为追求物质利益的手段，人的享受、自由、兴趣、个性、创造等本质特性或被剥夺、摧残，或被挤压、扭曲变形，成为片面发展的畸形存在。

---

① 李晓玲：《精神危机的现代性阐释》，《西安文理学院学报》（社会科学版）2009 年第 3 期。
② 薛薇：《抑郁症：九成患者未获科学治疗》，《数据》2007 年第 12 期。
③ Carmony Brown, *Aldo Leopold's Southwest*, Albuquerque: University of New Mexico Press, 1990, p. 159.
④ James Bishop Jr., *Epitaph for A Desert Anarchist, the Life and Legacy of Edward Abbey*, New York: Maxwell Macmillan, 1994. p. 20.

第三节 "精神时代"：充满人文关怀的新文明时代

面对"物质社会"的弊端，人类深切呼唤文明时代的转换。在人类文明发展的长河中，"物质时代"只是其中的一个时段。人类文明一定会超越"物质社会"的弊端，实现向更高阶段的发展。要超越"物质社会"的弊端，就要明确导致这种弊端的原因。既然人类文明的这次危机是由于过度追逐物欲而导致的，那么，要走出"物质时代"人类面临的困境，就必须抛弃单纯追求物质的"物质主义"价值观，确立真正"以人为本"的价值观，使人类的物质生产活动和社会经济发展充满人文关怀，使人的最高层次的需求——精神文化需求，在人的需求中真正占据重要地位。在这个社会，人不再仅仅是手段，而是成为社会一切活动的目的。在这一价值理念的指导下，人与自然、与社会、与人自身的关系都发生了改变。人类文明将有望摆脱"物质时代"的"物欲"纠缠，超越人与自然、人与社会、人与人自身分裂的弊端，在人类文明尺度上实现"利""真""善""美"的统一，进入到人类与自然、个体与群体、物质与精神的和谐统一的新文明时代。

一 "以人为本"："精神时代"的价值观

马克思唯物史观不仅把物质资料的生产活动作为人类文明的物质基础，更主要的是把人的自由全面发展作为人类文明的终极价值指向。因此，要走出人类文明发展的困境，从根本上必须发展物质生产，创造物质财富。但是，"物质生活不是也不应该是人类生活的全部，物质生产不是也不应该是人类社会历史的全部，更不应该自始至终成为人类生活和社会历史的轴心。人类不能也不应该将其作为人类生活意义和社会历史评价的唯一尺度"[1]。事实已经表明，即使具备了较高的物质生产力水平、拥有了丰富的物质财富这一根本条件，人类也并没有自然而然地走出自身面临的困境，相反却使困

---

[1] 何怀远：《发展观的价值维度："生产主义"的批判与超越》，社会科学文献出版社2005年版，第2—4页。

境愈演愈烈。因此，必须坚持"以人为本"的价值观，才能超越"物质时代"的弊端。当然，单纯依靠倡导一种新的价值观也是不够的，还需要有先进社会制度的保障。

"以人为本"是指人在实践活动和价值追求中的本位、根本问题，即出发点、落脚点。① "以人为本"不是抽象的，不仅这里的"人"是具体的，而且这里的"本"也是具体的。马克思主义所理解的"人"具有丰富的内涵，认为"人"是自然性和历史性的统一，是个体性和社会性的统一，是"政治人"、"经济人"和"文化人"的统一体，是人与社会、人与自然协调发展的统一。其中实践性是人的根本属性，并且贯穿其中。② 这里，我们所强调的"人"，区别于历史上人道主义的、抽象的、虚幻的人，而是存在于当前历史条件下的、从事实践活动的具体的、现实的人。在不同的社会历史阶段和历史条件下，生存于不同时空中的人具有不同的、具体的内涵，因而，"以人为本"的具体内容也是不同的。根据人的存在和发展有三种存在维度——类、群体、个体，"以人为本"相应地分为三个层次。

第一层次，"以人为本"的"人"是大写的"人"，即人首先是作为"类"的存在物。这层意义上的"以人为本"，就要以全人类的利益为根本。马克思在研究人的类本质时，把劳动看作是人的类本质，实际上就是在这一层面上理解的。作为大写的"人"，也就是社会的人，而不是纯粹的自然存在物，使人与动物相区别。在这层意义上的"以人为本"，就要以人类的整体利益和基本需要为根本，而不是从少数人的利益出发。例如，在保护环境等一系列全球问题上应以整个人类利益为重。这个层次上理解的"人"，没有阶级的区分，没有人民与敌人之分，也没有善人与恶人之别。无论人民还是敌人，善人还是恶人，好人还是坏人，他们都是作为人而存在的，大家都是无区别地作为人的人而存在。③ 在这个层次上的"以人为本"，就是要"把人当作人"，坚持"人的价值高于一切"的理念。无论地位高低、贫富贵贱、老叟孩童，都应有"人的尊严"，就是战俘和罪犯也有其尊严，不能

---

① 田心铭：《论"以人为本"》，《马克思主义研究》2008 年第 8 期。
② 靳志高：《如何把握以人为本中"人"的深刻内涵》，《理论学刊》2005 年第 1 期。
③ 参见孙显元《人是谁？——再论"以人为本"》，《安徽电气工程职业技术学院学报》2005 年第 2 期。

对其侮辱、虐待和随意杀害。

第二层次，"以人为本"的"人"是指历史的主体，即"人民群众"。这层意义上的"以人为本"，就是以人民利益为根本。"人民为本是以人为本的基本内涵，也是其精神实质。"①马克思主义的唯物史观认为，人是历史的主体，是历史的创造者；同时，人又是历史的产物。"人是历史的剧作者，又是历史的剧中人。"因此，人与历史、社会既互为创造者，又互为创造物。在这个层次上，人是历史主体已转换为人民群众是历史主体。从唯物史观从而向政治观范畴延伸，使"以人为本"理念获得政治方面的理论内容。因此，这个层次上的"以人为本"，就有了阶级的区分，有了人民与敌人之分。因为，历史创造者是"人民群众"，而敌人不是推动历史前进的力量。中国共产党提出"以人为本"和"执政为民"的思想，所强调的是代表最广大人民群众的根本利益的政治立场。只有到了共产主义社会，才不再存在阶级的区分，也不存在人民与敌人的对立，在这个时候，当"每个人的自由发展是一切人的自由发展的条件"时，"以人为本"才能真正地发展到"以一切人为本"。

第三层次，在最高层次上，"以人为本"是以"每个人"为本。这层意义上的"以人为本"，就是以"个人"利益为根本。现实中具体人的存在是一个个活生生的个体。马克思谈到人的时候，更多的时候是讲"个人"。马克思说："社会结构和国家总是从一定的个人的生活过程中产生的。但是，这里所说的个人……是现实中的个人，也就是说，这些个人是从事活动的，进行物质生产的，因而是在一定的物质的、不受他们任意支配的界限、前提和条件下活动着的"②；"把感性世界理解为构成这一世界的个人的全部活生生的感性活动"③。在马克思看来，有生命的个人是人类和社会的基本单位，离开了个人，无所谓人类和社会的存在。当然，马克思这里所讲的"个人"是社会中的个人，是社会共同体中的个人，脱离了他人、群体、社会，个人也无法孤独地生存。在这个层面上的"以人为本"，就是以每个个人为根

---

① 田心铭：《论"以人为本"》，《马克思主义研究》2008年第8期。
② 《马克思恩格斯选集》第1卷，人民出版社1995年版，第71—72页。
③ 同上书，第78页。

本，关注和满足个体的需求和利益。当然，坚持以个人为本应避免陷入个人主义泥潭。

"精神时代"的新文明，超越"物质时代"的物欲主义追求，实现人类文明在人与自然之间、人与人之间、人与自身之间三个层面的和谐发展。

首先是从人类的整体利益和基本需要出发，实现人与自然界的双向运动，使自然更加人性化，人也更加自然化，人与自然和谐发展，真正实现马克思恩格斯曾经说的人与自然的"和解"。[①] 在那里，人与自然的关系，既不是人对自然的绝对统治，也不是人对自然的绝对屈从，而"是人对自然界的了解和通过人作为社会体的存在来对自然界的统治"[②]。人和自然是平等的主体，人和自然互为目的。自然不再是异化的力量、征服和掠夺的对象，更不是人类谋求自身利益的工具和奴仆；人也不再是自然的主宰者和统治者，而是自然最亲密的伙伴和朋友。人与自然重新结盟、和谐共处的新文明，将取代人与自然相互对峙、分离、冲突的旧文明。当然，"精神时代"的"以人为本"与"物质时代"的"人类中心主义"是完全不同的。"人类中心主义"表面上是把人放在了首位，其一切做法都是为了人类自身利益。但由于它把大自然看作是贮存资源的仓库，无限度地不断地向自然索取；或者把大自然看作排放废物的垃圾场，不断地向大自然排放废弃物，其结果是破坏了人类的生存环境，损害了人类的利益，这恰恰违背了"为了人"的宗旨。"精神时代"把"以人为本"作为核心价值理念，虽然强调人作为人类一切活动围绕的中心，但它真正理解了人与自然相互依存、互相制约、不可分离的关系，认为自然界是人类的家园，一旦失去自然，人类将无家可归；而人类自身只不过是自然生命系统的一部分。因此，在改造和利用自然的时候，尊重自然、善待自然、爱护自然，使人与自然保持良性循环，达到人与自然的和谐发展，这一切正是为了保护人类自身，正是为了人类自身的利益。

人与自然的关系制约着人与人的关系，社会的和谐有赖于人与自然的和谐。只有人与自然的关系和谐，人与人、人与社会之间才能建立起长久的和

[①] 《马克思恩格斯全集》第1卷，人民出版社1960年版，第603页。
[②] 《马克思恩格斯全集》第46卷（下），人民出版社1980年版，第218页。

谐关系。"以人为本"的价值观，是以尊重、维护和保障每个人的社会权益为前提的，其评价标准和价值取向是既有益于人类，也有益于人群，还有益于个人的价值观。这种价值观，不是以牺牲群体（集体）利益来服务于个体（个人）利益，更不是以牺牲整体（全人类）利益来服务于少数人利益的价值观。它与个人主义、利己主义、小团体主义的价值观是不相容的。在未来的"精神时代"，人类将最终告别物质匮乏、摆脱物质纠缠，人们为争夺利益而引发的矛盾和冲突也会减少直至消除，在解决生存之忧的基础之上必然出现新型的人际关系，即超利益的人与人之间的关系。社会将走向公正、民主、自由、和谐。正如马克思当年高度赞扬的超功利的交往活动和审美活动那样："当法国社会主义工人联合起来的时候，人们就可以看出，这一实践运动取得了何等光辉的成果。吸烟、饮酒、吃饭等等在这里已经不再是联合的手段，或联络的手段。交往、联合以及仍然以交往为目的的叙谈，对他们说来已经足够了；人与人之间的兄弟情谊在他们那里不是空话，而是真情，并且他们那由于劳动而变得结实的形象向我们放射出人类崇高精神之光。"①

"精神时代"的新文明将崇尚"美"的境界，在生产和生活的各个层面体现审美追求。在对自然的改造过程中，从美的要求出发，按照"美的规律"来协调与自然的关系，表现着人对自然的认识和对艺术的创造，体现着人的情感、意志、理想等，人也从中感受到美的愉悦。在与自然相互作用的实践活动过程中，自然界的宏伟、壮丽、秀美、恬静等能激起人的美感，人从中获得美好的内心体验，通过这种体验，人将自己的劳动和劳动成果与自身的精神需求有机地统一起来，从而获得美的感受、美的享受。不仅如此，新文明时代，人类的整个生命活动，包括劳作、起居、饮食、生育、交往、言语、环境、交通等等，都将从求其"适"进而求其"美"；将从低层次的求"生存"进入到高层次的求"优存"。所谓"优存"，就是物质生产与精神生产、物质生活与精神生活协调发展并可持续发展的人类家园生活，就是人的生命维度与生命时空不断开垦与更新的人人共创共享、天地人同乐的大

---

① 《马克思恩格斯全集》第42卷，人民出版社1979年版，第140页。

生命美之大同大美境界。①

总之,"精神时代"的新文明,将实现人类文明三个层面的和谐发展,实现物质文明、精神文明、生态文明的统一,人类生产和生活将出现本质的提升,整个社会将走上生产发展、生活富裕、生态良好的文明发展道路,人类文明将最终超越"物质时代"的弊端,进入一个崭新的文明时代。

二 精神需求:"以人为本"的最高层次和最高境界

那么"以人为本",究竟是以人的"什么"为本?与理解"人"一样,这个问题也不是抽象的而是具体的。因为在不同的社会制度下、在不同国家以及一个国家不同历史时期会有不同的理解。在处于社会主义初级阶段的当代中国,中国共产党所坚持的"以人为本",不是以个别人、少数人的利益为本,也不是以所有人的利益为本,而是以最广大人民的利益为本;不是以最广大人民的"某些"利益或"所有"利益为本,而是以最广大人民的"根本"利益为本。②

马克思曾指出,"(个人)的需要即他们的本性"③。人的利益直接决定于人的需要,需要是利益发生的内在动因。人的利益就是人的需求的满足,人在满足需要的过程中产生了各种利益。而人的需要又直接决定于人的本质和人的属性。人的本质表现为人的属性,人有不同的属性,也就有不同的需要。人的属性和需要也就是多方面的,人的"利益"也必然是多方面的。人有自然属性和精神需要,所以也就有物质利益;人有精神的属性和精神需要,所以也就有精神利益。"利益"是个复杂的问题,因为它是一个关系范畴,利益的本质是人与人之间的一种社会关系。"利益是一个十分庞大与异常复杂的体系,是由不同性质、不同特点、不同功能、不同类别的利益有机地集合而成的。"④ 人生活的世界是物质世界与精神世界共同构成的。人们进行社会活动,不仅有物质需求,而且有精神需求。由此,利益可分为"物质利益"与"精神利益"两大类。物质需求的实现构成了"物质利益",精

---

① 参见张涵、张宇《新人间美学》,中国青年出版社 2008 年版,第 12 页。
② 参见陈曙光《关于"以人为本"形上之思》,《哲学研究》2009 年第 3 期。
③ 《马克思恩格斯全集》第 3 卷,人民出版社 1960 年版,第 514 页。
④ 王伟光:《利益论》,人民出版社 2001 年版,第 74 页。

神需求的实现则构成了"精神利益"。

精神利益与人的精神需要密切相关。"精神"是人类所特有的现象，是人的一切心理、意识现象和活动的总称。精神需求则是指人对精神生活的愿望和要求，如对知识的渴望、对审美的追求、对音乐的需求、对娱乐的需求，以及实现自我价值的需求，等等。精神需要是"对科学的向往，对知识的渴望，他们的道德力量和他们对自己发展的不倦的要求"[1]，以及"为自身利益进行宣传鼓动，订阅报纸，听讲演，教育子女，发展爱好等等"[2]。因此，概括地说，人的精神需要就是人的各种精神生活条件的总和。精神生活条件的总和主要包括：求知、教育、友谊、情感、尊重、荣誉、名誉、审美、享受各种精神文化成果、休闲娱乐、社会交往、地位、权力、个性发展、追求信念、实现理想等。[3] 精神利益是以满足人的精神需求为实际内容的一种利益。通过这些精神需要的满足，使人充满尊重感、成就感、安全感、幸福感。在现实生活中，人的精神利益的实现与物质利益的实现是密切联系在一起的，二者在现实社会生活中相互渗透，密不可分。"物质需要是人最基本的需要，物质需要的满足是人类其他一切历史活动的基础。"[4] 所以，物质利益在人的生存和发展中处于基础性的地位。"随着人类文明的发展，人们对精神利益的追求将会愈来愈迫切，实际需要也越来越高。"[5] 比较而言，显然精神利益处于高层次，它对于增强人的活力、丰富人的精神生活以及促进人的全面发展，具有重要意义。因此，满足人的精神需求和精神利益，是"以人为本"的最高层次、最高境界和终极追求。[6]

精神需求和精神利益的重要性，从更深层次上说，是源自精神特性是人之为人的本性，也源于精神需要在人的需要层次中的地位。众所周知，人不仅是一个肉体的存在物，还是一个精神的存在物。人所具有的意识、思维等精神方面的特征，是人与动物的根本性区别之一。动物的一切活动都是出于

---

[1] 《马克思恩格斯全集》第2卷，人民出版社1957年版，第107页。
[2] 《马克思恩格斯全集》第46卷（上），人民出版社1979年版，第246页。
[3] 靳国军、李新梅：《试论物质利益与精神利益的关系》，《辽宁省社会主义学院学报》2006年第5期。
[4] 王伟光：《利益论》，人民出版社2001年版，第81页。
[5] 同上。
[6] 李春华：《发展文化生产应坚持正确的价值取向》，《理论学刊》2012年第1期。

求生的本能,毫无"意义"或"价值"可言,只有人才追求生活的意义和价值。随着人类物质生产的发展和生活水平的提高,社会生活的精神文化特征日趋明显,人们的精神需求愈来愈强烈,实现和满足人的精神利益显得越来越突出。马克思在描绘未来社会特征时,曾认为:一是高度发展的物质生产力;二是消灭私有制;三是追求高尚的精神生活。马克思重视精神性活动胜过物质活动,他曾说:"如果音乐好听,听者也懂音乐,那末消费音乐就比消费香槟酒高尚。"[①] 因此,可以说,人类生活的终极目的,不是为了获得物质利益,而是为了精神利益。否则,人的生产与动物的生产的区别就不存在了。

　　精神生活的丰富和提高与人的精神利益的满足是人的全面发展的内在要求。人的全面发展,不只是人的物质生活条件的改善和物质生活水平的提高。即使拥有强健的体魄和富裕的物质生活,没有精神价值的创造和享有,没有人的精神素质的提高和精神生活的充实,即人的精神利益没有得到满足和发展,也根本谈不上人的全面发展。人的全面发展,更主要地体现在人的正确的价值观、人生观的确立,人的道德素质和精神境界的提高,也包括人的理性和智力的发展,人的身心协调发展、人的心理素质的提高、人的精神生活的丰富和精神品质的提高、人的理想和自我价值的实现、人的本质力量的充分展示……这一切都需要满足人的精神利益来得以实现。而作为人的全面发展核心的人的本质力量的实现,则是人的高层次的精神利益追求。在人类文明的发展中,精神利益的发展状况成为制约人自身发展的主要因素。特别是在人类现代化进程中,普遍出现了人的精神空虚、心理疾病等问题,严重影响人的精神生活,从而给人的发展造成严重障碍。精神需求的满足与否及其满足程度,将成为决定人的发展的重要方面。

　　在进入21世纪的今天,人类物质文明达到了前所未有的高度,随之而来的便是精神文化需求的迅速增长。因而,关注人的精神世界和精神生活,不断满足人的精神需求和精神利益,将成为人类发展的重要问题之一。中国共产党人所倡导的科学发展观中的"以人为本",与新文明时代的价值观是一致的。虽然"以人为本"具有深厚的中西文化传统底蕴,但中国共产党

[①] 《马克思恩格斯全集》第26卷(第1册),人民出版社1972年版,第312页。

人在今天所倡导的"以人为本",是一种全新的价值追求。其实质内涵就是满足最广大的人民群众的根本利益。这个根本利益不仅仅包括经济利益、政治利益,还包括精神利益。在社会主义条件下,人民群众是文化建设的主体,也是文化成果的最终享有者和受益者。随着我国公共文化服务体系的不断完善和文化市场的繁荣发展,广大人民群众的文化权益将得到进一步保障,人民群众将会享受到越来越多的精神文化盛宴,人们的精神文化生活也将越来越丰富多彩。

三 由"谋生"到"乐生":人类生活方式的休闲化

马克思曾经预想在未来的理想社会中,人们有充分的自由做他想做的事,上午打鱼,下午进行艺术创作……随着人类社会的发展,这个一直被认为是遥不可及的梦想,将会逐步成为现实。人的生存方式是生产方式和生活方式的统一。生产方式又决定着生活方式,生活方式则反映和反作用以生产方式。在"精神时代",由于文化生产活动在社会中处于重要地位,人的生活方式将发生重大变化,休闲将成为这个时代重要的特征之一,成为一种崭新的生活态度和生活方式。物质生产力和科学技术的发展,极大地提高了劳动生产率,将人类从繁重的体力劳动中解放出来,使人们有大量的闲暇时间可以自由支配。更重要的是,休闲是物质文明与精神文明的结晶,是衡量社会文明进步的重要尺度。休闲不仅是文化与文明的象征,它更与个体生命相关联。因此,休闲是人类需要的高级形式,它从一个侧面反映出人的情趣、品位与格调等精神生活状况。

今天我们说的"休闲",是一种新的社会文化现象,但这并不是说在此之前人类社会就没有休闲。休闲作为人们在闲暇时间进行的活动,休闲是伴随人类诞生而出现的。人类社会的进化史表明,休闲与社会进步、人类生命及其生活质量密切相关,休闲和自由是人类初始的美好理想和追求的境界。从这个意义上说,人类历史也是一个追求自由和休闲的历史。然而,休闲是人们从物质环境和外在压力下解放出来的一种相对自由的生活,它受到生产力、科学技术、社会制度等条件的制约以及文化因素的影响,在相当长的人类历史中,追求休闲只是人类一个美好的理想,因为人类在漫长的历史中实际上并没有真正的休闲。

劳动与休闲是人类生存和发展的两个基本内容,在历史进程中经历了由原始混沌统一到相互割裂对立,再到更高基础上的融合统一的过程。人类社会的进步与发展决定人类休闲的发展。在远古时代,尽管人类祖先利用一切可以利用的时间来编织他们色彩斑斓的"休闲"生活,但原始人几乎全部可能的时间和精力都在为谋取基本的生存资料而碌碌奔忙,把绝大部分时间用于维持生存所进行的活动。进入阶级社会,人类社会获得了巨大进步,但却打破了原始混沌一体的劳闲关系,人类历史第一次出现了有闲阶级与无闲阶级的对立。虽然劳动人民创造了灿烂的古代文明,如中国古代的诗词歌赋、琴棋书画等,都是休闲状态的创造物,但他们却被无情地排挤在文明之外。资本主义在创造空前发展的生产力的同时,也创造了人类文明史上空前的休闲新时代——大众休闲时代。资本主义时期大众化休闲在历史上具有重要作用,资本主义大众化休闲的巨大创造能力,是资本对人性发展的一次进步。但是,资本主义社会是"雇佣劳动"基础上劳闲对立的社会。在马克思主义看来,在阶级社会,休闲还是少数人的特权,劳动者的休闲权则被剥夺。休闲并不是一个自我完善的机会,而是炫耀个人财富和拉大与普通百姓之间距离的机会,特权阶级的休闲时间是通过将广大劳动人民的"生活时间"变为劳动时间而获得的。但不可否认,20世纪中叶以来,物质生产力和现代科学技术的发展,在很大程度上将人类从繁重的体力劳动中解放出来,休闲从过去只是少数人的特权变为大众普遍可以拥有的生活状态。休闲逐渐融入普通百姓的日常生活当中,成为人们生活的重要组成部分。早在20世纪80年代,西方学者就极富预见性地指出,知识经济的到来必将使人类的生活方式发生史无前例的重大变革,休闲将成为人们不可缺少的现实生活。

21世纪之初,我国最早倡导"休闲学"研究的学者于光远先生就指出,"休闲时间的长短与人类文明的发展是同步的。'闲'是生产力发展的根本目的之一,闲暇时间的长短与人类的文明进步是并行发展的"。[1] 19世纪末,美国经济学家凡勃伦所著《有闲阶级论》就曾指出:"从古希腊的哲人时代直到今日,一般有思想的人,均认为有相当的闲暇与避免操业(维持生活的

---

[1] 于光远:《论普遍有闲的社会》,《自然辩证法研究》2002年第1期。

操业）是有价值的、美丽的，甚至是无可非难的人类生活的必须条件。在一切文明人的心目中。闲暇的生活，无论就其本身或其结果而论，都是美丽的高尚的。"① 法国后现代大师罗兰·巴特也指出，闲暇的意义超过了金钱和权利。他们的论述都深刻地揭示了休闲的意义。休闲是一种让自己的创造力充分发挥出来的状态，是一种进入自由境界的状态，从根本上说休闲是对生命意义和快乐的双重探索。② 休闲能够使人寻求到友情、快乐、心的宁静，从而使人的高层次需求得到满足。"休闲是真、善、美的一个组成部分，事实上，休闲同知识、美德、愉快与幸福是不可分割的。"③ 因此，从更深层的本质来看，休闲生活的本质在于丰富人的精神生活、情感世界、生命感受，满足人的精神文化需求。虽然在资本主义制度下，休闲被纳入资本主义体系，成为资本实现更好的循环的环节。但不可否定，资本之所以能够通过休闲的大众化消费来实现更好的循环，也是因为休闲消费本身符合人的需要。

休闲不仅是要消除体力上的疲劳，更重要的是获得精神上的慰藉，因为单纯为了恢复体力的休息，可以完全不选择休闲这种方式。"休息"与"休闲"是完全不同的。在现代社会，休闲不仅仅是一种经济现象，而且是一种文化精神追求。它内蕴着特定的文化精神，内蕴着深刻的人本内涵，其根本目的和宗旨是要实现人的自由而全面发展。它通过人类群体共有的行为、思维、感情，创造文化氛围，传递文化信息，构筑文化意境，从而达到个体身心和意志的全面、完整地发展。④ 休闲与人的生命质量相联系，虽然是物质与精神融合的过程，但本质上使人得到了精神的愉悦、兴趣的满足和情感的充实。在休闲中，人能够自由地本真地感受乐趣，发挥具有的创造力，展示个性和自我价值。这是人类高级的生存状态和生命状态。

---

① ［美］托尔斯坦·本德·凡勃伦：《有闲阶级论》，蔡受百译，商务印书馆1997年版，第57—58页。
② ［美］杰弗瑞·戈比：《你生命中的休闲》，康筝、田松译，云南人民出版社2000年版，"序言"。
③ ［美］托马斯·古德尔、杰弗瑞·戈比：《人类思想史中的休闲》，成素梅、马惠娣等译，云南人民出版社2000年版，第34页。
④ 马惠娣：《建造人类美丽的精神家园——休闲文化的理论思考》，《未来与发展》1996年第3期。

第五章
文化生产力:走向新文明的一种直接现实力量

要走出"物质时代"的危机与困境,最终要靠社会生产力的发展。正如马克思曾经指出的,解决一切问题,最终要靠实践。人类文明的这次文明转换是由"物本位"向"人本位"的转换,其具体内容是由满足"物质需求"到满足"精神需求"的转变,其实质是人类告别物质纠缠回归人的意义本性。因此,作为生产精神文化产品的现实力量的文化生产力,必然在这次文明转化中发挥重要作用,成为新文明转化的直接现实力量。当今时代,物质生产力的发展和科学技术的进步,使人类从总体上摆脱了物质的绝对困乏,为人类由"物质时代"向"精神时代"的转换创造条件,因而,自觉地推进这一转换成为摆在人类面前的重要任务。

第一节 文化生产力:使人类生产活动走向"人文化"

在"精神时代",人类的一切生产活动都充满了"人文关怀"。首先是物质生产和物质产品出现明显的"泛文化"特征,可以说,一切生产都成为文化生产,一切产品都成为文化产品。物质产品的文化含量极大提高,文化附加值构成产品的关键成分。当然,物质生产的最终产品还是物质产品,主要还是满足人的物质方面的需求。其次是文化生产活动成为越来越重要的生产活动。精神文化因素直接成为生产要素,而不再是生产中的附属因素;文化因素不再只是增加产品的附加值,而是本身就创造价值。精神文化活动本身以产业化、市场化的方式生产文化产品和提供文化服务,而且文化产品直接满足人的精神文化需求。

一 "为人生产"："精神时代"生产的价值追求

恩格斯指出，"文明是实践的事情"①。实践既是人类一切财富的源泉，也是人类文明一切矛盾产生的根源。既然如此，解决矛盾也要从调整人的实践活动开始。但问题的关键是，实践活动不是抽象的而是具体的。什么样的实践活动能够解决人与自然的矛盾？恩格斯在指出"文明是实践的事情"的同时，还指出文明"是一种社会品质"②。实践活动是历史的、具体的，是受社会发展所制约的。因此，只有正确的、合理的、理性的、创造性的实践活动，才能实现人与自然、物质与精神、个体与群体的和谐统一。要克服和超越"物质时代"的弊端，关键在于人类实践活动的正确转向，这个转向，绝不仅仅是发展模式的转变，也是生产活动价值目标的转向。因为，无论是依赖于资源和资本的传统发展模式，还是依赖于智力和科技的新的发展模式，都可以为了获取利益而生产严重危害人的生命和健康的产品。近年来，我国频频发生的不合格的食品和药品事件，就足以证明这一点。这表明，即便是转变了"发展模式"，依然不一定保证生产会坚持"为人"的价值目标。

物质生产是人类自身和人类社会存在和发展的基础，但不是人类生活和社会生产的全部内容。物质生产和经济发展不应是人类追求的唯一目标和最高理想，而仅仅是实现人类福利、满足人的需要和实现人的理想抱负的手段。作为战后西方重要的马克思主义思想家之一，比利时的厄尼斯特·曼德尔指出："倘若追求更高的经济效率与这些目标相冲突，倘若追求经济效率导致群众性屠杀甚至核战争，倘若这种追求破坏了千百万人民的生理和精神上的健康，倘若这样做危及人民居住的环境，那么追求经济效率就必须受到限制，微观经济的合理性应当完全隶属于宏观社会的最优化。"③ 因此，人类需要反省单纯追求经济效率的价值观，超越"生产主义"的局限，确立物质生产的"人本价值"理念。

---

① 《马克思恩格斯全集》第 1 卷，人民出版社 1960 年版，第 666 页。
② 同上。
③ ［比利时］厄尼斯特·曼德尔：《权利与货币——马克思主义的官僚理论》，孟捷等译，中央编译出版社 2002 年版，第 272 页。

"为市场生产"与"为人生产"有着本质的区别。前者的最终目的是赚取金钱，而不管生产的商品是否有利于消费者的全面发展。事实上，假冒伪劣、毒品生产、军火生产等都是"以市场为目的生产"的必然结果。加尔布雷斯曾经批评西方发达国家的"发展神话"。他认为"经济增长"一旦成了神话，变成不容置疑的信念，它就成了是非善恶的标准，势必导致"为了生产而生产"，人们对"经济数字"本身的关心就会超过对"生活"的关注，对"物"的注意就会超过对"人"的关爱。其结果是，社会问题和环境问题随之而来，经济增长越快，公众利益受到的损害也就越大。[①] "为人的生产"即是为了人的合理需要而生产，为促进人的全面发展而生产，如果确立了以人为目的的生产价值观，虽然生产者置身于市场交换之中，产品也必须兑换成货币才能实现价值，但是，有利于消费者的身心健康是生产的目的，有悖于这一目的的一切就是有天大的利润也是不能为的。

在新文明时代，物质生产活动由以"物"为中心转变为以"人"为中心，人文关怀成为物质生产的价值取向和追求目标。评价物质生产过程及其结果的标准，不再是经济增长指标，而是对人的发展的促进作用。有学者将其概括为以下三个方面："生产结果的'为人性'；生产过程中劳动者的主体性；产品或物品财富分配的公平性。"[②] 笔者认为，还应该突出生产结果对人的精神文化需求的满足，这是"人本价值"的最高体现，是人之为人重要体现。20世纪80年代初，著名的法国经济学家弗朗索瓦·佩鲁提出了"新发展观"问题，对经济学乃至社会学和政治学都有极大的影响。他在其《新发展观》一书中，不仅最早提出了"经济发展要以人为中心"的新的发展观，而且提出经济发展要关注文化价值的社会新发展理论。在论证以人为中心即人的发展是经济增长的价值前提后，佩鲁进一步提出文化价值是经济增长的合理性标准。佩鲁明确指出："各种文化价值'在经济增长中起着根本性的作用'，经济增长不过是手段而已。各种文化价值是抑制和加速增长的动机的基础，并且决定着增长作为一种目标的合理性。"[③] 他认为，传统

[①] [美] 约·肯·加尔布雷斯：《经济学与公共目标》，蔡受百译，商务印书馆1980年版，第6页。
[②] 何怀远：《发展观的价值维度："生产主义"的批判与超越》，社会科学文献出版社2005年版，第356页。
[③] [法] 弗朗索瓦·佩鲁：《新发展观》，张宁、丰子义译，华夏出版社1987年版，第15页。

发展观以经济增长为中心，新的发展观应以人为中心；经济只是满足人的需要的手段。人的需要不只是物质上的基本需要，还包括与民族的文化传统相一致的一系列复杂的社会、文化和精神需要。佩鲁认为，如果不从理性和精神的更深的层次上去认真对待政治上与经济上的各种争论，就不可能从根本上解决发展问题。文化是使一个团体能够得到结合并且使它能够与其他团体进行交流的一整套价值。"如果新的发展研究不能深入到人们的思想最深处，深入到人们所设法永久保持的但常常又是虚弱的社会的最深处，那么，对于这种研究以及由这种研究所要求的总体调整的思考将会是肤浅的，并且是很难达到目的的。"① 但是，佩鲁过分强调文化价值的决定性作用，把文化价值作为衡量经济发展合理与否的标准，则是有失偏颇的。

　　由于社会制度的差异，生产的价值取向也存在着差异甚至是对立。"为人生产"是社会主义制度的基本规定，也应该成为整个人类生产的共同的价值追求。这一价值追求要求超越"为市场生产"的价值取向，确立"为人生产"的价值理念。物质生产创造着物质财富，但是，财富只是物质生产的直接目的，不是终极目的。人类在早期就已经认识到了财富与幸福的背离现象，古希腊哲学家亚里士多德就讲到："财富显然不是我们在寻求的善。因为，它只是获得某种其他事物的有用的手段。"② 资产阶级经济学家马歇尔认为，"经济学家也像别人一样，必须关心人类的最终目的"。当然，由于阶级立场的限制，资产阶级经济学家即使关心"人类的最终目的"，也还是为了经济价值。"考虑各种满足的实际价值的差异，这些满足是对活动的同样有力的动力，因为具有相等的经济价值。"③ 诚如马克思所指出的那样，资本主义生产是为了市场交换而进行的，其根本目的是获得利润。只有在社会主义制度下，"为人的生产"的价值才能真正得到实现。当前，我国处于社会主义初级阶段，生产资料公有制与其他所有制共同发展，实行的是市场经济体制，因而，"为市场生产"的情况是客观存在的。但我国的社会主义基本制度，将会使市场经济自身的盲目性和自发性在体制上得到遏制。在社

---

① [法]弗朗索瓦·佩鲁：《新发展观》，张宁、丰子义译，华夏出版社1987年版，第169页。
② 《尼各马可伦理学》，廖申白译，商务印书馆2003年版，第13页。
③ [英]马歇尔：《经济学原理》上卷，朱志泰译，商务印书馆1964年版，第37页。

会主义条件下发展市场经济,是中国共产党人的伟大创造,是中国特色社会主义对人类文明发展的重大贡献,我国改革开放 30 多年来取得的成就已经证明了这一点。

二 物质生产活动:更加注重"人文关怀"

"文化生产力"在新文明转换中的作用,首先表现为精神文化作为渗透性因素对物质生产力所产生的变革作用。人类获得物质资料的方式不再主要依靠土地、资本等物质要素,而是依靠人的知识、智慧、文化等精神要素。需要指出的是,一提到精神文化因素对物质生产力的作用,人们往往最先想到的就是"科学技术是生产力"的问题,即"科技贡献率"的问题,这的确是文化(科技文化)对物质生产作用的重要体现。但必须指出,科学技术的应用与生产中注重人文关怀还不是一回事,有时甚至相反。事实已经证明,有时正是科技的使用带来更严重的人的异化,一些严重危害人的生命和健康的产品,也正是借助于技术手段而生产出来的。本书这里讲的精神文化因素,主要指的是"人文文化"而不是"科技文化"。

物质生产本来就是由物质性的实体要素和精神性的非实体要素构成的,在人类实践活动中,物质因素与精神因素始终相互渗透、相互包含、交织融合在一起。精神文化对物质生产力的作用是始终存在的,只不过作用的程度和方式有所区别而已。在物质产品的生产占主要地位的时代,生产活动中的物质因素占主要地位,精神文化因素处于次要地位,其作用主要是潜在的和间接的。当社会发展到一定水平时,物质生产力的发展越来越依赖于文化生产力的作用,文化生产力越来越多地转化为物质生产力,二者的相互依赖、相互作用越来越紧密。在当代社会,精神文化要素正在从原来的从属地位跃居为主导地位,成为人类一切活动围绕着的"太阳",成为"普照"人类一切活动的"光"。

在相当长的时间里,人们一直认为,"实用"功能是产品最基本的功能,只有生产耐久而"有用"的商品才是"真正的"经济活动。[①] 从 20 世纪 70 年代起,人类的生产活动出现了质的变化。由于人类从总体上告别了物质绝对匮乏,人类的需求由追求"实用性"、"耐用性"转变为追求"观

---

① [美]大卫·赫斯蒙德夫:《文化产业》,张菲娜译,中国人民大学出版社 2007 年版,"序言"。

赏性""艺术性",由注重实用价值转变为注重收藏价值、艺术价值和欣赏价值,商品越来越由"实用品"向"艺术品"和"奢侈品"转化。过去被认为是"纯粹的"物质生产和物质生活过程,愈来愈多地渗透着"精神内涵"。"当代社会是一个以文化实践及其不断再生产作为整个社会的基本运作动力",其最重要的特点,"就是文化在整个社会中的优先性以及文化的决定性意义。相对于社会的政治和经济等其他领域,文化已经跃居社会生活中的首位"。[①] 社会面临的种种问题大多都与文化有着密切的关系,一旦文化介入经济就会异常繁荣起来。可以说,在一定意义上,今天的一切生产都是文化生产,一切产品都是文化产品。物质生产与文化生产高度融合在一起,物质生产被大大"文化化",物质生产中的精神文化因素极为活跃,并成为主导性因素。可以说,离开精神文化要素,物质生产活动简直无法想象,甚至寸步难行。

在文化生产力的作用下,精神文化因素全方位地渗透于物质生产要素的各个方面,物质生产活动、甚至人类的一切生产活动都要依赖于文化生产。产品设计、包装装潢、广告宣传等新型的文化产业,成为物质生产不可缺少的部分。这些文化生产力不仅使物质生产及其产品的文化附加值大大增加,更重要的是使物质生产及其物质产品充满人文关怀,实现"为人生产"的价值目标。美国娱乐界大亨米切尔·J.沃尔夫指出,消费者不管买什么,都要在其中寻求娱乐。物质产品有了令人愉悦的精美包装,服务产品增强了趣味性,消费过程更加令人身心愉快。正如日本著名学者日下公人所说:"原本价值700日元的女式帆布提包如果印上一个'G'字,便可卖到70000日元。这是因为'G'是表示由米开朗琪罗、罗西尼创造的意大利超级流行文化的符号。手提包携带者确信,自己正在进行一种可与欧洲超一流阶层相媲美的消费行动。为了这种享受,人们情愿花费70000日元购买价值700日元的商品。"[②] 生产一件无品牌的衬衣,即使是优质布料,一流工艺,出口亦不过卖十几美元,若是知名品牌,同样的衬衣,可能卖100多美元,甚至更多。品牌是一种无形资产……对需求者来说,品牌能够满足使用主体一系

---

① 高宣扬:《布迪厄的社会理论》,同济大学出版社2004年版,第14页。
② [日] 日下公人:《新文化产业论》,范作申译,东方出版社1989年版,第11页。

列情感和功能效用。①

精神文化因素对物质生产的作用，不仅仅是提高物质产品的文化含量和文化附加值，更重要的是满足人的精神需求。人们购买商品更多地关心附加在其上的精神文化内容，而不是商品本身的物质使用价值。在物质产品基本功能一致的前提下，人们选择商品则主要是看商品是否满足人的审美需求、是否更具有人文关怀。例如，手机、冰箱、彩电、汽车等，人们选择时，主要是看其是否具有满足人的审美需求、使用方便等特征。以手机为例，在传统观念看来，手机的基本功能是通讯，因此，通话稳定、信号超强无疑是最重要的。在人们追求实用、耐用的时代，这些功能无疑占主要的、优势的地位。但是，在物质需求得到满足之后，人们在选择手机时，就会在这些功能都具备的前提下，更追求具有时代感、独具特色、画质细腻、音乐甜美、外观精美、外形漂亮、可爱时尚、切换自如等属性，以满足人们审美、娱乐等精神文化需求以及机身超薄、操作方便自如等人性化需求。再以紫砂壶为例，在以往的观念中，紫砂原本首先是一件实用器皿茶具，然后才是艺术品。但在当下，紫砂壶受到了越来越多人的关注，不仅承载了更多的文化内涵，甚至还包含了一定的投资属性。紫砂壶现在的价格很高，慢慢脱离了实际的功用。它首先是艺术品——满足人的审美需求；然后才是实用器皿——茶具。当然，"它的实质还应该是实用兼赏玩的功能，从材料到造型，再到壶上装饰的诗词书画，构成了一个整体，其中当然要包括优良的制作工艺"。② 再如，人们在生活中选购家具，或欣赏和品评一件家具作品的优劣时，以"型""艺""材""韵"四大标准来衡量。一件家具如果能达到形神兼备，富有神韵，就不是简单意义上的家具了，它会具有更多的艺术性与文化内涵，也就具有超出实际市场价格之外的产品附加值。③ 一句话，就是具有人性化的设计，更具有人文关怀。

需要指出的是，物质生产与文化生产的划分只具有相对意义。精神文化要真正由潜在的和间接的因素成为物质生产中现实的因素，也是有条件的。

---

① 胡象明：《基于广义虚拟经济的包容性增长内涵解析》，《广义虚拟经济研究》2010 年第 4 期。
② 米丽珊：《徐天进：紫砂应守住"器"与"用"的根本》，《北京商报》2011 年 9 月 9 日。
③ 刘源屏：《从实用商品向艺术作品转化——明清家具设计大师伍炳亮谈明清家具价值及发展趋势》，《深圳特区报》2009 年 5 月 22 日。

精神文化要在物质生产中发挥作用，必须进入物质生产过程，与物质生产相结合，成为物质生产体系中的一个因素或成分，才有可能增加产品的文化附加值，对物质生产起作用。从整个社会来看，物质生产仍然是基础，物质生产力决定包括精神生产在内的整个文明的发展。

三 文化生产活动：直接满足人的精神文化需求

如果说，精神文化因素与经济渗透融合、物质生产大大依赖于文化生产，还只是间接满足人的精神文化需求的话，那么，文化生产则是专门通过生产精神文化产品来直接满足人的精神文化需求。随着社会的发展，直接满足人的精神文化需求的文化生产活动将跃升为社会的主要生产活动。

文化生产具有非生产性和生产性两种属性。前者属于人类的一般实践活动，也就是前面曾讲到的"哲学意义"或"非经济意义"上的活动。文化生产的两重性在一定条件下是可以相互转化的。由非生产性向生产性转变，由一般实践活动向经济性活动转变，是文化生产历史形式的发展演进，也与文化发展的历史进程相一致。而到了未来的真正的"精神时代"，文化活动将由生产性转变为非生产性活动，由经济性活动转变为人类的一般实践活动。但在当今时代，生产性或经济性文化活动依然占有重要地位。因为无论在何种制度下，社会提供的公共文化产品，都只能满足人的"基本"文化需求。要满足大众的多层次、多样化的文化需求，必须大力发展文化产业。

在相当长的历史时期，"文化"通常仅仅被归入精神现象领域。[①] 马克思也用"精神生产"这一术语来描述思想、观念和意识形态的生产和创造过程。马克思生前很少使用文化这一概念，也没有直接论述过文化生产。他是在深入研究资本主义生产条件下物质生产运动规律时，涉及到精神生产问题，并提出了有关精神生产理论的基本设想。进入近代社会，精神生产在生产方式发生重大变化，个体化的传统文化生产方式在工业文明的影响下日渐式微，新的社会化文化生产方式开始成为文化生产的主要形式。

人类的精神文化活动在相当长的历史发展中只是单纯的精神文化活动，并没有与经济活动发生直接的联系，精神文化活动的直接目的不是获得"利

---

① 参见陆扬、王毅《文化研究导论》，复旦大学出版社2006年版，第28页。

润"。在前资本主义时期，人类的文化生产总体上都是非生产意义的文化生产，即文化活动。在原始社会，文化活动主要表现为语言、巫术、图腾崇拜、仪式、神话传说，以及各种禁忌等，其功能是通过文化活动形成一种适应机制，来维系自然条件下的物质生产协作和共同分享的生活秩序。古代社会（主要是指奴隶社会和封建社会时期）的文化生产，主要表现为信仰、政治、法律、教育、艺术、科学技术等社会形式的观念意识逐渐分化，形成既相互影响、又各自独立发展的局面，文化生产并不直接生产财富，而是作为观念、意识、习俗和制度影响人们的生产和消费行为。这一时期的精神文化劳动者的生存资料，主要来自宫廷的豢养，即使有交换，也只局限在很小范围，而不是社会化的生产。随着16世纪西欧进入资本主义社会，社会生产才开始全面转变为以资本为动力的生产劳动。马克思在《资本论》中写道："资本一出现，就标志着社会生产过程的一个新时代。"[1] 以雇佣劳动为基础的资本生产日益普遍化，资本主义社会的生产方式开始建立起来。这一时期物质生产的基本特点是，以资本为核心，借助于科学技术的发展和应用，资本生产联合其他生产要素，全面占有和支配劳动者的剩余劳动创造的剩余价值，从而极大地推动社会生产力的发展。人类真正意义的文化生产——生产性文化生产也是形成于这一时期。[2]

文化生产的最终目的是满足人的精神文化需求。由于文化生产与市场经济、社会化大生产相联系，依托市场经济和现代科学技术，成为一种独立的规模化的社会化生产活动，成为社会经济发展水平的一个重要标志，因此，经济功能似乎成为它重要的甚至是唯一的功能，从而使人们容易忽视它的本质特征和最终价值目的。如前所述，文化生产具有双重的属性，一方面，它是新的产业形态。作为产业，它必须追求经济效益，在当今时代，它必须运用社会化大生产的形式、以市场经济为运作机制、依托现代科学技术手段、遵循物质生产的一般规律来生产文化产品。因此，精神文化生产注定要受物质的"纠缠"。但更重要的是，它也是新的文化形态，而且本质上是文化形态。文化生产是为广大群众提供丰富的文化产品和文化服务，直接满足人的

---

[1] 《马克思恩格斯全集》第23卷，人民出版社1972年版，第193页。
[2] 参见荣跃明《马克思哲学视域中的文化生产》，《毛泽东邓小平理论研究》2007年第1期。

精神文化需求的产业，是最具人文关怀的产业，其最终目的是丰富人们的精神生活。图书报刊产业、广播影视产业、音像制品产业、网络产业、旅游产业、娱乐产业、演出产业、参观会展业、体育健身业等，包括教育活动，科学研究活动、文学艺术创作活动、文化娱乐活动以及生活的美化活动等，这些现代文化产业，外显的是经济形态，是产品和服务，但内蕴的是精神文化内涵。这些产业集学习、观赏、娱乐、休闲和雅兴为一体，在文化产品的消费中，人们得到多方面的精神文化享受。因此，文化产业不仅直接产出巨大的经济效益和社会效益，成为许多国家国民经济新的增长点，最重要的是它满足了人的精神文化需求。以报刊、图书、广播、电视、电影、互联网和音像制品业等为主要内容的传媒产业，在满足增长知识、启迪智慧、开阔视野、传播信息、励志成才、完善素质、提高修养、陶冶情操、塑造灵魂、提升审美能力和品味等方面，起到了重要作用。娱乐产业满足人的精神文化需求，给人们带来心情的愉悦、精神的放松，开阔人的视野，陶冶人的情操。旅游产业是通过提供旅游产品和旅游服务，包括以自然景观和人文景观以及这两大旅游资源为凭借发展起来的文化娱乐业、运输业、饮食业、旅馆业、旅游用品制造业和旅游招商活动等，来满足人民精神文化需要的一种新形式，是当代人的一种健康的生活方式，也是与自然亲近、与同伴交流、与文明对话的形式。参观会展业发挥着信息媒介、资源整合、知识传播、展示形象和促销产品的功能，满足了人们的求知欲、好奇心，丰富人的情感，提高人的素质。体育产业的发展是人类文明的一个重要标志，它不仅是一个蕴藏着巨大商机的新兴产业，更重要的是通过消费体育产品及其提供的服务，满足人们的兴趣、爱好、参与等心理需求，对增进体魄、鼓舞士气、磨炼意志、锻炼毅力等都有着其他活动无法比拟的作用。因此，对文化产品的需求乃是一种精神的需求，对文化产品的追求乃是对人自身所认同的文化意义的追求，也是人类自我创造、自我塑造、自我更新、自我解放的过程。

第二节　文化生产力：让人类生活方式走向休闲化

当今时代，"有时间"和"有钱"这两个影响人类休闲的障碍正在逐渐被消除，"我想去桂林"的愿望真正有希望得到实现。当代人类社会物质生产力的发展,为人类进入休闲社会奠定了经济基础;生产力大发展和科学技术的提高,使资本和相应的必要劳动游离出来;社会"必须为游离出来的资本和劳动创造出一个在质上不同的新的生产部门,这个生产部门会满足并引起新的需要"。[1] 休闲经济正是这样的一种新的经济形态。但是,从本质上说,休闲产业是人需要精神寄托的产物。休闲经济的主体和对象都是人,是"以物为本"的经济转向"以人为本"的新的经济形态。休闲不仅是新的经济形态,更是人类需要的高级形式,它从一个侧面反映出人的情趣、品位与格调等精神生活状况。随着人类的发展,休闲已经成为我们这个时代重要的特征之一,成为现代人生存方式的重要内容之一,成为社会文化活动的重要领域。休闲的实质是通过一定的内容(主要是精神文化产品)消费来得到精神愉悦和精神享受的过程。文化生产力的发展则提供更加丰富的休闲内容(精神文化产品),改善和提高休闲的质量,进一步促进人类休闲的发展。

一 人类"休闲"的历史发展

从某种意义上说,人类历史也是一个追求自由和休闲的历史。劳动与休闲是人的生存和发展的两个基本内容。劳动是人类赖以生存与发展的基础,当然也是人的休闲生活的物质基础,休闲则是奠基在劳动基础上的一种基本生活状态。马克思曾经指出,"任何一个民族,如果停止劳动,不用说一年,就是几个星期,也要灭亡"[2]。但是,马克思同时也表示,休闲是劳动的目的与归宿。在批判资本主义社会工人生活时间分配之不合理性时,他自觉地将休闲与劳动、自由时间、人类解放等问题联系起来,将休闲问题放到整个人类社会发展史中进行考察,从与休闲相联系的各种物质条件和社会关系(主要是指生产力和生产关系)中发现休闲的历史制约性。

劳动和休闲在历史进程中经历了由原始混沌统一到相互割裂对立,再到更高基础上的融合统一的过程。休闲是伴随人的诞生而出现的。人类社会的进步与发展决定人类休闲的发展。在远古时代,生产力极其低下,人们日出

---

[1] 《马克思恩格斯全集》第46卷(上),人民出版社1979年版,第392页。
[2] 《马克思恩格斯选集》第4卷,人民出版社1995年版,第580页。

而作，日落而息，原始人几乎全部的时间和精力都在为谋取基本的生存资料而奔波忙碌，把绝大部分时间用于维持生存所进行的活动。人类的活动直接目的是满足人的基本需要（生理需要、安全需要）。即使有空闲的或说无事可做的时间，也只是为劳动力的恢复和再生产所需要的休养生息，而没有真正的休闲所要求的那种闲适优游的心态。但是，即使是在人类早期，原始人也还是"有闲"的。一方面，劳动与休闲浑然一体，劳中有闲，闲中有劳，劳闲很难截然分开。人类学家斯普敦和考尔斯的研究显示，毛利人在任何劳动中——无论是捕鱼、捉鸟、耕田或盖房子、造独木舟，都伴有唱歌、高声谈论等消遣娱乐的成分，这些在很多非洲部落的集体劳动中也可以看到。另一方面，在远古时代，不仅从事劳动时带有消遣娱乐的性质，而且还有专门被用来休闲的时间，进行类似休闲的巫术祭祀之类的活动。人类祖先利用一切可以利用的时间来编织他们色彩斑斓的"休闲"生活。早期的图腾文化、祭祀活动、原始手工艺品和绘画等便是人类祖先"休闲"生活的记录。1965年，我国在云南省苍源县境内发现《苍源岩画群舞图》，此图大体上确定为新石器时代到青铜时代的遗存，岩画上的1000多个图形中就有原始人狩猎、采集、舞蹈的图景。这从另一侧面说明，原始人虽忙于劳作但也有闲时。[1]

奴隶制虽然是人类社会的一个进步，但也打破了原始的、混沌一体的劳闲关系，使人类历史第一次出现了有闲阶级与无闲阶级的对立：占有生产资料的奴隶主成了有闲阶级，而奴隶则只有劳、没有闲。奴隶主不但占有奴隶的剩余劳动，而且还占有奴隶的一部分必要劳动，因此，奴隶社会是建立在无酬劳动基础上的劳闲对立的社会。正如马克思所指出的："在奴隶劳动下，连奴隶只是用来补偿他本身的生活资料的价值的工作日部分，即他实际上为自己劳动的工作日部分，也表现为好像是为主人的劳动。他的全部劳动都表现为无酬劳动。……在奴隶劳动下，所有权关系掩盖了奴隶为自己的劳动。"[2] 而作为统治阶级的奴隶主，因其"是社会上占统治地位的物质力量，

---

[1] 参见张永红《前资本主义社会的劳闲关系》，《内蒙古师范大学学报》（哲学社会科学版）2010年第2期。
[2] 《马克思恩格斯全集》第23卷，人民出版社1972年版，第590—591页。

同时也是社会占统治地位的精神力量",① 他们垄断了艺术和科学等精神生产,有大量的时间来消费(享用)这些精神财富,休闲成为奴隶主贵族的特权。奴隶主阶级是人类历史上第一个有闲阶级。在闲暇时间里,大多数贵族用于吃喝玩乐,身为贵族和官僚的少数人,则从繁重的劳动中脱离出来,从事艺术和科学活动,如:书法、绘画、音乐,等等。正如亚里士多德所说:"艺术和科学既不以世人的快乐为目的,也并非生活所需,他们是最先出现于人们有闲暇的地方。数学之所以最先出现在埃及,就因为那里的僧侣阶级有闲暇。"

相反,奴隶主控制着国家政权,垄断了文化、艺术、科学活动。他们不参加生产劳动,却无偿占有奴隶的剩余劳动甚至是必要劳动,终日悠然自得,闲散奢侈,沉迷于酒肉声色之中。奴隶主贵族们整日游离于生产劳动之外,他们的休闲生活很丰富,奴隶主阶级是人类历史上第一个有闲阶级。作为社会统治和管理阶层的贵族和官僚们,也从繁忙的劳动生产中脱离出来,有充分的闲暇时间进行各种科学、文化、艺术、娱乐活动。介于统治者与劳动者之间的平民阶层、拥有一定生产资料的小生产者——自耕农和个体手工业者,是不同于奴隶的自由民。一方面,他们是自力更生的劳动者,能够比较自由地支配自己的剩余劳动,他们虽拥有人身自由,有一定的休闲生活,属于劳与闲统一的社会阶层;但另一方面,他们占有的生产资料十分有限,享有的休闲资源仍然有限。他们在一定程度上受着奴隶主阶级的压迫与剥削,是一个很不稳定的社会阶层,一旦破产便会沦为奴隶或流氓无产者,被抛入无闲劳动者的行列。因此,小生产者的存在并不能改变劳动与休闲根本对立的事实。

封建社会是建立在"有闲劳动"② 基础上的劳闲对立社会。封建社会的生产力水平有了提高,这使封建社会的生产关系较奴隶社会有所进步。在封建制度下,土地和生产资料归地主所有,但他们却不进行劳动,而是把这些土地等租给农民以进行剥削。地主阶级就是通过压迫和剥削农民的"劳"而得到自己的"闲"。地租大致分为过渡时期的劳役地租,黄金盛世时期的

---

① 《马克思恩格斯选集》第1卷,人民出版社1995年版,第98页。
② 陈鲁直:《民闲论》,中国经济出版社2005年版,第32页。

实物地租，衰败时期的货币地租三种形式。在劳役地租形式下，农民有一部分劳动时间可以自由支配，为自己生产生活资料；在实物和货币地租形式下，劳动的直接支配权属于农民，这也就意味着农民在一定程度上获得了支配自己剩余劳动的自由，节约劳动时间意味着为自己赢得了一定的休闲时间。农民作为直接生产者有了自己的生产资料，建立了自己的经济，生产成果直接影响着他们家庭的生活和收入。这使他们关心生产，直接为劳动生产率的提高创造了条件，在一定程度上使直接生产者有了独立性，促进了生产力的发展和社会进步。另一方面，也使地主和极少数的农民有了闲暇时间，农民也在自己的"劳"之余得到自己的微不足道的一点"闲"。因此，从劳动与休闲的关系角度来看，封建劳动是一种能给农民带来"闲暇"的劳动，也就是一种"有闲劳动"。但是，在封建社会，"闲"并未成为、也不可能成为广大农民的一种生活方式。农民虽然有节约劳动时间争取休闲时间的自由，但背负着封建地租和养家糊口的双重任务，很难从土地中解脱出来获得休闲的自由。因此，"有闲劳动"相对于奴隶社会无酬劳动当然是一种进步，但农民的"劳"与封建地主的"闲"相对立始终是封建社会劳动休闲关系的主要体现。[①]

资本主义社会则是"雇佣劳动"基础上劳闲对立的社会。但资本主义在创造空前生产力的同时，也创造了人类文明史上空前的休闲新时代——大众休闲时代。发达资本主义为大众化休闲提供了条件——"有时间"和"有钱"。资本家为了追逐剩余价值，追求批量生产与规模效益，使整个社会的物质产品极大丰富。同时，资本家为自己的产品找到销售市场，必须提高大众的消费能力，而高薪是消费的基础，大量的商品需要时间去消费。随着现代高新技术水平的不断提高，社会生产力的迅速发展，社会劳动生产率得到了极大提高，劳动日进一步缩短。马克思曾指出，一个国家真正富裕的标志是劳动时间的减少，闲暇时间的增多。他在1862年完成的《剩余价值理论》草稿中讲道："可以自由支配的时间，也就是真正的财富，这种时间不被直接生产劳动所吸收，而是用于娱乐和休息，从而为自由活动和发展开辟了广阔天

[①] 参见张永红《前资本主义社会的劳动休闲关系》，《内蒙古师范大学学报》（哲学社会科学版）2010年第2期。

地。时间是发展才能等等的广阔天地。""自由时间,可以支配的时间,就是财富本身。"① 20 世纪 50 年代开始,世界劳工组织敦促各国政府实施 5 天 8 小时工作制;60 年代以来,西方一些国家试行的"灵活工作制""弹性工作制""局部工作制"就是这种尝试的开始。② 劳动者驾驭劳动生活的自主权和自由度日益增大,为休闲消费的大众化提供了时间上的保障。

必须承认,资本主义时期对大众化休闲起到了重要作用。马克思在谈到资本对文明的伟大作用时曾非常深刻地指出,资本的运动最终将"培养社会的人的一切属性,并且把他作为具有尽可能丰富的属性和联系的人,因而具有尽可能广泛需要的人生产出来——把他作为尽可能完整的和全面的社会产品生产出来"③。资本极大地发展和创造了人的这种社会历史性的需要。"如果说资本是财富的一般形式,那么,劳动就只是以直接消费为目的的实体。但是,资本作为孜孜不倦地追求财富的一般形式的欲望,驱使劳动超过自己自然需要的界限,来为发展丰富的个性创造出物质要素,这种个性无论在生产上和消费上都是全面的,因而,个性的劳动也不再表现为劳动,而表现为活动本身的充分发展,在那种情况下,直接形式的自然必然性消失了;这是因为一种历史形成的需要代替了自然的需要。"④ 发达资本主义所实现的大众休闲,不仅仅是人的需要的简单满足,同时也是普遍意义上的人的社会历史性的需要体系的形成。这种大众化休闲的需要和能力的满足和创造,是资本对人性发展的一个巨大进步。⑤

但是,必须看到,资本主义社会是"雇佣劳动"基础上劳闲对立的社会。发达资本主义的大众化休闲创造了人的一切社会属性,又把人的这些属性更深层地陷入资本的私有制关系中。发达资本主义所培养的人是以物的依赖性为基础的。资产阶级视角中的"人的本质"就是个人,是资本和私有财产意义上的个人。所以,超越社会联系和人的社会性的个人是资产阶级所

---

① 《马克思恩格斯全集》第 26 卷(第 3 册),人民出版社 1974 年版,第 280—282 页。
② [美]阿尔温·托夫勒:《第三次浪潮》,朱志众等译,生活·读书·新知三联书店 1983 年版,第 316 页。
③ 《马克思恩格斯全集》第 46 卷(上),人民出版社 1979 年版,第 392 页。
④ 同上书,第 287 页。
⑤ 陈宝:《资本批判与人的全面发展》,《兰州学刊》2009 年第 4 期。

能看到的人的本质。资产阶级所发现的人是一种与社会相分离的异化的个人，是与他人、与社会没有本质联系的社会个体。发达资本主义在创造了社会的人的一切属性的同时，并没有实现人的真正社会化的本质和形式，相反，人的普遍联系更深层地陷入了一种物的依赖关系之中。这直接表现为物的依赖关系的人的社会性，人与人是一种物化的人的关系，而不是真正的人的关系。这种物化关系在发达资本主义条件下表现为更为深层的异化，使人产生更为深度的孤独感、压抑感，造成深度的精神幻灭。资本主义的大众化休闲虽然客观上满足人的多方面需求和促进人的多种能力的发展，但这些都掩盖不了资本主义对人性的否定、异化和扭曲。

在马克思主义看来，在剥削阶级社会，休闲还是少数人的特权，广大劳动者的休闲权是被剥夺的。休闲并不是一个自我完善的机会，而是炫耀个人财富和拉大与普通百姓之间距离的形式。但不可否认，20世纪中叶以来，物质生产力和现代科学技术的发展，在很大程度上将人类从繁重的体力劳动中解放出来，休闲从过去只是少数人的特权变为大众普遍可以拥有的生活状态。休闲逐渐融入普通百姓的日常生活当中，成为人们生活的重要组成部分。早在20世纪80年代，西方学者就极富预见性地指出，知识经济的到来必将使人类的生活方式发生史无前例的重大变革，休闲将成为人们不可缺少的现实生活。美国《未来学家》杂志1999年第12期曾载文预言，2015年前后，发达国家将进入"休闲时代"，发展中国家将紧随其后。

只有在物质生产力和文化生产力高度发达的基础上的未来共产主义社会，休闲和劳动进入到否定之否定阶段而达到高度统一状态，才能真正实现每个人享有劳动和休闲的权利。社会主义制度为通向这一美好未来开辟了广阔道路。在当代中国，休闲与建成小康社会是互为前提和基础的。一方面，休闲是小康社会的基本特征和实现小康社会的一种途径；另一方面，小康社会将为人们提供更多休闲机会。随着小康社会恩格尔系数的不断降低、科学技术的进步和工作效率的不断提高、教育改革的不断推进，将有更多的大众进入休闲状态。

二 当代社会人类休闲的主要内容

马克思的战友彼·拉·拉甫罗夫曾预言：人类"不仅为生存而斗争，而且为享受而斗争，准备为取得高级的享受而放弃低级的享受"。恩格斯引用并同意彼·拉·拉甫罗夫的见解，并进一步指出："人类的生产在一定阶段上会达到这样的高度：能够不仅生产生活必需品，而且生产奢侈品，即使最初只是为少数人生产。这样，生存斗争……就变成为享受而斗争，不再是单纯为生存资料斗争，而是也为发展资料，为社会地生产发展资料而斗争，到了这个阶段，从动物界来的范畴就不再适用了。"① 如果说，伟大导师在一个半世纪之前所讲的还只是一种理论逻辑或对未来的一种预见的话，那么，在一个半世纪之后的今天，他们的预言正在不断得到验证。著名未来预测家格雷厄姆·T. T. 莫利托认为，休闲是新千年全球经济发展的五大推动力中的第一引擎。由物质生产力的发展奠定基础，由文化生产力作为直接现实条件，"可以自由支配的时间"成为"财富本身"的时代已经向我们走来。休闲已经成为我们这个时代的重要特征，它不仅与每个人的生活息息相关，也成为衡量一个社会进步的重要标志之一。

物质生产活动对休闲活动具有最终决定作用，物质生产力的发展为休闲时代的到来奠定基础。以先进科技为核心的知识经济，使社会生产力以前所未有的速度发展，为物质生产付出的社会必要劳动时间将越来越少，闲暇时间将越来越多。正如现代管理学之父彼得·德鲁克曾指出的：随着工资的稳步增长和工作时间的不断缩减，人们会将财富积累的一半用于创造休闲。② 据美国宾夕法尼亚州立大学著名的休闲研究教授杰弗瑞·戈比预测，在未来社会中，休闲的中心地位将会加强，人们的休闲概念将会发生本质的变化，在经济产业结构中休闲产业的从业人员将占整个社会劳动力的80%—85%③，正是为满足人们愈来愈普遍和强烈的休闲需求，文化生产力快速增长，"假日经济"异军突起，休闲产业蓬勃发展，休闲旅游成为时尚。

有了休闲时间还要有休闲的内容。因为，休闲不是在寂寞无聊中消磨和打发时间。如何才能满足人的休闲需求？"显然，当人们越来越认识到娱乐

---

① 《马克思恩格斯全集》第34卷，人民出版社1972年版，第163页。
② 转引自朱光潜《西方美学史》，人民文学出版社1979年版，第3页。
③ 马惠娣、成素梅：《关于自由时间的理性思考》，《自然辩证法研究》1999年第1期。

作为日常生活中的一个重要的组成部分时，政府就必须承担相关的责任。政府高级官员、重要团体、公民和经济学家提出了这样的看法：他们认为，同学校一样，公园和娱乐中心对于社区成员的健康、安全和福利来说是不可缺少的。州立立法机构通过立法授予下属市县监管娱乐活动的权力……因此，娱乐渐渐地和其他业已确立起来的市政活动归属到一起。对于集体活动来讲，娱乐同学校、公园、消防、卫生、健康以及图书馆一样，是一个非常重要的主题……政府有责任以适中的价格确保纯净的和充足的水供应，同样，政府也有责任为所有人提供娱乐。政府是满足我们的基本的集体性需求的工具……政府应为大众提供公园、游乐场、图书馆和室内娱乐中心。"[1] 但是，政府提供的公共文化产品只能满足"基本"文化需求。而要满足大众多层次、多样化的文化需求，就必须大力发展文化产业。实际上，"政府买单"的公共文化产品和服务（在我国也称"文化事业"）的发展，也要依靠发达的文化生产力和繁荣的文化市场来提供。从产业角度来看，休闲是一个消费的过程，而且主要是精神文化产品的消费过程。因此，休闲产业也需要大力发展。20世纪后半叶以来，休闲产业在世界各国得到了迅猛的发展。据国际权威学者预测，休闲、娱乐活动、旅游业已成为下一个经济大潮席卷世界各地，新技术和其他一些趋势可以让人把生命中的50%的时间用于休闲。娱乐休闲业不仅发展了娱乐休闲业，同时也为创造就业机会、增加对外输出、促进科技发展做出了巨大的贡献。

　　虽然，对于我国这样一个发展中国家来说，这一天的到来还很遥远，但是，在我们的生活中，很多地方已体现了休闲的趋势。我国最早倡导"休闲学"研究的学者于光远先生就指出："从现在看将来，如果闲的时间能够随着生产力的发展进一步增加，闲的地位还可以进一步提高。这是未来社会调整发展的道路。我认为我们中国现在开始在这样的道路上前进。"[2] 随着中国经济的快速发展，居民消费需求的快速增长，休闲经济应运而生。以国家公园、博物馆、体育和健身运动、旅游、电影、电视、图书馆、网络游戏等

---

[1] ［美］托马斯·古德尔、杰弗瑞·戈比：《人类思想史中的休闲》，成素梅、马惠娣等译，云南人民出版社2000年版，第122页。

[2] 于光远：《论普遍有闲的社会》，《自然辩证法研究》2002年第1期。

为载体和形式的休闲经济,已经在中国有了长足的发展。特别是近年来,以假日经济为代表的旅游和以网络游戏为代表的互联网经济,给中国休闲发展注入了新的动力,也让人们越来越体验到了休闲的乐趣。

在我国,随着改革开放步伐的加快,科学技术的迅猛发展,人们已有了充分的闲暇时间。1995年5月,中国实行了5天工作制,双休日正式走进人们的生活。同年下半年国家颁布了"全民健身计划",倡导科学、文明、健康的生活方式,这些举措表明了中国融入世界休闲文化的进程。国家规定一年52周有104个休息日,加上"春节""国庆节"两个长假和清明节、端午节、中秋节等,现在中国的法定节假日已达到110多天,这意味着一年中公众有三分之一的时间休假。而某些特殊职业有特定假期,如教育界的学生、教师有寒暑假;国家公务员、科研与事业单位、外企人员等有"带薪休假";退休人员绝大多数"赋闲在家",中国人的三分之一或更多的时间在闲暇中度过。来自劳动和社会保障部的统计显示,在2006年,中国人民大学休闲经济研究中心"生活时间分配课题组"所做的抽样调查就已经显示,我国职工全年月平均工作天数和工作时间分别为20.92天和167.4小时,全年工作总时数为2008.8小时,按工作时间横向比较,闲暇时间的拥有与美国、英国、日本等发达国家职工差不多。[①] 这表明,在公民享有法定休假时间的数量上,我国已经基本上实现了与"国际接轨",休闲生活作为一种文化正以前所未有的力量渗入到人们生活的每一个领域。

文化生产力为休闲时代的到来提供了直接现实条件。因为现代意义上的休闲是一种消费活动。要休闲就要有休闲产品,休闲内容是否丰富在很大程度上依赖于文化生产所提供的休闲产品是否丰富。有了充裕的闲暇时间还需要让闲暇时间充满有意义的内容,有了足够的消费能力还需要社会能够提供丰富的休闲产品。休闲的内容随着社会进步和人类物质财富的不断增多而扩大,休闲的功能也发生了很大的变化。从古到今,人类的休闲具有丰富多彩的内容。古人有云:"闲能读书,闲能游名胜,闲能交益友,闲能饮酒。天下之乐,孰大于是?"衣(服饰文化)、食(美食文化)、住(建筑)、行(旅行);琴、棋、书、画、诗、词、歌、赋,在源远流长的五千年历史中

---

① 欣华、翟边:《解读"休闲经济"》,《华南新闻》2006年5月8日第2版。

形成了独具魅力的文化特色,是世界文化的瑰宝,也是当今休闲文化继承与发展的重要内容。

然而,休闲既是一种文化现象,也是一种经济现象。现代意义的休闲是指人们在闲暇时间中一种消费物质产品和精神产品——休闲产品的过程。休闲产品与其他一般产品的主要区别就在于休闲产品的文化信息含量和主要发挥文化功能这两点上。它通过身体放松、竞技、欣赏艺术、科学和大自然为丰富生活提供了可能性,还为人们提供了激发基本才能的条件。建立于闲暇时间基础之上的行为情趣,或者是休息、娱乐,或者是学习、交往等,它们都有一个共同的特点,即获得一种愉悦的心理体验与满足,产生一种美好感。[1]

一个社会的休闲发展水平取决于社会生产力发展水平和休闲者内部心理因素。就社会而言,一个社会休闲产品种类的多少取决于这个社会生产力水平——物质生产力,特别是文化生产力水平的高低。文化生产力水平越高,社会的休闲产品种类就越多。就个人而言,一个人能够消费和使用休闲产品的多少,不仅取决于这个休闲者所拥有的财富,也取决于休闲者自身的文化品位、道德情操、审美情趣等内在心理因素。

现代"休闲"内容极其丰富,可以是人们在空余时间的娱乐活动、消遣活动,可以是人们脱离生产后的消费活动,也可以是为了满足自身的需要进行的创造性活动。但现代休闲是一种比较特殊的消费行为,休闲的内容或休闲产品提供依赖于文化生产力的提高。主要表现在文化产业中的休闲产业。休闲产业是以满足人们休闲需求为目标而形成的产业群,是"指与人的休闲生活、休闲行为、休闲需求(物质的与精神的)密切相关的产业领域,特别是以旅游业、娱乐业、服务业为龙头形成的经济形态和产业系统"[2]。休闲产业一般涉及国家公园、博物馆、体育(运动项目、设施、设备、维修等)、影视、交通、旅行社、导游、纪念品、餐饮业、社区服务以及由此连带的产业群。由于休闲活动渗透在几乎所有的部门之中,所以休闲产业的边界十分模糊。以休闲活动种类为标准划分,休闲产品可分为娱乐产业、旅游产业、体育产业、游戏产业等。这些产业中,包括极其丰富的休

---

[1] 参见马惠娣《休闲:一个新的社会文化现象》,《科学对社会的影响》2004年第3期。
[2] 参见马惠娣《21世纪与休闲经济、休闲产业、休闲文化》,《自然辩证法研究》2001年第1期。

闲活动，如音乐活动、艺术活动、美术活动、园艺活动、集邮活动、摄影活动、体育活动、竞技活动、节庆活动、旅游活动、民俗活动、影视活动、娱乐活动、聚会活动、宴庆活动等。以彰显人文文化功能为标准的休闲产品分类，包括地域特色饮食产品、艺术风情服饰产品、文化装饰建筑产品、艺术修饰日用产品、公共设施文化产品、生态环境保护产品、文化用品专用产品、文化修饰消费产品。[①]

上述丰富多彩的休闲消费，可以归纳为以下几种主要类型：

一是文化知识型。文化知识型休闲是一种知识休闲，是以学习知识、了解历史、体验民风习俗等为主要内容的休闲方式。休闲活动的内容与知识相关，目的在于通过文化知识的休闲，来达到积极的休息和娱乐并获得知识的启迪和充实。其特点是休闲者具有较高的文化素养，较强的求知欲望，具有某种专长或特殊兴趣。

二是娱乐消遣型。娱乐消遣型休闲是一种通过各种娱乐活动来达到生理心理上放松和精神上欢愉的休闲方式。其目的是通过娱乐活动来调节紧张的生活节奏，消解工作压力带来的疲劳。其特点是追求娱乐、消遣和享受。

三是旅游观光型。观光休闲方式是一种以游览、观光、欣赏自然风光、名胜古迹、风土人情等为主要内容的休闲方式。其特点是通过游览观光自然景观和人文景观，增长见识、开阔视野、陶冶情操。

四是康体健身型。康体健身型休闲方式是一种以疗养休闲、温泉休闲、森林休闲、体育保健休闲等为主要内容的休闲方式。其特点是，通过参加有益于身体和心理健康的休闲活动，来消除疲劳，缓解压力，放松心情，磨炼耐性，保持身心健康。

以上只是大致的划分，实际上这几种的类型是交叉融合的。无论理论上怎样划分，无可否认的是，现实社会中休闲的意义和价值都在不断上升。随着社会的进步发展以及人自身素质的提高，休闲与学习将高度融合，休闲将成为普遍富含知识性内容的活动。随着信息科学的发展，网络技术实现了人的数字化生存，使得工作与休闲合而为一的梦想不再遥不可及。

---

① 参见王德伟《休闲与休闲产品》，《自然辩证法研究》2001 年第 5 期。

三 休闲的本质：丰富人的精神世界

社会物质财富不断增长，经济活动对于人类生存的决定作用不断减轻，人的休闲时间不断增加，那么，人们在"不工作"的时间里该怎样有意义地生活？也就是说，休闲在本质上意味着什么？提出美国休闲社会学家约翰·凯利在《走向自由：休闲社会学新论》中认为，休闲应被理解为一种"成为人"的过程，是一个完成个人与社会发展任务的主要的存在空间，是人的一生中一个持久的、重要的发展舞台。"成为人"意味着：摆脱必需后的自由；探索和谐与美的原则；承认生活理性和感性，物质与精神层面的统一；与他人一起行动，使生活内容充满朝气并促进自由与自我创造等。休闲是以存在与"成为"为目标的自由——为了自我，也为了社会。[①] 其实，从更深层的本质来看，丰富人的精神家园和情感世界、丰富生命感受等是休闲生活的本质内容。真正的休闲不是浅层的消遣娱乐，而是一种崭新的生活方式和积极健康的生活态度，是一种让自己的创造力充分发挥出来的状态，是对自由境界和生命意义的追求。"休闲正是真、善、美的一个组成部分，事实上，休闲同知识、美德、愉快与幸福是不可分割的。"[②] 休闲是社会文明进步的主要标志，更是人的自身发展状况的标志，是衡量人的"幸福指数"高低的重要指标。

在人类几千年的文化史上，休闲始终具有重要的文化价值。即使在现代社会，休闲也不仅仅是一种经济现象，而是一种文化精神追求。它依然内蕴着特定的文化精神，内蕴着深刻的人本内涵，其根本目的和宗旨就是使人"成为人"，实现人的自由全面发展。追溯中西文化中的"休闲"概念，对我们理解其本质具有启发意义。根据词源学的考证，"休闲"一词最早出现于古希腊文学中，与古希腊单词中的 schole 一词相关。在希腊人的观念中，休闲是一种以丰富和创造生命活动、完善自我为目的的闲暇活动。古希腊时代，早期哲学家发现并欣赏"数"的和谐、音乐的优美、舞蹈的奔放。因

[①] [美]约翰·凯利：《走向自由：休闲社会学新论》，云南人民出版社2000年版，第277页。
[②] [美]托马斯·古德尔、杰弗瑞·戈比：《人类思想史中的休闲》，成素梅、马惠娣等译，云南人民出版社2000年版，第34页。

此，亚里士多德说："休闲才是一切事物环绕的中心"，"是哲学、艺术、科学诞生的基本条件之一"。① 因此，休闲不仅标志着人已经从繁重的体力劳动中解放出来，而且标志着人从满足基本生活需要转向对精神生活的追求。

休闲的过程是物质与精神融合的过程，休闲在本质上是人的精神愉悦和兴趣的满足、情感的充实，是一个文化创造、文化欣赏、文化建构的过程，通过创造文化氛围，传递文化信息，构筑文化意境，从而达到个体身心和意志的全面、完整的发展。当然，不同历史阶段、不同群体、不同信仰、不同价值观、不同知识背景，会有不同的休闲，因为休闲总是与一定历史时期的政治、经济、文化、道德、伦理水平紧密相连，并相互作用。休闲不仅深刻地影响着社会生活的面貌和社会的发展，也影响着人们的生活方式和生命质量。我国著名学者于光远先生早在1983年就指出，"玩"是人生中不可缺少的要素，应该玩得有文化，玩得高尚，要发展"玩"的文化。他进一步指出，玩是人类基本需要之一，要玩得有文化，要有玩的文化，要研究玩的学术，要掌握玩的技术，要发展玩的艺术。19世纪末，美国经济学家凡勃伦所著《有闲阶级论》就曾指出："从古希腊的哲人时代直到今日，一般有思想的人，均以有相当的闲暇与避免操业（维持生活的操业）是有价值的、美丽的，甚至是无可非难的人类生活的必须条件。在一切文明人的心目中，闲暇的生活，无论就其本身或其结果而论，都是美丽的高尚的。"② 法国后现代大师罗兰·巴特也指出，闲暇的意义超过了金钱和权利。他们的论述都深刻地揭示了休闲的意义。因此，休闲不仅是一段"时间"，而是人的价值存在的一种表现形式，是人的充分自由发展的体现。其真正意义在于闲暇生活结出的美丽硕果——在于精神的调整与升华，在于人的广泛需要得到全面、完整、自由的发展。闲暇是人的心灵驿站，在这里，人们可以驱逐精神的劳顿，安抚疲惫的心灵；或者得到一次精神的解脱，或者促进一次精神的升华。"闲暇之时，或奔赴大自然的怀抱，或安卧于树荫下的竹椅，或沉思，或对饮，或交谈……那么，如徐志摩笔下所写，'人类清明的深沉的伟大的

---

① 转引自马惠娣《走向人文关怀的休闲经济》，中国经济出版社2004年版，第3页。
② ［美］托尔斯坦·本德·凡勃伦：《有闲阶级论》，蔡受百译，商务印书馆1997年版，第57—58页。

优美的思想根源不就可在风籁中，云彩里，山势与地形的起伏间，花草的颜色和香气里寻得吗！'正如林语堂所言，享受悠闲的生活是不需要金钱的，有钱的人也不一定能真正领略悠闲生活的乐趣，只有那些真正懂得此中乐趣，有丰富的心灵的人才能享受休闲。"古人以为，交好友能"与君一席话，胜读十年书"；揽名胜可"胸中一副别才，眉下一双别眼"；读好书可颜如玉，觅真谛。无疑，选择有益、高尚的休闲内容是至关重要的。① 因为，休闲实际上消费的是文化产品作为符号所表达的象征意义。

第三节 文化生产力：促进人自身走向自由而全面发展

人的自由而全面发展首先必须以"发达的生产力为基础"。② 只有生产力的高度发展，才能保证人的体力和智力充分的自由发展；才能促进生产关系的调整和变革，实现社会制度、社会形态的完善和更替，使人的社会关系全面生成和高度丰富起来；才能消灭阶级、消灭旧式分工，实现人的自由而全面发展。但是，即使具备了发达的生产力、消灭旧式分工这一基础性条件，人的自由而全面发展也并非自然而然的实现，还需要文化生产力的大发展作为直接的现实力量。

一 "占有自己的全面的本质"：人的全面发展的内涵

马克思主义以科学的实践观为基础去理解人和把握人，克服了历史上长期以来对人的抽象理解，揭示了人的本质形成的基础及其内涵。马克思主义所讲的人包括人类、群体和个人三种存在形态，人的自由而全面发展中的"人"主要指每个"个人"。所谓"人的全面发展"，其实质是指人之为人的"各种规定性"的发展。正如马克思所言，人的全面发展，就是"人以一种全面的方式，也就是说，作为一个完整的人，占有自己的全面的本质"。③根据对马克思关于"人的全面发展"学说的理解，"全面发展"应包含人的

---

① 参见马惠娣《人类文化思想史中的休闲——历史·文化·哲学的视角》，《自然辩证法》2003年第1期。
② 《马克思恩格斯全集》第3卷，人民出版社1960年版，第85页。
③ 《马克思恩格斯全集》第42卷，人民出版社1979年版，第123页。

"各种规定性"的完整发展、和谐发展、自由发展，而非片面发展、失衡发展、被动的发展。人之为人的"各种规定性"是十分丰富的，但基本的规定性是实践性、社会性、精神性、自由性。这是人区别于动物而成为人的基本规定性。因此，人的全面发展包括以下基本内容。

一是人的实践性。社会实践活动是人生存的基础，人是感性活动的存在物。实践活动是人的存在方式和发展方式。"一个种的全部特性、种的类特性就在于生命活动的性质，而人的类特性恰恰就是自由的自觉的活动。"[①]马克思所说的这种自由自觉的活动就是实践活动，是主体有目的、有意识地改造客体，同时自身也得到改造的人类特有的对象性活动。实践活动特别是生产实践活动是人生存和发展的前提基础；人的其他的活动都是在实践基础上形成和发展的，并统一于人的实践活动。所以，人根本上是实践的存在物。劳动是实践的原初形式，以制造和使用工具为标志的劳动，是把人与动物区别开来的第一个历史活动，人既是劳动的前提，又是劳动的结果。

二是人的社会性。人的全面的发展即包括社会关系的丰富和发展。实践活动是在人与人的交往和社会关系中来进行的，同时，在实践的基础上，又进一步促进人的社会关系的丰富发展。人只有在现实的社会关系中才能存在并开展其活动。人是社会关系的承担者，社会关系使个体变成社会的人，形成独特的社会品质。社会关系是多方面的，有经济关系、政治关系和思想关系等。在人的全部社会关系中，经济关系即生产关系是最主要的，是决定其他一切社会关系的基本关系，在社会关系的总和中起着支配作用。因此，人在生产关系中获得的规定性也就构成人的最基本的规定性。人的社会关系总是现实的、具体的、发展的，人的本质也是现实的、具体的、历史变化着的。因而，人不可能脱离一定社会历史条件而独立发展，必须投入到整个社会历史的实践中来，只有人的各个方面的具体发展，才能够构成人的真正的全面发展。因此，对人的全面发展的理解应该放在具体的社会背景中去，而不应该抽象地谈论人的全面发展，人的全面发展是在一定社会关系中的具体的、现实的全面发展。

三是人的精神性。人是物质属性、社会属性与精神属性的统一体。在

[①] 《马克思恩格斯全集》第 42 卷，人民出版社 1979 年版，第 96 页。

社会关系中,从事着感性活动的现实个人是完整的个体,是自然属性、社会属性和精神属性的统一,精神属性是人之为人的重要特性之一,是人所特有的现象。动物除了物质需求以外,几乎别无所求。而人则不同,除了物质需求之外,人还有丰富的精神文化需求,而且人的精神文化需求是不可或缺的,人在本质上是"有意识的存在物",是精神的存在物。人不仅仅满足于物质生活的富足,还要追求丰富的精神生活。作为一种精神的存在,人总要寻求生命的"意义"和生存的"价值"。正因为如此,历代思想家都十分重视对人们精神生活和精神世界的研究,以至于古希腊哲学得出"人是万物的尺度","人是理性的动物","求知是人的本性"等命题;德国古典哲学则提出了"人为自然立法","依照思想,建筑现实"的著名论断。文化之于人类,是一种精神上的内在需求、普遍需求,也是终生相伴的需求。人们需要通过文化来启蒙心智、认识社会、获得思想上的教益,也需要通过文化愉悦身心、陶冶性情、获得精神上的满足和依归。可以说,如果没有精神文化上的充实和丰盈,就不能说有真正幸福的生活和美好的人生。在我们的日常生活中,人们读书、阅览报纸杂志,或欣赏各类艺术作品等,都是为了满足人的精神文化需求,人的生存不能没有这些精神食粮。

四是人的自由性。人的"自由发展",即人自主的、具有独特性和富有个性的发展。"全面发展"主要是就人的发展的完整性、统一性和和谐性而言的,"自由发展"主要是就人的发展的自主性、独特性和个别性而言的。"自由发展"的本质就是"个性发展","个性发展"的核心就是人的素质构造的独特性。"人的全面发展"是相对于片面发展而言的,而"人的自由发展"则是相对于限制而言,就是让"每一个有拉斐尔才能的人都应当有不受阻碍地发展的可能"[①],也就是每个人的潜能得到发挥,而不是受到限制,人的生理的、心理的和社会的等在各个方面最大限度的发展,个人能够按照自己的意愿、兴趣和社会的需要相应地发展自己,并能相对自由地发挥其独特个性和进行创造性,这是人的全面发展的综合表现和最高标准。人的个性发展得越充分,人的独立自主性、自由自觉性和积极创造性也就会越强,就

---

① 《马克思恩格斯全集》第 3 卷,人民出版社 1960 年版,第 458—459 页。

能更自由地参与社会各个领域、各个层次的交往,广泛地发展社会联系,掌握更多的社会经验,就更能形成更高更全面的能力。因而,积极发挥自身的潜能,在社会中展示自己,实现自己的个性的自由发展,是人的全面发展的根本内涵和最高标准。

二 不断突破和超越限制:人自身发展的历史进程

实现人的自由全面的发展,需要非常漫长的历史过程。这是一个不断突破和超越现实社会中存在的对人的发展的各种限制、束缚和压抑的过程。这些"限制、束缚和压抑",既有来自客观的也有来自主观的,突破和超越一种,还会出现另一种。因而,人的自由全面发展是一个永无止境的过程。

人的实践活动的全面发展是人的发展的基础。社会分工的发展状况是人的实践活动发展的重要表现,它直接影响人的发展。马克思曾经批判过旧式分工和私有制对人的发展的制约。一方面,马克思肯定社会分工的积极作用,"分工是迄今为止历史的主要力量之一"[1],分工使"精神活动和物质活动、享受和劳动、生产和消费由不同的个人来分担这种情况成为可能,而且成为现实"[2]。社会分工突破了人类最初劳动的狭隘性,为社会发展提供了无限的生产力,是社会发展、财富累积更大化的有力保障和重要条件。但另一方面,马克思指出了旧式社会分工是人的片面、畸形发展的根源。"分工提高劳动的生产力,增加社会的财富,促使社会日益精致,同时却使工人陷于贫困并变为机器。"[3] 旧式社会分工造成了人的劳动、活动的固定性和片面性。劳动者活动范围在一个狭小的固定的空间之内,"当分工一出现之后,任何人都有自己一定的特殊的活动范围,这个范围是强加于他的,他不能超出这个范围:他是一个猎人、渔夫或牧人,或者是一个批判的批判者,只要他不想失去生活资料,他就始终应该是这样的人"[4],这便导致了个人的知识、技能技巧具有极大的片面性。同时,人的生存和发展离不开社会以及各种社会关系,而旧式的社会分工造成了阶级、国家之间的对立以及脑体、城

---

[1] 《马克思恩格斯选集》第 1 卷,人民出版社 1995 年版,第 99 页。
[2] 同上书,第 83 页。
[3] 《马克思恩格斯全集》第 42 卷,人民出版社 1979 年版,第 55 页。
[4] 《马克思恩格斯选集》第 1 卷,人民出版社 1995 年版,第 85 页。

乡、工商的分离。在此之下形成的对抗性的社会关系，使人与人之间的社会关系呈现出了对抗性、强制性，导致了人的社会地位的不平等。人与人之间社会关系的异化，劳动的异化，最终使人片面、畸形地发展，阻碍了人的全面发展。

虽然人自身的潜能是极其丰富的，但在每一个具体时代，人的发展只能达到一定的水平。在前资本主义社会，人的劳动受血缘共同体和血缘关系支配，劳动的性质受血缘关系决定；在这种劳动中，人的能力发展表现为"原始的丰富性"。原始人要完成狩猎和采集两项任务，要战胜自然灾害和凶猛动物两大"敌人"，就必须推选有能力有威信的人担任酋长。奴隶社会的核心文化理念转移到"宗法血统本位"上来，看一个人的价值，主要看其血统、出身和门第。封建社会推崇的主导文化价值观主要是"权力本位"，阶层的排序和价值标准是士农工商，人的价值取向是做官，人的价值首要就是等级特权的价值，权力价值高于一切。在资本主义社会，人的劳动受资本、交换和分工支配，劳动是维持人的肉体生存的手段，人的劳动过程表现为人受物、交换和分工支配的过程，在这种劳动中，人的能力呈现为片面的发展；资本主义社会奉行的主要是"金钱本位"的价值观。资本主义为了效率、利润也注重人的能力，但资本主义往往使能力原则服从金钱原则，人的能力表现为追求金钱的能力，个人的价值表现为物的价值。[①]

社会关系实际上决定一个人能够发展到什么程度。人的社会关系状况既是社会进步的尺度也是人自身发展的表征。社会历史的发展进程告诉我们，人的社会关系经历了一个由狭窄片面到比较全面的过程。社会关系在前资本主义社会，主要表现为"人的依赖"，即人与人的社会关系主要靠血亲和权力来组合，因而以"血缘关系"或"家族关系"为主要形态。在自然经济条件下，由于生产力水平比较低下，社会生产具有很强的局限性，进而导致人的社会关系的狭隘性。这种狭隘的社会关系也制约着人对自然的关系，从而限制了人自身的发展。在资本主义商品经济社会，社会生产突破了自然经济条件下的孤立性和局限性，人的社会关系有了前所未有的拓展。但这种关系主要表现为"物的依赖"，即人和人的社会关系主要以物为纽带，"金钱

---

① 参见韩庆祥《人的全面发展理论及其当代意义》，《科学社会主义》2004 年第 1 期。

关系"成为主要形态。在商品经济条件下，人的关系通过物的关系间接地表现出来，人的能力则表现为物的能力，进而造成了人的片面性发展。

人的个性发展也是一个不断超越的过程。马克思把人理解为追求自由个性的人，这样的人是在社会历史发展过程中逐步实现的。人的发展与人的个性发展是分不开的。所谓个性发展就是指发展个人的主体性，即个人特有的生理素质、心理素质、思维方式和行为方式等等的充分自由发展。在马克思那里，自由个性包含以下含义：与他律相对应的自律，能自己制约和支配自己；与强制性相对应的自由性；与盲目自发性相对应的自觉性，能意识自身和外部条件；与依附性相对应的独立自主性，能自己支配自己的生存条件和活动；与重复性相对应的独创性。人的个性自由也是具体的、历史的。不同历史时期人的个性的自由程度是不一样的。原始社会的人们面对强大的自然外力，很难有什么自由而言，奴隶社会的奴隶是奴隶主会说话的工具，是奴隶主可以随心所欲地支配的私有财产。到了封建社会，人身自由问题虽然有了一定程度的改善，但农民仍要承受沉重的经济剥削，无法摆脱人身依附。在资本主义社会，虽然个人具有一定独立性，但从根本上却受物的统治。资本主义社会的基本矛盾是生产的社会化和生产资料的私人占有之间的矛盾，生产关系使少数人实现对多数人的剥削，迫使多数人奴隶般地服从社会分工，劳动者的全面发展必然受到限制。因此，要实现人的自由全面发展，就必须彻底消灭资本主义生产关系，消灭旧式分工。只有在未来的共产主义社会才能真正实现人的自由而全面的发展。

三 文化生产力：人自身走向自由全面发展的重要力量

马克思对人的全面发展做了比较全面科学的概括，认为人的全面发展包括人的活动的多样性、社会关系的丰富性、人的个性的自由发展等多方面规定性。而在实现人的全面发展的途径上，马克思主要从生产力、社会关系（制度）等维度探讨人的全面发展的条件。无疑，这些都是实现人的全面发展的根本条件。但是，事实已经证明，即使具备了这些根本条件，人的全面发展也并不一定能自然而然地实现，人的全面发展还必须具备一系列直接现实条件。比如，物质生产力和科学技术的发展，使人们有了大量的自由时间，但是，如何科学合理健康地度过闲暇时间？可见，物质生产力的发展只是为人的全面发展提供了物质基础和充裕的时间,除此之外,还需要文化生产力提供直接促进人的自由全面发展的现实条件。因此,文化生产力成为实现人的全面发展的直接现实条件之一。高度发达的物质生产力奠定了物质基础,充分发展的文化生产力提供了精神文化产品,因而制约人自身发展的各种条件将逐渐被克服和突破,人的实践活动的种类更加丰富多样,人的社会关系得到了极大丰富发展,人自身的各种需要、潜能、素质、创造力以及人的个性将获得充分的发展,人类将真正走向自由全面的发展。

文明是"个人活动和社会活动的发展与进步"[①]。人的生产形式的丰富性和多样化是人的全面发展的重要内容。在"精神时代",社会分工将会越来越细化,但也越来越丰富。最重要的是,人的活动范围不再被限制在一个狭小的固定的空间内,旧式分工将被消除,人可以自由选择自己的活动,人不再是只掌握某种单一技能的"机器人"。就如马克思、恩格斯当年所指出的:"……随自己的兴趣今天干这事,明天干那事,上午打猎,下午捕鱼,傍晚从事畜牧,晚饭后从事批判,这样就不会使我老是一个猎人、渔夫、牧人或批判者。"[②]

真正的"精神时代"就是马克思所讲的共产主义。虽然,当今时代人类正走向"精神时代",但还没有真正进入这一时代,距离这一时代还相当漫长而遥远。但由于文化生产力的产生和发展,人类活动将展示出极大的丰富性,人类在摆脱旧式分工中存在的强制性、谋生性、自发性上迈出了一大步,人的活动的自由度、乐生性、主动性、选择性大大增强。文化生产提供了更多的职业选择岗位,使人的选择度大大增强。以我国为例,目前我国自由职业者队伍不断壮大,而其很大部分在从事包括文化产业在内的第三产业。目前我国自由职业者的界定比较宽泛,它包括专职作家、媒体专家、自由撰稿人、画家、歌手、翻译、律师、摄影师、时装设计师、注册会计师、环境工程师、人员培训师、平面设计师、网页设计师、计算机顾问、财务顾问;音乐人、经纪人、专业公关人士;服装、珠宝、陶艺及各类工艺品设计人员,以及如服务业如个体零售店、装修公司、地产经纪、广告中介的相关

[①] [法]基佐:《法国文明史》第1卷,沅芷、伊信译,商务印书馆1998年版,第11页。
[②] 《马克思恩格斯选集》第1卷,人民出版社1995年版,第85页。

从业者，等等。自由职业者这一新阶层的兴起和发展具有重要的理论意义。马克思曾把未来社会描绘成一个"自由人的联合体"，对于什么是"自由人的联合体"，不同人有不同的解释。其实，马克思所说的自由是指消灭劳动分工，当人们不再需要奴隶般地服从社会分工时，每一个人的自由发展将成为一切人自由发展的前提。在商品和货币关系都还存在的条件下，马克思关于消灭劳动分工的设想，还无法在全社会范围内实现，但这并不是空想，而是需要经过一个漫长的发展阶段才能达到的境界。在此过程中，劳动者自由发展的范围正在逐步扩大。在马克思所处的时代，每天8小时工作制是工人阶级争取的目标，而今天，世界上有些国家已经实现了每周35小时工作制。在一百多年中，周工作时间减少了四分之一以上。从发展的观点看，在遥远的未来，为谋生而进行的工作时间会越来越短，留给自由发展的时间将越来越多。尽管现今自由职业者还远远不是马克思所说的"自由人"，但自由职业似乎是很有发展前途的职业。同样，尽管距马克思提出的"自由人的联合体"的目标还比较遥远，因为在现阶段，生存的需要和安全的需要——这些低层次的需要对于多数人来说还是基本的需求，但社会成员的需要正在日趋多样化、层次化、个性化，在部分人群中，自我实现的需要正越来越受到重视。[①]

  文化生产为丰富人的社会关系创造了直接现实可能性。文化生产具有物质属性，但又具有与生俱来的非物质性。文化生产是充满人文关怀的生产，其最终目的是要满足人们的精神性需要和追求。通过健康的精神文化产品的消费，人的思想境界得到提高。文化旅游、参观会展、各种文化交流活动，为人们相互交往提供广阔的空间和平台。特别是互联网开创了新型的交往方式。尽管存在网络黑客、暴力、色情等诸多问题，但不可否认，网络生活打破了现实生活中人们交往活动的各种束缚，是人类对传统的日常生活的超越，标志着人际关系对时空、利益、亲缘关系的极大解放，是人类走向自由个性时代的开始。网络时代，信息交流不再以纵向为主，而是多方向的、扩散性的，任何一个单元都可以和所有其他单元发生信息联系。互联网、物联网根本上改变了信息的生产、传播和利用模式，传统的单向、线性、分割式

---

① 参见张爱云《自由职业者：一道社会新风景》，《中国改革报》2003年4月28日。

的信息生产、传播和利用被双向、互动、网状式、球面型的生产、传播和利用所取代,从而从根本上打破了人类精神世界的鸿沟壁垒,各种信息交流表现出融合化的趋势。大众成为普遍密切联系的整体,成为社会结构的主体,通过互联网技术实现的大众之间的普遍联系是极为自然的、便捷的和低成本的。随着互联网的普及,人们的社会关系更加丰富,交往更加密切,无论个体还是人类,驾驭社会关系的能力都无限提升,人也愈来愈成为社会的自觉的主人。从个体与外界关系看,互联网的普及和拓展应用,超越了人们交往的时空限制,允许人们跨时空沟通,促进了更多的和更广阔范围的联系,使更多潜在的关系成为现实的联系。互联网时代人的交往是点对面的交往,每个网民可以在任何时间、任何地点,就任何内容和自己所关心的对象同时进行交流。网络加快了人与人、人与社会交往的速度,大幅度拓宽了人的交往活动的范围,人们的交往关系不仅是纯粹熟人之间的交往关系,大量陌生的、不同阶级和不同民族的、不同地区以及不同语言的人,在网络中发生着直接和间接的交往关系。使用互联网的人不仅在寻求信息,同时,也在寻求友谊、社会支持和归属感。人们可以在全世界寻找自己的朋友。"无论什么话题,仅仅在网络的聊天室里,就能立即找到几千个志同道合者;如果你想要下盘棋,就能在网上找到无数的棋友;你想要打网球,也能在全世界的网球迷的QQ处获得回音。可以相信,正义是一切文明的主导力量。在网上,任何邪恶的力量都将是非常渺小的。当核弹生物武器都必须受互联网上的绝大多数人的同意才能使用时,恐怖主义者、纳粹分子的市场将彻底丧失。"[①]不同文化背景的人们互相交流,不同的风俗习惯、文化传统、价值观念、生活方式在网络上交汇、碰撞、竞争、融合,互联网既为个体交往的社会化提供了一个广阔的舞台,也使那些真正为人们所需要的东西倍受关注和赞扬。总之,居住在不同的大陆、时区、国家的互联网用户可以"在一起"工作、娱乐,方便地交往、合作,打成一片,这一技术真正体现了全球范围内的人类交往,体现了人与人之间的无限互联和普遍关系。

文化生产为提高、丰富和完善人的智慧提供了现实条件。随着社会的发

[①] 参见彭学农《因特网将重构人类文明》,载鲍宗豪主编《网络与当代社会文化》,上海三联书店2001年版,第53页。

展，知识更新的速度越来越快，知识倍增的周期越来越短。20世纪60年代，知识倍增，周期是8年，70年代减少为6年，80年代缩短成3年，进入90年代以后，更是1年就增长1倍。在当代社会，知识每年在以10%的速度更新，人类已经进入了知识爆炸的时代。生活在这样一个时代，任何人都必须不断学习，每个人都必须"终身学习"，更新知识。未来学家托夫勒说，未来的"文盲"是想学习而不会学习的人。到了未来社会，人将是不仅具有较高的智商，也是具有较高的情商的人；是心理健康、情感丰富、没有"心理障碍"或"心理疾病"的人；是善于与人交往，善于与人合作，人际关系和谐的人。

以上表明，在人类文明的这次转换中，文化生产力成为超越"物质时代"弊端的重要力量。在先进的社会主义制度的前提下，通过大力发展文化生产力，人类文明将有望逐步实现由"物质时代"到"精神时代"的飞跃。人的生存方式将呈现出"生产"与"消费"、"工作"与"休息"、"劳动"与"享受"高度统一的特点，人类将开始由"生存"转为"优存"，由"谋生"走向"乐生"。对人类自身来说，人类社会将告别物质的绝对匮乏，摆脱"物的纠缠"，超越"物的困扰"，在更大程度上摆脱肉体需要而从事创造性活动；人类自身将成为智力高超、情感丰富、兴趣广泛、意志坚强的新型人类，人类文明将成为"利""真""善""美"和谐统一的新文明。

第六章

实现新文明转换的保障条件

文化生产力只是新文明转换的一种直接现实条件。人类文明从"物质时代"跃升到"精神时代",不可能是自然而然实现的,而是需要很多条件作为保障的。其中,社会物质生产力的高度发展是最基本的条件。然而,新文明的实现,既是人们通过社会生产自觉干预社会历史发展的产物,也是人们内在精神素质不断提高的必然结果。只有当社会不仅通过物质生产的不断发展达到能无偿供给所有社会成员基本物质生活资料,并且同时促进人自身也得到高度发展的时候,人类社会才能真正由"物质时代"进入到"精神时代"。因此,文明的转换不仅要创造强大的物质基础,还必须有高素质的实践主体。而这两个条件又需要先进社会制度的保障。社会主义制度不仅可以为物质生产发展开辟广阔道路,而且能够培育出高素质的社会主体,从而为最终实现新文明的转换创造物质条件、主体条件、制度条件。

第一节 创造强大的物质基础:新文明转换的物质保障

面对"物质主义"导致的人类困境,有人指责马克思主义过分强调物质生产的决定作用;面对中国社会出现的道德滑坡等问题,也有人批评中国共产党提出的"发展就是硬道理"的发展战略。这些指责和批评显然是不符合事实的。在前面的章节中,我们似乎一直在"声讨"物质生产。但是,我们从不否认物质生产对人类文明的基础性和决定性作用,而且坚信马克思主义唯物史观的基本观点和中国共产党提出的"发展就是硬道理"战略的正确性。因为"物质生活的生产方式制约着整个社会生活、政治生活和精神生活的过程"[①]。要成为文明国家，就必须有相当的物质生产资料的生产，必须有相当发达的物质基础。[②] 人类文明创造出极其丰富的物质财富，人类告别物质匮乏的困扰，人自身摆脱物质困扰和纠缠——这是人类文明由"物质时代"向"精神时代"跃进的物质保障和前提基础。关于物质生产对文化生产的决定作用，本书的很多章节都已有过阐述，这里不再详细论述，只是作以简要概括。

一 社会物质生产力的高度发展

物质资料生产活动是人类生存、发展的基础。物质生产这种连续不断的感性劳动和创造，是整个现存感性世界的非常深刻的基础，只要它哪怕只停顿一年，不仅在自然界将发生巨大的变化，而且整个人类世界也将失去存在的基础。[③] 物质财富的创造，是人类社会的永恒主题。古今中外，人类有过许多辉煌的文明。这些文明可能是体现了巨大的宗教热情，可能是体现了世俗的离奇幻想，可能是体现了民众的英雄主义情结，但是，不论形态各异的文明在形式上具有怎样的色彩，都不能没有物质财富作为它们的基础。迄今为止，人类创造物质财富的活动已积累了非常丰富的形式，每一种形式都有历史的合理性。从渔猎社会到农耕社会，从工业化社会到信息社会，从商业贸易时代到科技时代，都是以人类创造的物质财富为基础的。

物质财富是人类文明的基石，人类从事物质财富创造的活动是人类一切活动的基础。因此，关注物质财富的创造，实际也是从根本的意义上关注社会的文明进步。人类的一切活动永远建立在物质基础之上，人类要在非物质生活方面获得更大的自由，必须以更加丰富的物质财富为支撑。精神文化活动也不可能摆脱物质基础，人类精神本身就是物质长期发展的结果。作为自然物质长期发展的产物，人类精神的发展必然受到物质条件的制约：精神不能脱离物质，精神生活不能脱离物质生活。"精神"从一开始就很倒霉，注

[①] 《马克思恩格斯选集》第 2 卷，人民出版社 1995 年版，第 32 页。
[②] 《列宁选集》第 4 卷，人民出版社 1995 年版，第 774 页。
[③] 《马克思恩格斯全集》第 3 卷，人民出版社 1960 年版，第 50 页。

定要受物质的"纠缠"。物质性需要的纠缠越厉害，精神性需要的发展越艰难。"精神生产随着物质生产的改造而改造。"① 人类的精神文化生产是物质生产长期发展的结果，也必然受到物质生产的制约。从根本上说，如果社会的物质生产落后，那么它的精神文化生产也不可能是发达的。当然，它也不会长期落后于物质生产而停滞不前。伴随着物质生产的不断发展，精神文化生产也必然会发展起来。对于个体来说，物质生活的基本满足，成为追求精神文化生活的必要前提。物质生产为文化产品的生产者和消费者提供物质生活资料，人们只有解决了吃、穿、住等物质生活资料的问题，才有可能从事文化艺术创造和科学技术研究等精神活动。"人只能先吃食物，再'吃'思想，只要这一个事实不变，物质生产就永远是人类社会的基础。"②

只有在物质生产力高度发展、物质财富极其丰富的基础上，人才能不必以强制劳动为代价来换取自己所必需的基本物质生活资料，整个人类社会才能从物质的压迫中解放出来，进入人类精神的自由发展阶段。中国近几年文化生产的快速发展，正是与改革开放以来经济的持续稳定发展、居民收入的大幅度提高直接相联系。因此，必须大力发展物质生产力，创造出极其丰富社会的财富，最大限度地满足社会成员的物质生活需求，使人们的物质生活得到充分的满足和物质保证，从而为实现新文明的跃迁创造基础和根本条件。

二　人的精神文化需求的不断增长

需求是生产的原动力，只有精神文化需求提高了，才能为文化生产提供前提条件。而精神文化需求的提高又依赖于物质生产力创造出的充裕的物质财富。精神文化需求是人类的一种基本需求。在物质生产力相对低下、物质财富贫乏和有限的时代，人的精神文化需求必然受到限制，文化生产也必然受到限制。物质条件的发展可以使物质对人类精神的压迫不断减轻直至最终消除。当全体社会成员的基本物质生活资料不再必须通过强制劳动而获得

---

① 《马克思恩格斯选集》第1卷，人民出版社1995年版，第292页。
② 李文成：《追寻精神的家园——人类精神生产活动研究》，北京师范大学出版社2007年版，第244页。

时，整个人类的精神性需要就可以得到长足的发展，人就可以完全摆脱生理需要等低级需要的纠缠，从基本物质生活资料的谋求中解放出来，主要从事为满足自己的精神需要的活动。

随着物质生产力的发展，人的精神文化需求必然不断提高，文化生产也必然得到发展。在当代社会，随着物质生产力的发展和人们生活水平的提高，丰富多彩的精神文化生活已逐步走进普通民众特别是都市居民的日常生活，它已不再是"少数人的特权"，而是大众的基本需求和普遍追求。中国近几年文化生产的快速发展，正是与人民群众多样化、多层次的精神文化需求快速增长有着直接的关系，而这又与中国改革开放以来经济的持续稳定发展、居民收入的大幅度提高直接相联系。因此，必须大力发展物质生产力，创造极其丰富的物质财富，消除长期以来妨碍和制约人类发展的基础性障碍，促进人的精神文化生活的需求的增长，进而促进精神文化生产的发展，为新文明的转换创造前提条件。

三 个人可支配的自由时间的增多

精神文化消费需要的满足，不仅要有"钱"，还要有"闲"。有充足的个人可以支配的自由时间，是精神文化消费的一个重要前提。自由时间是相对于劳动时间而言的，是劳动时间之外的、可以自由支配的时间。人的自由时间的增多，从根本上是社会生产力和经济发展的结果，自由时间的多寡又最终取决于社会物质生产力发展的水平。随着生产力的发展，科学技术的进步，劳动生产率得到提高，生产同样的产品，不再需要花费原来要花费的时间，于是就出现了多余的时间，这样就为文化生产提供了另一个非常重要的前提条件，即"闲"。中国近几年文化产业、特别是旅游产业的发展，与实行"双休日"和"黄金周"有直接关系。而这又与中国改革开放以来经济的持续稳定发展、居民收入的大幅度提高直接相联系。因此，必须大力发展物质生产力，缩短每个人的劳动时间，从而使每个人"有充分的闲暇时间"去从事自己喜欢的精神创造活动。

第二节 文明的生产主体与消费主体：
新文明转换的主体保障

生产和消费都是由人来进行的，人是生产和消费的主体。生产主体与消费主体自身的状况如何，不仅直接影响着社会生产和再生产过程及其结果，也直接影响到人自身的生产和再生产过程及其结果。精神文化生产的特殊性对于生产主体和消费主体的素质提出了很高的要求。以我国为例，近年来，随着我国社会经济的快速发展和人民生活水平的提高，丰富多彩的精神文化生活已逐步走进普通民众特别是都市居民的日常生活中，中国人的生活方式正悄然发生变化，精神文化生活已成为大众的普遍追求。然而，面对人们日益增多的闲时、闲钱，我国的文化生产力还未能提供足够的、优质的精神文化产品，特别是有效供给还严重不足。从文化消费情况来看，精神文化生活质量和水平参差不齐，人们精神文化生活存在着工具理性有余、价值理性不足的问题。因此，塑造文明的文化生产主体与文化消费主体，使文化生产力能够持续健康的发展，成为人类新文明转换的主体保障。

一 文化生产与文化消费的同一性特点

马克思在《〈政治经济学批判〉导言》中，对生产与消费的辩证关系进行了精辟地论述。他指出，消费和生产之间有"直接的同一性：生产是消费，消费是生产"，"每一方表现为对方的手段"。它们之间相互依存，在一个运动过程（生产过程和消费过程）中"彼此发生关系，表现为互不可缺，但又各自处于对方之外。生产为消费创造作为外在对象的材料；消费为生产创造作为内在对象、作为目的的需要。没有生产就没有消费，没有消费就没有生产"。"每一方都为对方提供对象，生产为消费提供外在的对象，消费为生产提供想象的对象"，"两者的每一方当自己实现时也就创造对方，把自己当作对方创造出来"。因此，"生产不仅为主体生产对象，而且也为对象生产主体"。生产对于消费的依赖，不仅表现在产品只有"在消费中才能证实自己是产品，才成为产品"，而且还表现在消费是生产的前提。"消费创造出新的生产的需要，因而创造出生产的观念上的内在动机"，也就是说，

"消费在观念上提出生产的对象,作为内心的图象、作为需要、作为动力和目的。消费创造出还是在主观形式上的生产对象。没有需要,就没有生产。而消费则把需要再生产出来"。①

文化生产与文化消费也是如此,二者之间相互依存、互为媒介而存在。文化生产为消费提供内容,消费则为文化生产提供需要。文化产品的生产和消费具有"直接的同一性"特点,文化产品生产不仅为文化产品消费者生产可供消费的文化产品,而且也为文化产品生产出消费的主体。这就是马克思所说的"艺术对象创造出懂得艺术和能具有审美能力的大众"②,而且"懂得艺术和能够欣赏美的大众"一旦形成,必然会影响"艺术对象的创造"。在文化生产与文化消费中,文化消费对文化生产的依赖显得更为重要。"不仅是文学生产产生接受,接受也产生文学生产;不只是作者创造读者,读者也创造作家;不只是作品影响读者,读者也影响作家的创作。"③

20世纪60年代末产生于德国并迅速在欧美产生重大影响的"接受美学"思潮,汲取了马克思的"生产—流通—消费"这一"循环模式"理论中的营养,提出了文艺研究不能单纯以文艺作品自身为对象,而应该把读者包括到文艺科学研究对象中来的主张,强调读者能动接受的重要意义,重建读者在文学活动中的地位。他们认为,文艺作品只是以某种文学艺术形式向社会提供了某种信息,至于如何接受这个信息,如何处理这个信息,那是读者的事、观众的事。因此,他们要求接受者参与创作,给他们以充分的自主权。"接受美学"理论本身虽然还需进一步发展完善,但是,它以读者研究、接受研究为着力点,将文学研究的中心从作者和文本上转移到读者审美接受和审美经验的研究上,其意义不仅是将读者置于文学研究的中心地位,更重要的是,试图通过对读者接受过程的研究,通过作家、作品和读者三者关系的研究,来沟通文学与社会历史的联系,把握艺术经验的社会历史性意义,从文艺生产与接受的关系去认识文学艺术的社会功能,探求文学艺术的价值实现的途径。

---

① 《马克思恩格斯选集》第2卷,人民出版社1995年版,第8—11页。
② 同上书,第10页。
③ 张黎:《关于"接受美学"的笔记》,《文学评论》1983年第6期。

接受美学给我们的启示在于，精神文化作品的社会功能，不能仅仅根据作品的题材、主题等内容来判断，不能仅仅取决于文化产品内容是什么和形式是怎样的，而是在很大程度上取决于读者接受了什么和怎样接受的。文化产品本身只是含有社会功能的潜力，或者说只是具有发挥某种社会功能的可能性。这种可能性能不能变成"现实性"，还要靠读者在接受过程中实现，靠作品自身是不能完成的。

文化产品的消费实际上分为两个组成部分或两个阶段：外在接受（如购买书籍等）和内在接受（如接受作品的观点等）。文化产品的最终消费，应该是第二个阶段，即内在接受。文化产品的产生，只是给消费者提供了一个消费的对象，只是为文化产品的社会功能提供了一个物质依据，文化产品只有进入流通过程才能成为读者的接受对象，而且只有真正被读者所接受，文化的认识作用、教育作用和美感作用才能最终发挥出来。[①] 当下，在文化生产与消费中，人们过多地注重从外部为文化消费者提供消费对象（文化产品）；但对于文化消费者在观念上作为内心的意象、作为需要、作为动力和目的为文化生产所提供的信息和发挥的影响则关注不多。如果只是完成了前一阶段，实际上作为文化生产和消费的完整过程还没有完结。因此，我们在探讨文化生产的特殊规律时，不能仅仅关注于生产者（如作者）生产什么和如何生产，而忽略了消费者（如读者）接受什么和如何接受。只有这样，才能真正促进文化大发展大繁荣，才能真正实现文化"提升人"的功能。

二 文化生产主体的责任担当：以先进文化"化人"

接受美学中"重视读者"的思想，实际上就是文化生产中要以"先进文化"为指导的体现。如前所述，文化生产力虽然是一种物质力量，但因其生产的产品的特殊性，使得文化生产力具有鲜明的精神文化属性。它以满足人的精神文化需求为价值目标，通过引导和满足人的文化需求来调适人对物质的需求，可以在很大程度上防止人陷入物质主义境地。因此，文化生产力的最终功能是"化人"，是用文化产品内在的文化力量来感化人、塑造人、凝聚人、发展人和提升人。正因为如此，与物质生产相比，精神文化产品的

---

① 参见齐大卫《从接受美学谈文艺欣赏》，《北京师范大学学报》1987年第3期。

"质量"更为重要，因为文化生产生产的是精神食粮。正如吃了有毒的食品会损害人的健康一样，"吃了""有毒"的精神产品，毒害的是人的灵魂。因此，在物质生产中坚持以"先进文化"为指导的原则，就在于摈弃片面追求经济效益的价值取向，为消费者生产"优质"的文化产品，为消费者提供健康的精神食粮，自觉拒绝生产"三俗产品"，从而实现以先进文化"化人"的目的。

文化生产与文化消费是直接统一的关系，文化消费者对文化产品的理解和接受如此重要，那么，为消费者提供什么样的文化产品就显得尤为重要。毛泽东在《反对党八股》一文中指出，文章是"专为影响人的"，"是要去影响别人的思想和行动的"[①]。在《在延安文艺座谈会上的讲话》中，毛泽东又进一步指出：文化的重要使命就在于"根据实际生活创造出各种各样的人物来，帮助群众推动历史的前进"。[②] 这里的关键是以什么样的文化"影响人"，那么，究竟什么样的文化才能"帮助群众推动历史的前进"呢？

马克思主义认为，文化不是抽象的，而是具体的，文化有先进与落后之分，在阶级社会中，文化是有阶级性的。"文化"的本质是"文以载道、道以化人"，是"人化"与"化人"的统一。"化人"就是以特定的文化来塑造人、熏陶人、培养人、武装人、引导人，使人按照一定的方向发展。但问题的关键是，应该用什么样的文化来"化人"？人类在改造自然和社会过程中形成的文化，是精华和糟粕并存、香花与毒草同在的。不同的文化对人产生不同的影响，即会"化"出不同的人。因而，文化"化人"具有不同的方向性。马克思当年曾说："如果音乐很好，听者也懂音乐，那么消费音乐就比消费香槟酒高尚。"这里所说的"好音乐"，也就是"先进文化"的含义。马克思鼓励工人们要"参与更高一些的享受，以及参与精神享受——为自身利益进行宣传鼓动，订阅报纸，听演讲，教育子女，发展爱好等等……扩大自己的享受范围"。但马克思把"玩"分成两种，积极的玩和消极的玩。听音乐、读书、写作、创造，属于积极的玩；而喝香槟酒、斗鸡遛狗属于消极的玩。玩的价值主要体现在第一种活动中，因为这类活动更能激发一

---

① 《毛泽东选集》第3卷，人民出版社1991年版，第840页。
② 同上书，第861页。

个人的创造力。变消极的玩为积极的玩，这实际上也就是以先进文化"化人"的问题。

文化企业是文化产业的细胞和微观基础，正是一个个文化企业构成了整个文化产业。文化生产者的责任担当，最终要通过文化企业来实施。文化企业作为通过生产、经营和销售来获取商业利益的组织，不仅要合法经营纳税、遵守市场规则、维护职工权益、参与社会公益，更要履行好社会责任，始终把社会效益放在首位，努力实现社会效益和经济效益的有机统一，这是文化生产力发展的基本规律。

任何企业都要履行自己的社会责任。20 世纪 90 年代以来，在联合国、国际劳工组织、国际标准化组织等社会力量的推动下，社会责任问题逐渐成为国际社会关注的焦点，越来越多的国家通过颁布法律法规等强制性手段对企业社会责任行为进行规范，从而引发了一场持续至今的企业"道德革命"。在现代社会，企业已经不是单纯追求私人利益的"经济人"，而是创造社会价值的"社会人"；不仅是政府管理的客体和对象，更是参与社会治理的重要主体。一句话，企业已经成为不同社会人群共同生产生活、共同发展进步的社会共生系统，现代企业不仅要向社会提供好的服务和产品，还要向社会尽到作为公民的责任和义务。

企业社会责任是指企业在创造利润的同时，还应该承担对政府的责任、利益相关方的责任、消费者的责任，以及对社会、资源、环境、安全的责任，保护弱势群体、支持妇女权益，关心保护儿童、支持公益事业等。企业的社会责任要求企业必须超越把利润作为唯一目标的传统理念，强调要在生产过程中对人的价值的关注，强调对消费者、对环境、对社会的贡献。美国著名管理学家阿奇·卡罗尔认为，完整的企业社会责任是企业的经济责任、法律责任、伦理责任和慈善责任之和。[1] 国外学者将企业的社会责任活动分为 6 种，它们分别是公益事业的宣传、公益事业关联营销、企业的社会营销、公司的慈善活动、社区志愿者活动和对社会负责的商业实践。[2]

---

[1] 王小锡：《经济伦理的当代理念与实践》，"序言"，上海人民出版社 2010 年版。
[2] ［美］菲利普·科特勒、南希·李：《企业的社会责任》，姜文波等译，机械工业出版社 2011 年版。

对于文化企业，履行社会责任具有极其重要的意义。这是由文化产品生产的特殊规律决定的。文化企业生产的产品关乎人的精神家园、关乎人的灵魂。文化企业生产的是精神文化产品，而精神文化产品既有意识形态属性又有商品属性。文化企业生产的是包含思想意识和价值观念的特殊产品，文化产品是包含文化意义、社会意义和政治意义在内的"意义综合体"，具有典型的"价值溢出效应"。生产的看似产品，传递的实为价值；流通的看似产品，流动的实为思想；消费的看似产品，接受的实为观念。一个文化产品一旦生产出来，它的扩散是不受时间和地域限制的。① 因而，文化企业所秉承的核心价值理念和道德观念就至关重要。这就决定了精神文化产品生产与其他物质产品生产相比，具有自身特殊的规律。文化生产的另一个特征是具有供给主导性。文化产品往往是供给决定需求，即供给创造需求、供给培育需求。人们对物质产品的需求是基本需求，而文化需求则往往是衍生需求，需要经验体验来开导和培养。文化供给不是被动地适应需求、满足需求，而是主动引导需求。因此，文化消费本身是一个培养人的过程。精神文化消费不同于物质消费，在满足人们的精神文化需要的同时，还担负着"创造出懂得艺术和具有审美能力的大众"的神圣使命。② 而且"懂得艺术和能够欣赏美的大众"一旦形成，必然会影响"艺术对象的创造"。因此，市场语境下的艺术生产和消费不能完全依靠市场的自发调节，艺术生产在注重经济效益的同时必须始终把社会效益放在首位。文化企业有责任培养人的健康情趣，在文化产品生产中自觉追求真善美、抵制假恶丑。

文化生产者的责任担当，就是要以先进文化为指导来发出"接受指令"，用正确价值导向来召唤"读者"，以"先进文化"引导"化人"。"先进文化"，就是毛泽东同志所说的，能够"帮助群众推动历史的前进"的文化。只有先进文化才能丰富人的精神世界，培养健全人格，增强人的精神力量，促进人的全面发展。"接受美学"所说的"接受指令"是作品（产品）引导接受的特性，是作品（产品）所固有的特质。"接受美学"尽管强调消费对生产具有特殊作用，但仍然认为生产是这一过程的主导方面。无论读者

---

① 黄仁宗：《文化企业的社会责任》，《光明日报》2011年3月16日第15版。
② 《马克思恩格斯选集》第2卷，人民出版社1995年版，第10页。

的文化修养、审美能力、价值观和道德观如何,也无论他对文化产品内容作出什么样的解释和评价,他接受某一产品总是在一定的引导下接受的。任何作品在接受过程中不是被动地供人接受的客体,它都有特定的"接受指令",以此来引导读者对它的接受。[①] 也就是说,在这一过程中,作者(文化生产者)具有主动性、起主要作用。文化生产的这种特殊性,要求文化企业从一开始就认清自己的社会责任。文化创作者和文化生产者,应担当起以优秀的文化作品,积聚起向真、向善、向美的正能量的责任,在潜移默化中陶冶人的道德情操,使人在获得艺术享受的同时得到思想的启迪,激励和鼓舞人们振奋精神去改造现实、创造历史,推动社会进步发展。

我国文化企业虽然是社会主义市场经济发展的产物,但它不仅仅具有市场经济的特征,不仅仅是简单的经济实体,更重要的是具有社会主义的特征,是弘扬社会主义先进文化、引领社会主义文化发展方向的重要途径和主要媒介,因而是社会主义文化建设的重要主体。我国文化企业是否履行社会责任,不仅直接关系到文化企业自身的发展,而且关系到社会主义文化建设发展目标任务的顺利实现。因此,在文化生产的发展中,我们始终坚持先进文化的前进方向。但就我国目前情况来看,文化企业道德责任状况不容乐观。在市场经济体制下,一部分文化企业为了获得高额利润,一味迎合市场需求,生产了一些庸俗、低俗、媚俗的文化产品,影响着我国文化事业的健康发展。据调查显示,文化企业的领导比员工更偏向于考虑企业的经济利润。对于社会效益和经济效益重要性的问题,在调查的文化企业领导中,选择"文化企业经济利润重要"和"两者都重要"的比例明显大于员工。一部分人虽然具有文化企业道德责任意识,但是这种意识并不是很坚定,很容易受外界因素的干扰,从而使他们在经济利润面前迷失方向。

要解决这些问题,必须坚持教育引导和加强法律制度建设相结合。"责任是内化了的义务"。要使文化企业真正担负起社会责任,必须加强企业道德文化建设。"要加强对文化产品创作生产的引导,真正从群众需要出发,继承和发扬中华文化优良传统,吸收借鉴世界有益文化成果,推出更多深受群众喜爱、思想性艺术性观赏性相统一的精品力作。要引导广大文化工作者

---

① 参见银建等《马克思主义美学视野下的"接受美学"》,《自然辩证法》2005年第7期。

和文化单位自觉践行社会主义核心价值体系，坚持社会主义先进文化前进方向，坚决抵制庸俗、低俗、媚俗之风。"① 必须引导文化企业树立高度的责任意识，对文化繁荣发展有高度责任感和主动担当。文化企业家不仅要当好生意人，更要当好文化人，要把文化产品的社会效益看得比泰山还重，绝不能为经济利益而逃避社会责任。当然，要使文化企业真正担负起社会责任，依靠教育和引导是远远不够的，还必须健全和完善法律制度，把履行社会责任纳入相关事物法律制度的建设之中。要制定和完善法人、岗位、职业、产品等市场准入和退出机制，健全登记备案、年检制度、加强岗位培训等多种行业监管手段，强化行业自律，推动文化企业形成自我约束、自我监督、自我管理的良性发展机制。

三 文化消费主体素质的提高：正确的价值观和文明修养

当下，人们的休闲时间日益增多，消费能力不断增强，但精神文化生活水平参差不齐。其中，存在着工具理性有余、价值理性不足，物质消费盲目、精神追求不足，环境破坏明显、生态关爱滞后等诸多问题。因此，需要提高人们的文化素质，引导消费者走出文化消费的误区，正确地合理地进行文化消费。

"以人为本"的生产目的是满足人的"正常需要"（非马尔库塞的"真实需求"），即有利于个人身心健康和全面发展、有利于社会文明和进步的需求。在人类生产与需要的发展过程中，同存在着"畸形的生产"一样，也存在着"畸形的需要"，即"非正常需求"。马斯洛所说的"病态需求"、马尔库塞所说的"虚假需要"、高兹所说的"异化消费"等，就是指这样的需求。马尔库塞在1964年出版的《单向度的人》一书中提出"虚假需要"的概念。他认为，生产现代化过程中由于大众文化的灌输与控制，发达的工业社会造成了人们的"虚假需要"，即人们本不应该有的需要却成为强烈的需要，这是一种"不能自主的"、"压抑的"需要，是一种"变废为需"的需要。马尔库塞说："大多数现行的需要，诸如休息、娱乐、按广告宣传来

---

① 胡锦涛：《推动社会主义文化大繁荣大发展》，《人民日报》2007年10月20日第1版。

处事和消费、爱和恨别人之所爱和所恨,都属于虚假需要这一范畴这列。"①

从生产主体方面看,"虚假需求"是市场逐利的后果。当社会生产以追求经济效益至上的时候,"虚假需求"、"消费异化"就成为必然。但从消费者方面来看,虚假需求则与消费者自身的消费价值取向有关系,因此,引导消费者的"正常需要"是很重要的。那么,什么样的需要是我们的"正常需要"呢?著名经济学家约翰·凯恩斯把人类的需要分为两类:一类是绝对需要,一类是相对需要。前者是指那些不管与我们同处的别人的情况怎样,我们总是需要的一类需要;后者是指那些只会使我们感到凌驾于同处的别人之上的一种优越感的需要。前者是一种基本需要,后者是一种满足优越感的需要;前者是有限的,容易满足的,后者是无止境的,永远无法满足的。相对需要的满足并不能增加社会的幸福,因为一部分人的幸福感是建立在别人自卑的基础上的。这就是真正的异化需要、虚假需要或本不需要的需要。马克思曾经说过:"一座房子不管怎样小,在周围的房屋都是这样小的时候,它是能满足社会对住房的一切要求的。但是,一旦在这座小房子近旁耸立起一座宫殿,这座小房子就缩成可怜的茅舍模样了……并且,不管小房子的规模怎样随着文明的进步而扩大起来,但是,只要近旁的宫殿以同样的或更大的程度扩大起来,那座小房子的居住者就会在那四壁之内越发觉得不舒适,越发不满意,越发感到受压抑。"② "没有买卖,就没有杀害"——这是我们非常熟悉一句话。它出自成龙、姚明等明星为保护野生动物,专门拍摄的一个公益性的影视广告中。人们为了象牙而杀害大象、为了犀牛角而杀害犀牛、为了虎皮和虎骨而杀害老虎、为了熊掌而杀害熊、为了海龟壳而杀害海龟……如果人们没有了上述需要,偷猎者还会如此丧心病狂地捕杀它们吗?坐出租车与开自己买的车,"车"的功能没有变化;鱼翅的营养价值究竟怎样也不得而知,一些人也根本不在乎这一点,他们在意的是:我开上了自己买的汽车,我能吃得起鱼翅——这是一种地位和身价高贵的象征,满足的不是"车"和鱼翅本身的物质需求,而是虚荣心的需求。"虚假需求"是价值

---

① 参见[美]赫伯特·马尔库塞《单向度的人——发达工业社会意识形态研究》,湖南人民出版社1988年版,第4—7页。
② 《马克思恩格斯选集》第1卷,人民出版社1995年版,第349、350页。

观扭曲的结果，正是这种扭曲的价值观成就了商家的暴利。因此，要引导人们树立正确价值观，引导人们追求高尚的文化需求。

优秀的文学作品需要优秀的接受者去品尝、鉴赏。"接受美学"提出的问题的深层意义，在于读者自己要有能力在文学中发挥自己的作用。正如马克思所言："如果音乐很好，听者也懂音乐，那么消费音乐就比消费香槟酒高尚。"这里所说的"懂音乐"，应是指有能力欣赏音乐。"人类世世代代各以自己的方式反复阅读荷马"；"有一千个读者就有一千个哈姆雷特"[1]。每一个读者的人生经历、价值取向不同，对文学人物形象的理解自然不尽相同。文学艺术的社会效果不是由文艺创作和文艺作品单方面决定的，在很大程度上还取决于鉴赏者（即接受者）的审美意识。"名山遇徽客，何异士遇知己"，文艺的社会效果问题不单是一个文艺创作问题，而且是一个文艺鉴赏问题。因此，读者的欣赏能力至关重要。如果"读者之精神不生，将作者之意思尽没，不知心苦，实负良工"[2]，那么，再好的文学作品也没有实际意义。自2005年始，我国开展的"高雅艺术进校园"活动，就是培养和提高学生艺术鉴赏能力的公益活动。活动以"走近大师，感受经典，陶冶情操，提高修养"为主题，通过政府购买文化院团服务为大学生提供免费欣赏高雅艺术的形式，组织国家级艺术院团和优秀地方艺术院团赴高校演出，组建全国普通高校艺术教育专家讲学团赴全国各地高校讲学，以及开展全国普通高校和中学普及高雅艺术活动。活动旨在引领青年学生提高审美修养、提升精神境界，满足精神文化生活的需求，以建设"向真、向善、向美、向上"的校园文化。2009年3月，《李岚清中国近现代音乐笔谈》首发式暨2009年高雅艺术进校园活动开幕式在国家大剧院隆重举行。原中共中央政治局常委、国务院副总理李岚清，出席首发式并作了关于"音乐、艺术、人生"的专题讲座。中央音乐学院和中国音乐学院在开幕式上演出了《李岚清中国近现代音乐笔谈》中评介的部分曲目，由此正式拉开了2009年高雅艺术进校园活动的序幕。李岚清从领导岗位退休以后，深入近百所高校举办艺术讲座和篆刻作品展览，在国内外举办了近百场文化艺术专题讲座。先后

---

[1] 转引自齐大卫《从接受美学谈文艺欣赏》，《北京师范大学学报》1987年第3期。

[2] 同上。

出版了《李岚清音乐笔谈》《音乐艺术人生》《李岚清中国近现代音乐笔谈》《原来篆刻这么有趣》等艺术著作，为我国文化艺术的普及推广、为提高大众的艺术修养倾注了大量心血。只有在大众的文化修养普遍提高、高雅文化被普遍接受的时候，高雅文化才能深入人心，发挥陶冶情操、提升精神境界的作用。当人人都有对高雅文化的需要，都能够接受、欣赏和享受高雅文化时，高雅文化就会转化为大众文化。这并不是将高雅文化降低了，而是将人们的文化素质普遍提高了。

几年前，曾经一句"贾君鹏，你妈妈喊你回家吃饭"的帖子，引发了一场"网络群体事件"。一个普普通通的留言，为什么会引起超过30万的跟帖？连社会心理学家也没有办法解释这个现象。美国《侨报》也对此作了报道。这个看似无心发出的一个留言，引发了一场网络无厘头的娱乐风暴。一场看上去似乎没来由的"集体起哄"，使贾君鹏的被关注程度，呈核爆炸级数增加。那么多人，能够有时间关注一个小小的"贾君鹏"，耗时耗力，看似无聊，其实是休闲社会的关键所在，这就是有了闲暇时间。透过表面现象分析，这个看上去似乎是没有什么意义的网络起哄事件，实际上包含着重要的潜在的文化意义、经济意义和社会意义：一方面，"有钱"和"有闲"是休闲社会的基础，中国在文化上已经进入了休闲社会；另一方面则表现出，中国文化消费的乏力，文化消费者的素质有待提高。

仅以旅游休闲为例。从旅游景点的"禁止攀爬"、"禁折花草"、"禁止刻字"等"禁令"中，便可得知游客的文明素质。近年来，我国旅游消费迅速增长，不仅国内旅游业高速发展，而且出境游也日渐火爆，越来越多的国人走出国门，这一方面体现了社会发展和人的发展程度的提高，另一方面也对国民素质提出了更高的要求。虽然我国公民的旅游文明素质和道德水平正在不断提高，但从整体上看，其与我国的国际地位还不相称。一些中国公民在旅游活动中表现出的"不修边幅、不讲卫生、不懂礼仪、不守秩序、不遵法规、不爱护环境和公共设施、喧哗吵闹"等不文明行为，严重损害了中国"礼仪之邦"的形象，引起了海内外舆论的广泛关注和批评。曾任新华社海外记者的马晓霖撰文说，根据多年在海外耳闻目睹的一些现象，他归纳勾画出部分国人不文明、不光彩的行为举止和脸谱化的形象，主要有：缺乏公德意识，缺乏法律意识和商业规则意识，缺乏对文化与习俗的敬重，缺乏节俭美德，不以铺张浪费为耻。凡此种种，虽为小节末枝，虽为部分国人所为，日积月累却拼凑出国人的一般形象，再经过媒体的渲染和放大，又被升格为国人的整体风貌。①

休闲不仅成为评价一个国家生产力水平高低的标准之一，而且也是现代人一种崭新的生活方式、生活态度。但是，在旅游休闲时，人们暂时离开了工作中的相对固定和熟悉的环境，来自工作中的外在约束不再起作用，自己的言行举止主要靠内在的自我约束。游客在旅游景区的休闲活动，具有暂时性、动态性、异地性的特征，他们往往看不到自己不文明行为对环境的消极影响，因而会更放纵自己。因此，在休闲时光越来越多、休闲产业方兴未艾的今天，对公众道德水平也有了更高的要求。中国古人倡导不仅要"读万卷书"，而且要"行万里路"，旅游能够满足公众求知求乐、愉悦身心的需求，是人们增长知识、丰富阅历、愉悦心身、强健体魄的重要方式。但必须在旅游中改善中国公民的国际形象，才能使旅游休闲向着高雅化、文明化发展，这不仅需要管理部门的努力，更需要广大旅游者文明素质的提升。提升包括旅游文明素质在内的公民文明素质是一项系统工程，也是一个内在的、长期的、潜移默化的过程，需要政府、社会组织和个人的共同努力和坚持不懈。公民文明素质提升首先要重视教育，根据不同群众类型的实际情况，采取灵活多样的活动载体，开展一系列群众性精神文明建设活动。从长远看，必须从加强养成教育开始，引导青少年从小修身立德，使他们从小就知道该如何做人，如何与人相处，与自然相处，知道要自强、自爱、自律。同时，要从人民群众日常生活的基本价值规范入手，从我做起、从点滴做起，大力倡导文明礼仪，引导公民自觉遵守社会公德，维护公共秩序，共同营造一个公共场所礼让有序、公共环境整洁有序、公共交通安全有序、旅游出行和谐有序和诚信经营文明有序的休闲旅游环境。

---

① 参见光明网《形象不佳的"中国脸谱"》（http://www.gmw.cn/content/2007-06/27/content_630298.htm）。

第三节　超越资本局限：人类文明新转换的制度保障

对文明转换的考察不能离开一定的历史条件和社会制度。马克思指出："要研究精神生产和物质生产之间的联系，首先必须把这种物质生产本身不是当作一般范畴来考察，而是从一定的历史的形式来考察……如果物质生产本身不从它的特殊的历史的形式来看，那就不可能理解与它相适应的精神生产的特征以及这两种生产的相互作用。"① 事实已经证明，即使具备了高度发展的物质生产力这一基础条件，也具有高度发达的文化生产的现实条件，人类也并不能自然而然地走出自身面临的困境。因此，要实现文明的转化，还需要先进的社会制度作为保障。

我们这里把"文化生产力"理解为文化与经济高度融合的当代范畴，是指按照资本的逻辑进行文化生产活动的现实力量。所谓资本的逻辑，简而言之，就是指遵循资本的运作规律，即以追求利润为最大化原则，其实质就是文化的资本化。从人类文明发展来看，资本也是人类文明发展的必然结果，由资本逻辑推动的工业文明是人类文明的巨大进步。但资本从其诞生之时起，就蕴含着自身无法克服的内在矛盾。而文化生产又是一种特殊的生产活动，承载的是"超感觉"的意义和价值，文化生产的目的在于以先进的文化"化人"。但资本逻辑容易导致生产出文化垃圾，容易产生如法兰克福学派所说的"扼杀人的自由天性，消解人的理想"的现象。社会主义制度作为迄今为止人类文明发展的最先进制度，无疑为解决这一矛盾提供了制度保障。在中国特色社会主义实践中，文化生产既利用资本又超越资本的局限性，从而实现文化生产的经济效益和社会效益的统一，文化生产力发展展示出生机活力，从而为人类新文明的飞跃开辟了广阔的前景。

一　文化生产：资本运动的必然逻辑

"文明是实践的事情，是一种社会品质"②。文明是人类生产实践的产

---

① 《马克思恩格斯全集》第 26 卷（第 1 册），人民出版社 1972 年版，第 296 页。
② 《马克思恩格斯全集》第 1 卷，人民出版社 1960 年版，第 666 页。

物，它受社会形态制约而具有社会性。现代意义的文化生产始于资本主义生产方式的兴起，是资本运动规律在文化生产领域的体现。由于资本主义生产方式把社会一切生产纳入资本逻辑体系，几乎把一切资源都资本化了，把一切产品变成商品。因此，资本生产也必然扩张到作为人的精神家园的文化领域。[1]

"资本"具有内在矛盾的两面性。"马克思是理解了——在这方面许多当代的马克思主义者却不甚了了——资本主义具有永远都既是压迫力量又是解放力量这种根深蒂固的矛盾的本性的第一人。"[2] 马克思作为唯物史观的创始人，坚持客观的和辩证的科学方法，既肯定了资本"功绩"，"在它的不到一百年的阶级统治中所创造的生产力，比过去一切时代创造的全部生产力还要多，还要大"，极大地推动了整个文明的进步。[3] 同时，马克思也对资本进行了无情的揭露和深刻批判。马克思指出了"资本"是现代社会一切奴役的根源。"资本是资产阶级社会的支配一切的经济权力"[4]，而资本的行动逻辑则是无限增殖自身，由此决定了"资本主义生产的根本目的和动机是追求资本价值的无限增殖"[5]。在资本主义社会，它是一种"普照的光"[6]，一切事物的发展无不打上资本的烙印。生产过程的其他一切东西，无论是自然资源还是劳动者本身，无论是生产还是消费，无论是物质生产还是文化生产，都要依据资本的逻辑来运作。马克思批判资本主义社会普遍的商品化现象，甚至人的良心、情感、名誉等都可能成为商品。

"资本"的这种内在矛盾的两面性，也必然反映在文化生产之中，使文化生产具有两重性质和两种效益——商品价值与精神价值、经济效益与社会效益。文化生产是运用市场经济的资本运作、以经济效益为运作杠杆，借助于先进的科学技术大规模地标准化复制大批量的文化产品的生产活动。它具有一般生产活动的特征，必须按照资本的逻辑运作，即以追求利润的最大化

---

[1] 荣跃明：《马克思哲学视域中的文化生产》，《毛泽东邓小平理论研究》2007 年第 1 期。

[2] ［美］劳伦斯·E. 卡洪：《现代性的困境——哲学、文化和反文化》，商务印书馆 2008 年版，第 18 页。

[3] 《马克思恩格斯选集》第 1 卷，人民出版社 1995 年版，第 277 页。

[4] 《马克思恩格斯选集》第 2 卷，人民出版社 1995 年版，第 25 页。

[5] 汝信：《深刻认识当代资本主义的本质》，《世界历史》2009 年第 3 期。

[6] 《马克思恩格斯选集》第 2 卷，人民出版社 1995 年版，第 24 页。

为最终目的。文化生产使传统的手工作坊式的文化生产变为现代社会化大生产,使文化生产转变为直接的现实的社会生产力。现代文化生产依赖于先进科学技术在生产中的广泛应用,改变了传统文化生产技艺主要依靠世代相传的局限性。这一切都极大地提高了文化的生产能力,大大满足人们的精神文化需求。建立在商品交换基础之上的现代文化生产方式,改变了传统文化生产受制于特权的局限性,现代文化的生产主要是大众文化的生产。大众文化不仅具有商品性,而且具有通俗性、娱乐性等特点。它打破了以往社会的阶层区别,使文化与普通大众的精神文化生活直接相联系,成为他们的日常活动,使文化摆脱了过去那种只依附于极少数人的寄生性,而获得了广泛的社会性。这无疑是文化发展史上的巨大历史进步,"它说明了人类在文化生活中对感官满足的需要是不容忽视的"①。因此,那种一味以"文化精英"自居,居高临下对文化的商品化天然地抱有怀疑甚至拒斥态度,对大众文化流露出本能的反感、蔑视或不屑一顾,对上流社会或精英文化无限惋惜和留恋……其实质上都是"没落贵族式的文化保守主义"的一种表现。不可抗拒的历史潮流将无情地埋葬一切陈旧的观念,结束这些孤芳自赏、自欺欺人的挽歌!

但是,文化生产又具有消极的一面。在文化生产、消费过程中,就有可能出现悖论——两种效益的分离和两种价值的倒挂。文化生产作为一种经济活动,要按照资本的逻辑运作,要以追求利润的最大化为最终目的。因此,衡量文化生产力水平的一个重要指标就是经济指标。由于这一特点,文化生产活动容易出现对经济利益的追求而忽视社会效益的现象。文化生产在本质上是一种充满人文关怀的生产,其最终目的是要满足人们的文化需要和精神性追求。但资本逻辑容易导致文化生产违背这种精神属性。资本的本性使文化生产要符合资本追求利润的需要。因此,也就有可能出现企业生产单纯追求票房价值而忽略甚至完全放弃艺术价值,导致"三俗"产品出现;有时甚至导致一味追求低成本高速度、粗制滥造的"假、冒、伪、劣"文化产品泛滥。可见,文化产业本身是无污染的绿色产业,但它也可能是"有污染"的产业,即它可能生产文化垃圾,造成"精神污染",毒害人的精神和

---

① 朱立言等:《哲学与当代文化》,中国人民大学出版社1998年版,第50—51页。

灵魂。对此，文化研究者深深感受到这一点，如文化社会学的研究"常常仅仅涉及文化生产系统的组织，作为标新立异者的艺术家的社会角色或者受众的阶级结构已经导致了对于文化形式和社会过程之间的关系的机械主义观念"[1]。文化生产主要生产"大众文化"产品。大众文化的主要功能是娱乐、游戏和消遣，它往往忽略思考性、启迪性和教育性。因此，在大众文化中，知识性文化消费与娱乐性文化消费会出现失衡。人们往往把大众文化喻为"精神快餐"，"量大，也吃得饱"，但长期一味地依赖，就会患"营养不良症"。正如法兰克福学派指出的：在浅层意义上，它过分激发了人的感官享受的欲望；在深层意义上，它把人的非物质的精神活动降格为特殊的物质活动，从而悄悄地扼杀了人的自由天性，取消了人的理想。[2]

另外，文化生产还具有意识形态控制的作用。文化生产在生产文化产品的同时，也生产出了消费这些产品的消费者，造就了一个消费文化时代。文化生产实现了生产、消费和社会关系再生产的同一。在消费文化产品的同时，也生产出与此相适应的社会心理和意识形态，建构并维护社会生产、分配和交往的既有秩序。由于文化产品生产的规模化和批量化，文化商品渗透于社会生活的各个层面，影响着消费者的个人生活，因此，它不仅是消费品，更是能够左右人们观念和意识的工具。它既是大众传播的媒介，也是有效的舆论宣传手段，在文化、教育等方面发挥着物质产品生产所无法替代的作用，因此它又不是一件简单的消费品，更是一件影响和控制意识形态的工具。[3] 因此，可以说，文化生产在对大众具有解放作用的同时，也是对大众的一种"压迫"。人们从一种形式的压迫下解放出来，又落入了一种新的束缚和控制之下。只不过文化生产对人是一种无意识的控制，因而是一种更具有欺骗性的控制。正因为如此，在某种意义上说，文化产品又具有了准公共产品的性质，要与政府的行为保持一致，因而成为政府行为的组成部分。这正说明，"实践是社会的事情"，文化生产具有社会性。由于社会制度本身带来的局限性，即使具有发达的文化生产力，也无法超越资本固有的内在矛

---

[1] ［美］戴安娜·克兰：《文化社会学——浮现中的理论视野》，王小章、郑震译，南京大学出版社 2006 年版，第 217 页。

[2] 转引自朱立言等《哲学与当代文化》，中国人民大学出版社 1998 年版，第 50—51 页。

[3] 参见孟晓驷《文化经济学思维——物质与文化均衡发展分析》，人民文学出版社 2005 年版。

盾而引起的消极作用。

二 社会主义的文化生产：利用资本又超越资本

要突破资本的局限性，最终要依赖于社会生产力的高度发展，但同时又要依赖于先进的社会制度作为保障。正如恩格斯所指出的："人们就越是不仅再次地感觉到，而且也认识到自身和自然界的一体性，而那种关于精神和物质、人类和自然、灵魂和肉体之间的对立的荒谬的、反自然的观点，也就越不可能成立了。"[①] 但是要实行这种调节，单是依靠认识是不够的。这还需要对我们现有的生产方式，以及和这种生产方式连在一起的整个社会制度实行变革。

迄今为止，人类社会依然处在"物质时代"，资本依然在文明中占有重要地位。文化生产活动具有一般生产活动的特征，这就是必须按照资本的逻辑运作，即以追求利润的最大化为最终目的。马克思的《资本论》揭示了资本的本质，正因为如此，人们总是把资本与资本主义剥削联系在一起，甚至"谈'资'色变"。毫无疑义，在资本主义条件下，资本的确是剥削的手段。但在社会主义条件下，资本的内涵和作用发生了重大的变化。

从人类文明发展史来看，资本也是人类文明发展的必然结果，相对于自然经济而言，由资本逻辑推动的工业经济是人类社会的巨大进步。资本的逻辑在现代社会中占有重要地位，文化生产作为现代社会生产的重要组成部分，不可能游离于资本的逻辑之外，这是不以人的意志为转移的。当然，文化生产是一种特殊的生产活动，文化产品离不开"可感觉"的物质载体，但是文化产品满足的是人的精神需求，人们消费的不是物质载体本身，而是由物质载体所承载的"超感觉"的意义和价值。因此，文化生产又不能完全按照资本的逻辑来运作，而必须考虑到文化的意义和价值，即我们所说的"社会效益"。如果完全依据资本的逻辑运作，就可能生产出文化垃圾，毒害人的精神和灵魂。因此，社会主义文明能够既利用资本又超越资本，从而实现经济效益和社会效益的统一。

文明是随着社会生产力水平的提高、生产方式的变革以及社会文化的进

[①] 《马克思恩格斯选集》第 4 卷，人民出版社 1995 年版，第 384 页。

步而不断向前发展的。迄今为止，人类社会已经经历了人猿级别的原始文明、古代奴隶制的文明、中世纪封建农奴制的文明、近代资本雇佣劳动制的文明，未来，人类社会将进入共产主义文明。社会主义文明是通向共产主义文明的一个阶段，是迄今为止人类历史上最高类型的新文明。社会主义文明是在继承人类文明一切优秀成果基础上发展的文明。一方面是新型的文明，是与过去历史上一切文明有着质的不同的文明，它的产生和存在本身就是对历史文明的一种否定；另一方面，社会主义文明发展离不开人类文明创造和积累的一切积极成果，它恰恰是在继承人类文明一切进步成果（当然包括资本主义文明的进步成果）的基础上继续创造人类更辉煌的文明。尤其是经济文化落后的国家进入社会主义之后，必须利用资本主义一切有利于社会主义建设的成果。由于人类文明发展的多样性、复杂性和曲折性，迄今为止，社会主义制度均是在经济文化落后的国家建立起来的。这就决定了在相当长的历史时期内，必须利用资本的力量来发展社会主义经济。在世界社会主义发展史上，马克思主义者在不同的时代，面对不同的历史任务，都在理论上和实践上进行过探索。改革开放以后，当代中国共产党人结合建设有中国特色的社会主义和改革开放的实践，创造性地解决了学习和利用资本主义的一系列重大理论和实践问题，不仅使理论得到了深化和发展，而且在实践上取得了卓越成就。

　　社会主义制度不仅要利用资本大力发展文化生产力，而且能够超越资本的局限，在人类文明发展上创造奇迹。在社会主义条件下，只要文化作为产业来发展，文化就必然进入市场，按照市场规律运行，以追逐利益为重要特征。但是，社会主义市场经济以人民群众利益为最高准则，力求做到社会效益和经济效益的有效统一。在社会主义制度下，文化生产的根本目的不是追求"利润最大化"，而是要从根本上满足人民群众的高层次精神需求，以牺牲社会效益来求得经济效益的行为是与社会主义价值目标相悖的。因此，资本追逐利益的本性必然要受到社会主义制度的制约和限制。协调好经济利益与社会利益、长远利益与近期利益、整体利益与局部利益的关系，正是社会主义制度的优势所在。在社会主义市场经济条件下，文化生产追求"利润最大化"的一面，体现为通过经济价值的实现来实现精神价值，资本逻辑与市场经济运作只不过是文化生产实现其精神文化价值的载体和形式。在市场经济条件下，文化产品成为商品和消费品，文化产品社会属性的实现与教化功能的发挥，正是人们在消费文化产品过程中，通过体验、感知、审美共鸣等文化满足方式，让消费者在潜移默化中实现的。同时，在社会主义制度下，政府将会发挥文化产品所具有的公共产品的属性作用，对文化生产中存在的单纯追求经济效益而产生的消极影响，进行有效的管理，社会主义的文化生产者也会自觉遵守法律法规、接受政府的管理、接受社会的监督，从而减少文化生产的自发性和盲目性，使之在与社会目标相统一的情况下，获得最大的产业利润。

"物质贫穷不是社会主义，精神空虚也不是社会主义"。我国处于社会主义初级阶段，我国的文化产业必然遵从资本的逻辑。与那种将文化生产与资本逻辑（市场经济）绝对对立的观念和实践做法不同，中国特色社会主义文化发展，开辟了一条利用资本又超越资本、实现经济效益和社会效益统一的发展道路，这是中国特色社会主义为世界社会主义文化发展，乃至整个人类的文化发展做出的重要贡献。我国在相当长的时期内仍然处于社会主义初级阶段。这就决定了我国在相当长的时期内将存在多种所有制共同发展，包括文化生产在内的一切生产活动既要遵循市场规律、资本逻辑，又要坚持四项基本原则，保证社会主义发展方向。由于新中国建立以来长期对社会主义的片面理解，对资本主义的东西一概批判、排斥，在文化发展上，我国长期实行单一的文化管理体制，严重束缚了文化事业的发展。改革开放近40年来，党和政府高度重视文化发展，通过文化体制改革和文化产业结构的调整，极大地促进了文化产业的发展。从党的十五大明确提出了文化建设的命题之后，我们党对文化的认识不断深化。党的十六大提出区分"文化事业"与"文化产业"，十六届四中全会提出"解放和发展文化生产力"，党的十七届五中提出"提升国家文化软实力""基本建成公共文化服务体系"与推动"文化产业成为国民经济的支柱性产业"，党的十七届六中全会提出建设"文化强国"战略，党的十八大强调要"扎实推进社会主义文化强国建设"。在这一系列方略指导下，我国文化体制改革不断深化，文化生产的发展取得了巨大成就。目前，我国已经基本形成了由出版、影视、传媒、娱乐、演出、音像、网络文化产业以及艺术品市场等组成的统一、开放、竞争、有序的文化产业群，初步建立起以综合行政执法、社会监督、行业自律、技术监控为主要内容的文化市场监管体系,为"推动文化产业成为国民经济支柱性产业"的目标奠定了基础。《2010年中国文化产业发展报告》指出,未来10年将是我国文化产业发展的黄金时期。我国文化产业已经登上了国家战略性产业的位置,文化产业不仅在经济增长中所占比重有明显提升,而且为满足人们的精神文化需求提供了丰富的文化产品和文化服务。文化产业领域涌现出跻身全球文化市场的强势行业、旗舰型企业、龙头区域以及品牌化系列产品,大大提升了我国文化产业的国际影响力。

文化产业可能生产出不利于人的健康发展的产品,用"三俗"产品来迎合少数人的低层次需要来换取经济效益,但这不可能是长久的。因为从根本上说,文化产业的经济效益与其提供的产品的质量是一致的,高质量的文化产品一定会带来好的经济效益。而且社会主义制度为文化产业的发展提供了方向上的保障。社会主义制度为文化生产扬弃资本逻辑提供了前提。社会主义文明是建立在生产资料公有制基础上的文明。社会主义制度消灭了私有制,铲除了一切剥削现象赖以存在的根源,人类的一切生产活动都将摆脱资本的逻辑,文化生产将真正实现满足人的精神文化需求的生产目的。社会主义文明是物质文明和精神文明协调发展的文明,是以促进人的全面发展为特征的文明。社会主义制度在本质上坚持物质产品生产和文化产品生产均衡发展,使人们的物质产品需求和文化产品需求都得到满足,是人类文明史上真正和谐发展的社会。中国特色社会主义建设,坚持价值观引导、政府治理、文化法制和提高文化消费者素质等多种途径相互配合,在抑制和治理文化生产由于资本逻辑而带来的负面作用中探索出了一条走向成功的道路。

一方面,坚持社会主义先进文化的方向,引导社会主义文化生产坚持正确的价值取向。我国现在依然处于社会主义初级阶段,在多种经济成分并存的情况下,资本逻辑的负面效应带有一定的不可避免性。而文化产品具有鲜明的意识形态性,发挥着舆论宣传和导向作用,这就要求坚持用社会主义先进文化引导文化生产。对此,我们党有清醒的认识,在文化生产上始终强调先进文化的引领作用,始终强调坚持文化生产的一条恒定不变的原则——"把社会效益放在首位,努力实现经济效益与社会效益的统一",始终把满足人的精神文化需求作为文化生产的最终目的,努力处理好公益性文化事业与经营性文化产业的关系,做到既能满足人民群众的基本文化需求,又能兼顾人们的多样化、多层次、多方面的文化需求，注重"以人为本"的内涵和产业的全面、健康、协调发展。坚持资源保护优先原则、突出特色原则、市场取向与社会效益相一致等基本原则，消除了文化产业可持续发展的障碍，探索出了一条适合中国国情的中国特色社会主义文化发展道路和发展方式。在艺术创作中，始终强调坚持"二为"方向和"双百"方针，文化艺术领域既坚持了"弘扬主旋律"，坚持"以科学的理论武装人，以正确的舆论引导人，以高尚的精神塑造人，以优秀的作品鼓舞人"，在弘扬主旋律的同时坚决对不良现象进行揭露和批判，坚持正确的舆论导向，引导受众树立正确的价值观，同时又坚持"提倡多样化"，生产出许许多多基调健康向上、内容形式丰富多彩的优秀精神文化产品，满足人们日益多样化、多层次、多方面的文化需求，使城乡广大人民群众的精神文化生活得到极大地丰富。

另一方面，采取措施治理资本逻辑带来的负面效应，加强政策调控、管理机制、法律制度的建设和执行力度。这是文化生产超越资本局限的关键所在。要使文化生产坚持正确的发展方向，仅有宣传引导是不够的，必须有法律制度的保障，把文化经济政策上升为法律制度，进行文化立法。从新中国成立之日起，国家就开始制定有关文化的法律、行政法规和文化行政规章。特别是自改革开放以来，文化立法的研究得到加强，文化立法工作开始走上了制度化、规范化的轨道，建立了以宪法为核心，以文化立法为主要内容，横跨行政法、民法、商法、经济法、社会法、刑法和诉讼法等多部门多层次的文化法律体系。据不完全统计，自1949年中华人民共和国成立至今，我国已经制定了有关文化的法律、行政法规和文化行政规章400余件，其中包括《文物保护法》和《著作权法》等法律。此外，各地方的权力机关和行政机关根据各自地方的实际情况，制定了大量的执行国家法律、行政法规的地方性法规和规章。在演出、电影、广播、电视、出版等方面，国务院也制定了大量的行政法规，它们对保障公民享有的言论、出版、表达等民主权利具有重要作用。2010年的"文化企业30强"推荐评选中采取了"一票否决制"——参评企业如果不能很好地履行其社会责任，或是在经营过程中出现违法违规现象，则不能入选"文化企业30强"。可以说，在调整人们社会文化关系和文化事业管理的一些重要方面，初步做到了"有法可依"、"有章可循"。

在加强对网络等传播媒体的监督和管理方面,我国强化了对各种媒体的管理和监督,要求大众传媒要坚持正确的舆论导向,加强传媒职业道德建设和行业自律,建立积极向上的媒体形象。从1994年开始,我国相继出台了一系列规范网络舆论的法规,例如《互联网信息服务管理办法》《互联网站从事登载新闻业务管理暂行规定》等,使网络舆论监督失实、网络舆论监督侵权等现象得到了一定程度的遏制。当然,与千变万化的网络环境相比,我国的网络立法仍然显得滞后,应尽快制定一部舆论监督法,以使得监督工作有法可依,有法可循。针对极少数网民在网上散布各类谣言诽谤他人,一些所谓网络"大V"故意扩散谣言的行为,网络监管部门在全国范围内开展了集中打击和整治,有效地净化了网络环境,维护了网络媒体的公信力和正常传播秩序。同时,我国在提高全体社会成员的素质,特别是提高国人对文化现象的评判力和鉴赏力方面做了很多努力。人民群众是社会主义文化建设的主体,即文化创新的主体和文化传播的主体,提高他们辨别能力尤为重要。通过大力宣传社会主义核心价值观,特别是社会主义荣辱观,为人们明辨是非、判断善恶、区分美丑提供道德标准。同时,通过各种途径来提高国人艺术鉴赏能力和审美水平,通过这些正确的导向,来引导人民群众了解文化批评的标准。当广大人民群众的文化鉴别能力得到提高,各种不健康的文化就会自然失去市场。

三 文化生产力与人类文明的未来

关于人类的未来的描述,有过柏拉图设计的真、善、美相统一的"理想国";有过孔子的平等和睦、有序和谐的"大同世界";有过空想社会主义对未来的"乌托邦"设想。但科学预见人类未来的是马克思的共产主义。只有在那时,人类活动才完全由动物式的活动变成了真正的人的活动,人类才彻底从动物的生存条件进入真正的人的生存条件,人类文明才真正从"物质时代"进入到"精神时代"。

早在160多年前,马克思就对未来社会——共产主义社会进行了描述。在《共产主义原理》中,恩格斯说道:"由社会全体成员组成的共同联合体来共同地和有计划地利用生产力;把生产发展到能够满足所有人的需要的规模；结束牺牲一些人的利益来满足另一些人的需要的状况；彻底消灭阶级和阶级对立；通过消除旧的分工，通过产业教育、变换工种、所有人共同享受大家创造出来的福利，通过城乡融合，使社会全体成员的才能得到全面发展；——这就是废除私有制的主要结果。"①

在《共产党宣言》中，马克思恩格斯写道："代替那存在着阶级和阶级对立的资产阶级旧社会的，将是这样一个联合体，在那里，每个人的自由发展是一切人的自由发展的条件。"②

在《德意志意识形态》中，马克思恩格斯写道："在共产主义社会里，任何人都没有特殊的活动范围，而是都可以在任何部门内发展，社会调解着整个生产，因而使我有可能随自己的兴趣今天干这事，明天干那事，上午打猎，下午捕鱼，傍晚从事畜牧，晚饭后从事批判，这样就不会使我老是一个猎人、渔夫、牧人或批判者。"③

在《哥达纲领批判》中，马克思写道：在共产主义社会高级阶段，在迫使个人奴隶般地服从分工的情形已经消失，从而脑力劳动和体力劳动的对立随之消失之后；在劳动已经不仅仅是谋生的手段，而且本身成了生活的第一需要之后；在随着个人的全面发展，他们的生产力也增长起来，而集体财富的一切源泉都充分涌流后，——只有在那个时候，才能完全超出资产阶级权利的狭隘眼界，社会才能在自己的旗帜上写上：各尽所能，按需分配！④
"人在一定意义上才最终地脱离了动物界，从动物的生存条件进入真正人的生存条件。人们周围的、至今统治着人们的生活条件，现在受人们的支配和控制，人们第一次成为自然界的自觉的和真正的主人，因为他们已经成为自身的社会结合的主人了……至今一直统治着历史的客观的异己的力量，现在处于人们自己的控制之下了。只是从这时起，人们才完全自觉地自己创造自己的历史；只是从这时起，由人们使之起作用的社会原因才大部分并且越来越多地达到他们所预期的结果。这是人类从必然王国进入自由王国的

---

① 《马克思恩格斯选集》第1卷，人民出版社1995年版，第243页。
② 同上书，第294页。
③ 同上书，第85页。
④ 参见《马克思恩格斯选集》第3卷，人民出版社1995年版，第305、306页。

飞跃。"①

按照马克思和恩格斯的描绘,我们可以把共产主义社会的基本特征大体概括为以下几点:

第一,社会生产力的高度发展,社会产品极大丰富。共产主义社会将建立在极其发达的科学技术和无比雄厚的物质基础之上,人类改造自然的能力达到极高水平。生产力的巨大发展和劳动生产率的空前提高,使得物质财富充分涌流,整个社会和全体成员的物质和文化生活的需要能够得到最充分的满足。

第二,社会成员共同占有生产资料,实行"各尽所能、按需分配"的原则。在共产主义社会,人民群众是全部生产资料的主人,并共同享有劳动成果。整个社会只需要用一部分时间就能够生产出社会全体成员所需要的生活资料。社会产品的极大丰富,使劳动不再是谋生的手段,而成为生活的第一需要,成为人们全面发展自己才能的机会。到那时,消费品的分配已不需要以劳动为尺度,而是实行"各尽所能、按需分配"的原则。

第三,社会具有高度的精神文明,全体社会成员具有高度的共产主义思想觉悟和道德品质,这是共产主义所具有的精神特征。在共产主义社会,人们能够自愿地全心全意为整个人类服务,为社会造福,自觉地维护公共秩序和遵守社会公德。人们不仅能够充分享受自己创造的物质文明成果,而且还能充分享受自己创造的高度的精神文明成果,从而真正实现普遍满足和社会的完全平等。

第四,社会成员都成为体力和智力全面发展的新人。随着社会的全面进步和每个成员科学文化水平的提高,劳动者的体力和智力都得到全面发展,成为既能从事体力劳动,又能从事脑力劳动的全面发展的共产主义新人。那时人将会获得全面而自由的发展,人的个性将得到真正的解放,"每个人的自由发展是一切人的自由发展的条件"。

第五,国家将"自行消亡"。到共产主义社会,一切阶级差别和阶级对立将彻底消灭,国家将真正成为整个社会的代表,它对社会关系的干预将先后在各个领域中成为多余的事情而自行停止下来,对人的统治将由对物的管

---

① 参见《马克思恩格斯选集》第3卷,人民出版社1995年版,第633—634页。

理和对生产过程的管理所代替，国家不是被废除的，而是自行消亡的。国家的自行消亡，并不是管理公共事务的机构的取消，某些同现代国家管理职能相类似的社会职能还会保留下来。

这些特征只是大致的预见，而不是对未来社会的具体规定。这些基本特征表明，共产主义社会是人类社会发展史上迄今所能预见的最高的历史阶段。共产主义社会仅仅靠物质生产的极大丰富是不够的，还必须有社会的发展和人自身的发展，才称得上文明。文明是通过两个标志显示出来的："社会活动的发展和个人活动的发展，社会的进步和人性的进步。哪个地方人的外部条件扩展了、活跃了、改善了，哪个地方人的内在天性显得光彩夺目、雄伟壮丽。只要看到这两个标志，虽然社会状况还很不完善，人类就大声鼓掌宣告文明的到来。"① 只有当每个人都成为智力和体力全面发展的人时，只有当每个人的精神境界都极大提高、成为具有极高的道德品质觉悟的人时，只有实现了每个人的自由而全面发展时，才是真正的共产主义。就是实现了马克思恩格斯所说的：我们这个世界面临的两大变革，即人同自然的和解及人同本身的和解。②

真正的人的活动，是为满足精神性需要而进行的。与物质的活动相比，人的精神的活动更符合人的本性，是人的本真意义上的活动，真正的人的活动。③ 精神文化的创造是人的本质力量的最高层次，是彻底摆脱动物性的标志，是人的自由自觉的最高实现。因此，人的"精神文化活动"，将成为人类未来时代的一个重要实践活动，将成为人的"第一需要"。在未来社会，由于社会成员的基本物质生活资料不需以强制劳动为代价来换取，人们从基本物质生活资料的谋求中解放出来，普遍的以物质来决定的关系为精神所决定的关系所取代。精神文化生产已经彻底摆脱了"资本"的纠缠，成为"非经济意义的实践活动"。未来的社会必然以审美的精神生产去促进人的全面性的实现。这种活动既是具有高度独立性的个体的活动，又是一个具有共同利益的类的活动。由于物质需要的主导地位转变为精神需要占主导地

---

① ［法］基佐：《法国文明史》，沅芷、伊信译，商务印书馆1998年版，第11页。
② 《马克思恩格斯全集》第1卷，人民出版社1960年版，第603页。
③ 王天恩：《人类社会：物质时代和精神时代》，《江西师范大学学报》（哲学社会科学版）1994年第4期。

位，人们的生活目的和价值观等，也不再带有物质生活的压迫和限制的痕迹，而将以精神活动本身的目的为目的，以精神活动本身的价值为价值标准。就连婚姻生活（在恩格斯那里所描述过的），也不会由经济等婚姻以外的目的所决定，而是真正以爱情为标准。在自由人的联合体中，人类将达到人性的完整统一，人类活动的全部意义——人自身的解放和发展得到了实现。

  文化生产是我们通向共产主义不可绕开的必经之路。文化生产作为社会生产系统的一个重要因素，是推动社会生产发展、推动社会文明进步、推动人的全面发展、推动人类社会由必然走向自由的基本动力之一。"文化生产"体现的是人的精神文化需求与满足这种需求的生产之间的关系。文化生产的成果就是人的精神文化需求同满足这种需求的客观属性的特定方面的"交接点"，当这些"交接点"在人类的不断进步中延展为"交接面"时，共产主义的实现才有可能。[①]

  人类文明的进步可以表现在社会的各个层面，但人类文明的核心及目标指向应是人自身的发展，衡量人类文明进步的尺度应是人自身的发展程度和生存状态。人的自由而全面发展是根本意义上和更深层意义上的解放，是一个经历更长的人类历史发展过程才能完成的伟大事业。只有在物质生产力极大发展奠定的物质基础上，在社会主义制度下，通过大力发展文化生产力，创造和生产出先进的精神文化产品，才能塑造出具有渊博的知识、高尚的道德情操、多才多艺的新人，才能使人的认知才能、抒情才能、审美才能等得到充分展示，使人的自由个性、兴趣爱好、创造力等得到充分发展。马克思曾经预见的"每一个有拉斐尔的才能的人都应当有不受阻碍的发展的可能"[②]才能变为现实。在未来社会中，"一个个人既是园艺师、诗人、建筑师，同时又是提琴手、猎人，或者从事其他社会职业；可以上午打猎、下午捕鱼，傍晚从事畜牧，晚饭后从事批判"的美好梦想才能变为现实。

  共产主义不是乌托邦。作为一种制度，它还很遥远；作为一种实践运

---

  ① 参见李文成《追寻精神的家园——人类精神生产活动研究》，北京师范大学出版社 2007 年版，第 527 页。

  ② 《马克思恩格斯全集》第 3 卷，人民出版社 1960 年版，第 458—459 页。

动，它就在我们脚下，人类文明每前进一步都是在向共产主义迈进。共产主义是中国共产党的理想、信念和奋斗目标，中国共产党领导的中国特色社会主义，是科学社会主义在中国的创造性运用和发展，它一头连着当代中国，一头连着共产主义。共产主义的实质是社会生产力（物质生产力与文化生产力及其融合）高度发达的社会形态。大力发展物质生产力与文化生产力是中国特色社会主义建设的方向。新中国成立以后，特别是改革开放以来，在中国共产党的领导下，中国社会取得了物质生产与精神文化生产的巨大成就。进入21世纪以来，中国共产党的领导集体先后提出了"三个代表"重要思想、以人为本的科学发展观、实现中华民族伟大复兴的中国梦等一系列重大理论，都是我们在通往共产主义的道路上取得的思想文化的辉煌成果。当然，由于我国社会主义初级阶段还存在市场经济，资本的逻辑难免使精神文化生产本身出现异化现象，但社会主义制度为克服异化提供了保障。通过大力发展物质生产和文化生产，社会主义制度必将为人的自觉能动性和创造性的充分发挥提供广阔的舞台，为人的自由而全面发展提供有利条件，为最终实现共产主义理想创造条件。

参考文献

经典著作

1. 《马克思恩格斯选集》第1—4卷，人民出版社1995年版。
2. 《马克思恩格斯全集》第3卷，人民出版社1960年版。
3. 《马克思恩格斯全集》第23卷，人民出版社1972年版。
4. 《马克思恩格斯全集》第26卷，人民出版社1972年版。
5. 《马克思恩格斯全集》第39卷，人民出版社1974年版。
6. 《马克思恩格斯全集》第42卷，人民出版社1979年版。
7. 《马克思恩格斯全集》第46卷（上、下册），人民出版社1979—1980年版。

汉译著作

8. ［苏］M. B. 沙洛特科夫主编：《非生产领域经济学》，上海译文出版社1985年版。
9. ［日］福泽谕吉：《文明论概略》，北京编译社译，商务印书馆1959年版。
10. ［日］堺屋太一：《知识价值革命》，黄晓勇等译，生活·读书·新知三联书店1978年版。
11. ［日］名和太郎：《经济与文化》，高增杰等译，中国经济出版社1987年版。
12. ［日］日下公人：《新文化产业论》，范作申译，东方出版社1989年版。

13. ［日］岸根卓郎：《文明论——文明兴衰的法则》，王冠明等译，北京大学出版社 1992 年版。
14. ［美］阿尔温·托夫勒：《第三次浪潮》，朱志焱等译，上海三联书店 1984 年版。
15. ［美］丹尼·尔贝尔：《后工业社会的来临》，高铦译，新华出版社 1997 年版。
16. ［美］约翰·奈斯比特：《大趋势》，梅艳译，社会科学文献出版社 1984 年版。
17. ［美］约翰·托夫勒：《第四次浪潮》，华龄出版社 1996 年版。
18. ［美］托尔斯坦·本德·凡勃伦：《有闲阶级论》，蔡受百译，商务印书馆 1997 年版。
19. ［美］萨缪尔·亨廷顿：《文明的冲突与世界秩序的重建》，周琪等译，新华出版社 1998 年版。
20. ［美］托马斯·古德尔、杰弗瑞·戈比：《人类思想史中的休闲》，成素梅、马惠娣等译，云南人民出版社 2000 年版。
21. ［美］戴安娜·克兰：《文化生产：媒体与都市艺术》，赵国新译，凤凰出版集团、译林出版社 2001 年版。
22. ［美］威廉·麦克高希：《世界文明史——观察世界的新视角》，董建中等译，新华出版社 2003 年版。
23. ［德］卡西尔：《人论》，甘阳译，上海译文出版社 1985 年版。
24. ［英］西莉亚·卢瑞：《消费文化》，张萍译，南京大学出版社 2003 年版。
25. ［英］阿诺尔德·汤因比：《历史研究》，石础缩译，上海人民出版社 1989 年版。
26. ［奥地利］维特根斯坦：《逻辑哲学导论》，贺绍甲译，商务印书馆 2002 年版。
27. ［澳大利亚］戴维·思罗斯比：《经济学与文化》，王志标等译，中国人民大学出版社 2011 年版。

产业报告

28. 江蓝生、谢绳武：《2001—2002 年：中国文化产业报告》，社会科学文献出版社 2002 年版。
29. 张晓明、胡惠林、章建刚：《2004 年中国文化产业发展报告》，社会科学文献出版社 2004 年版。
30. 张晓明、胡惠林、章建刚：《2005 年中国文化产业发展报告》，社会科学文献出版社 2005 年版。
31. 张晓明、胡惠林、章建刚：《2009 年中国文化产业发展报告》，社会科学文献出版社 2009 年版。
32. 张晓明、胡惠林、章建刚：《2010 年中国文化产业发展报告》，社会科学文献出版社 2010 年版。
33. 王亚南：《中国文化消费需求景气评价报告（2011）》，社会科学文献出版社 2011 年版。
34. 周伟：《媒体前沿报告》，光明日报出版社 2002 年版。
35. 王永章：《中国文化产业典型案例选编》，北京出版社 2003 年版。
36. 叶取源等：《中国文化产业评论》（第一卷），上海人民出版社 2003 年版。
37. 叶取源等：《中国文化产业评论》（第二卷），上海人民出版社 2004 年版。
38. 向勇：《北大文化产业前沿报告》，群言出版社 2004 年版。
39. 林拓等：《世界文化产业发展前沿报告》，社会科学文献出版社 2004 年版。

学术著作

40. 熊映梧：《生产力经济学》，黑龙江人民出版社 1987 年版。
41. 文辉壁等：《精神生产力经济学导论》，云南人民出版社 1992 年版。
42. 张忠华、杨镜江：《精神生产论》，北京燕山出版社 1992 年版。

43. 焦永夫、孟晓驷：《文化市场学》，上海交通大学出版社 1992 年版。
44. 秦朔：《大脑风暴——文化工业探寻》，广州出版社 1993 年版。
45. 程恩富：《文化经济学》，中国经济出版社 1993 年版。
46. 陈筠泉、刘奔：《哲学与文化》，社会科学文献出版社 1995 年版。
47. 杨金海：《人的存在论》，广西人民出版社 1995 年版。
48. 赵剑英：《哲学的力量》，中国社会科学出版社 1997 年版。
49. 于中涛、周庆华等：《智力和自然力：两个重要的生产力范畴》，天津人民出版社 1997 年版。
50. 辛向阳、王鸿春：《文明的祈盼——影响人类的十大文明理论》，江西人民出版社 1998 年版。
51. 李成文：《论精神生产——对人类精神生产奥秘的反思》，河南人民出版社 1998 年版。
52. 刘安刚：《意义哲学论纲》，中央编译出版社 1998 年版。
53. 薛永应、王恒富：《"文化生产力"的崛起》，人民出版社 1998 年版。
54. 胡惠林：《文化经济学》，上海交通大学出版社 1998 年版。
55. 黄顺基：《走向知识经济时代》，中国人民大学出版社 1998 年版。
56. 吴季松：《21 世纪社会的趋势：知识经济》，科学技术出版社 1998 年版。
57. 陈志良：《数字化潮、数字化与人类未来》，科学普及出版社 1999 年版。
58. 陈筠泉、李景源：《新世纪的文化走向》，社会科学文献出版社 1999 年版。
59. 周伟林：《障碍与动力——文化经济学研究》，上海文化出版社 1999 年版。
60. 李向民：《精神经济》，新华出版社 1999 年版。
61. 李成文：《精神的让度：论精神商品及其生产》，河南大学出版社 2000 年版。
62. 衣俊卿：《回归生活世界的文化哲学》，黑龙江人民出版社 2000 年版。
63. 晏良剑：《软劳动与智能文明》，中国经济出版社 2000 年版。
64. 洪晓楠：《文化哲学简论》，上海三联书店 2000 年版。
65. 陆杨、王毅：《大众文化与传媒》，上海三联书店 2000 年版。
66. 吴江：《知识创新运行论》，新华出版社 2000 年版。

67. 王宁：《消费社会学》，社会科学文献出版社 2001 年版。
68. 王博伦：《财富与精神》，广东人民出版社 2001 年版。
69. 鲍宗豪：《网络与当代社会文化》，上海三联书店 2001 年版。
70. 柯可：《文化产业论》，广东经济出版社 2001 年版。
71. 陈筠泉等：《科学技术革命与当代社会》，人民出版社 2001 年版。
72. 胡萧：《文化的形上之思》，湖南美术出版社 2002 年版。
73. 黄力之：《先进文化论》，上海三联书店 2002 年版。
74. 谢名家：《文化产业的时代审视》，人民出版社 2002 年版。
75. 花建：《产业界面上的文化之舞》，上海人民出版社 2002 年版。
76. 孟海贵：《中国当代生产力研究》，环境科学出版社 2002 年版。
77. 张忠华：《精神劳动与精神生产论》，经济科学出版社 2002 年版。
78. 周浩然、李启荣：《文化国力论》，辽宁人民出版社 2002 年版。
79. 王国征：《新生产力论》，人民出版社 2003 年版。
80. 焦兴国：《产业塔论》，经济科学出版社 2003 年版。
81. 吴楚明：《文明论纲》，内蒙古大学出版社 2003 年版。
82. 鲍宗豪：《数字化与人文精神》，上海三联书店 2003 年版。
83. 朱效梅：《大众文化研究》，清华大学出版社 2003 年版。
84. 衣俊卿等：《20 世纪的文化批判》，中央编译出版社 2003 年版。
85. 李仲广、卢昌崇：《基础休闲学》，社会科学文献出版社 2004 年版。
86. 叶南客：《中国文化：先进文化的建设与创新》，南京大学出版社 2004 年版。
87. 仰海峰：《走向后马克思：从生产之镜到符号之镜》，中央编译出版社 2004 年版。
88. 景仲强：《马克思精神生产理论研究》，社会科学文献出版社 2004 年版。
89. 赵玉中：《文化市场概论》，中国世代经济出版社 2004 年版。
90. 马炜、陈庆德：《民族文化资本化》，人民出版社 2004 年版。
91. 高汝熹、张洁：《知识服务业》，上海交通大学出版社 2004 年版。
92. 于光远：《论普遍有闲的社会》，中国经济出版社 2005 年版。
93. 陈鲁直：《民闲论》，中国经济出版社 2005 年版。
94. 张景安、马惠娣：《中国公众休闲状况调查》，中国经济出版社 2005

年版。
95. 马惠娣：《休闲：人类美丽的精神家园》，中国经济出版社 2005 年版。
96. 马惠娣：《走向人文关怀的休闲经济》，中国经济出版社 2005 年版。
97. 赵子忠：《内容产业论》，中国传媒大学出版社 2005 年版。
98. 何怀远：《发展观的价值维度："生产主义"的批判与超越》，社会科学文献出版社 2005 年版。
99. 李文成：《追寻精神的家园——人类精神生产活动研究》，北京师范大学出版社 2007 年版。
100. 贾春峰：《贾春峰说文化力》，中国经济出版社 2007 年版。
101. 张涵、张宇：《新人间美学》，中国青年出版社 2008 年版。
102. 邹广文：《科学发展观与中国文化产业实践》，中央编译出版社 2009 年版。
103. 张明：《现代化与人和自然的矛盾》，知识产权出版社 2009 年版。

学术论文

104. 晓亮：《生产力是物质的而不是精神的》，《学术月刊》1982 年第 8 期。
105. 张黎：《关于"接受美学"的笔记》，《文学评论》1983 年第 6 期。
106. 王家庠：《加速度发展规律》，《南京理工大学学报》（自然科学版）1983 年第 8 期。
107. 齐大卫：《从接受美学谈文艺欣赏》，《北京师范大学学报》（社会科学版）1987 年第 3 期。
108. 唐昌黎：《产品论》，《社会科学战线》1992 年第 1 期。
109. 王名、顾元珍：《关于时代划分的七大标准》，《北京社会科学》1992 年第 1 期。
110. 陈明承：《论物质生产力、精神生产力和人才生产力》，《经济社会》1992 年第 4 期。
111. 王天恩：《人类社会：物质时代和精神时代》，《江西师范大学学报》（哲学社会科学版）1994 年第 4 期。
112. 段若非：《论精神生产力》，《新长征》1994 年第 8 期。

113. 程恩富：《文化经济学的崛起》，《人民日报》1995 年 1 月 4 日第 11 版。

114. 孙梅生：《试论人的文明进步本质》，《理论学刊》1996 年第 4 期。

115. 苏毅然：《社会发展的加速度趋势》，《北京电子科技学院学报》1998 年第 1 期。

116. 刘笑平、雷定安：《论唯物质主义》，《西北师大学报》（社会科学版）1998 年第 1 期。

117. 覃明兴：《社会发展加速递增趋势探析》，《浙江社会科学》1999 年第 1 期。

118. 于光远、马惠娣：《文化视野中的旅游问题对话》，《清华大学学报》（哲学社会科学版）2002 年第 1 期。

119. 刘忠世：《关于马克思的"人类社会的史前时期"》，《现代哲学》2000 年第 3 期。

120. 马惠娣：《21 世纪与休闲经济、休闲产业、休闲文化》，《自然辩证法研究》2001 年第 1 期。

121. 王德伟：《休闲与休闲产品》，《自然辩证法研究》2001 年第 5 期。

122. 王霁：《当代马克思主义的新境界：确立先进生产力至尊地位》，《教学与研究》2002 年第 2 期。

123. 王霁：《树立科学的先进生产力观》，《中国人民大学学报》2002 年第 4 期。

124. 金元浦：《文化产业与文化生产力》，《求是》2002 年第 20 期。

125. 张景荣、杜鸿林：《论文化的力量》，《天津社会科学》2003 年第 2 期。

126. 韩庆祥：《人的全面发展理论及其当代意义》，《科学社会主义》2004 年第 1 期。

127. 温珍奎：《文明概念新论》，《重庆邮电学院学报》（社会科学版）2004 年第 4 期。

128. 杨海蛟、王琦：《论文明与文化》，《学习与探索》2006 年第 1 期。

129. 荣跃明：《马克思哲学视域中的文化生产》，《毛泽东邓小平理论研究》2007 年第 1 期。

130. 陈曙光：《关于"以人为本"的形上之思》，《哲学研究》2009 年第 3 期。

131. 张永红：《前资本主义社会的劳动休闲关系》，《内蒙古师范大学学报》（哲学社会科学版）2010 年第 2 期。
132. 于光远：《论普遍有闲的社会》，《自然辩证法研究》2002 年第 1 期。
133. 马惠娣、成素梅：《关于自由时间的理性思考》，《自然辩证法研究》1999 年第 1 期。
134. 吴元梁：《当代科技革命与马克思社会形态理论》，《河北学刊》2004 年第 1 期。
135. 巫继学：《人本经济学：以人为本的政治经济学诠释》，《中州学刊》2004 年第 5 期。
136. 靳志高：《如何把握以人为本中"人"的深刻内涵》，《理论学刊》2005 年第 1 期。
137. 曲岩：《文化生产力内涵、本质及其特征》，《学术交流》2005 年第 8 期。
138. 靳国军、李新梅：《试论物质利益与精神利益的关系》，《辽宁省社会主义学院学报》2006 年第 5 期。
139. 张高臣：《资本"培养社会人的一切属性"及当代意义》，《山东经济战略研究》2007 年第 8 期。
140. 程恩富、顾钰民：《文化经济学：推动文化大发展大繁荣的新兴学科》，《光明日报》2008 年 2 月 19 日第 1 版。
141. 张建云：《和谐始于内心——超越身内自然性》，《求实》2008 年第 3 期。
142. 田心铭：《论"以人为本"》，《马克思主义研究》2008 年第 8 期。
143. 赵宝军：《文化价值论的人本视阈》，《西南科技大学学报》（哲学社会科学版）2009 年第 4 期。
144. 黄力之：《马克思精神生产理论中的文化价值问题》，《上海师范大学学报》（哲学社会科学版）2009 年第 3 期。
145. 陆昱：《从精神生产到精神经济——马克思主义精神生产理论及其现代启示》，《福建论坛》（社科教育版）2009 年第 10 期。
146. 李原、李朝霞：《物质主义价值观的内在心理机制探讨》，《哈尔滨工业大学学报》（社会科学版）2012 年第 6 期。

147. 任剑涛：《全球危机、生活风格与人类自救》，《中国人民大学学报》2013 年第 1 期。
148. 李春华：《"文化生产力"：一个经济与文化互动发展的当代范畴》，《生产力研究》2005 年第 4 期。
149. 李春华：《丰富和发展马克思主义哲学的新视角——从唯物史观的视角审视文化生产力》，《理论导刊》2008 年第 10 期。
150. 李春华：《"文化生产力"：马克思人的发展理论的丰富与发展》，《学术论坛》2008 年第 10 期。
151. 李春华：《有关文化创新的几个问题》，《理论探索》2011 年第 4 期。
152. 李春华：《发展文化生产应坚持正确的价值取向》，《理论学刊》2012 年第 1 期。

学术索引

A

阿伯克龙比　41
阿多诺　9,10
阿尔温·托夫勒　11,59,116,125,126,182,233
阿格妮丝·赫勒　110
阿奇·卡罗尔　209
爱德华·艾比　156
爱德华·吉本　106
爱德华·泰勒　30
奥尔多·利奥波德　156

B

拜物教　38,145
彼得·德鲁克　48,184
辩证法　15,51,109,125,130,132,166,184,185,187,188,191,211,238,239
波拉特　55
创意产业　34,93

C

C. T. 斯特鲁米林　129
存在主义　45,155

D

大生产力观　16,27
大文化　7,14,16,28,29,31,96,211,234,242
大烟囱经济　59
大众文化　9,10,14,40,212,215,219,220,235,236
丹尼尔·贝尔　11,116
道德革命　209
狄德罗　103
第二次浪潮　11,123,126
第四次浪潮　116,233
第一次浪潮　123,126
第一代文明　115
多罗西·佩特根　50

E

厄尼斯特·曼德尔　169
恩格尔系数　46,47,49,82,87,183
恩格斯　3,7,8,21,24,32,33,36,46,
　　47,49,50,52,53,57,66,108－111,
　　113－115,117－119,125,127,130,
　　140,143,144,148,159－164,168,169,
　　176,178,179,182,184,191－194,197,
　　202,203,206,210,213,217,218,221,
　　226－230,232
二分法　102,120,121
二形态说　1,113,117,119,120

F

凡勃伦　50,166,167,190,233
泛文化　5,33,60,168
费瑟斯通　41
弗格森　106
弗朗索瓦·佩鲁　170,171
弗洛伊德　107
符号学　39,40
福泽谕吉　232
傅立叶　105

G

高兹　212
格雷厄姆·T.T.莫利托　184

工业革命　46,48,51,126,130,136,
　　137,148,149
雇佣劳动　114,118,166,176,181,182,222

H

海德格尔　45
赫伯特·L.梅伊　50
亨米切尔·J.沃尔夫　173
亨廷顿　102,105,151,233
后工业化　11
后工业社会　116,129,233
霍布斯　105,106
霍尔巴赫　106
霍克海默　9,10

J

加尔布雷斯　170
伽利略·伽利莱　132
加速力　134,138
价值规律　61,62
价值溢出效应　210
假日经济　184,186
接受美学　206,207,210,211,214,237
杰弗瑞·戈比　144,146,167,184,185,
　　189,233
精神生产力　234,237
精神时代　1－3,8,102,113,120－124,
　　139,157,160－162,165,168,175,197,
　　200－202,226,229,237

K

K产品　59
K因素　59
科林·克拉克　54
孔颖达　103

L

冷战　151
理性主义　145,149
梁启超　103
卢米埃尔兄弟　63
卢梭　105,106
罗兰·巴特　40,167,190
罗素　105
逻各斯中心主义　145

M

马尔库塞　105,212
马克斯·韦伯　12
马斯洛　212
米切尔·J.沃尔夫　70
民生主义　104
摩尔根　102,106,107,109,113,115

N

能指　40

诺亚方舟　2

O

欧文　105

P

配第—克拉克定理　54
蒲鲁东　118

Q

亲属文明　115
全球金融危机　2

R

人本位　2,168
人本性　45
人的独立　115,117-119,128,193
人的社会性　182,183,192
人的生产　35,36,117,118,164,170,171,197
人的依赖　115,117-119,128,195
人类中心主义　148,160
日下公人　95,96,173,232

S

三网融合　68-70,91

三形态说　117-120
莎士比亚　143,147,156
社会发展加速度　128
生产理论　32,175,236,239
生产力形态　1,8,17-19,37,38
生产主义　2,157,169,170,237
生存技术　102
圣西门　105
实物商品　142
史前时期　1,119-123,238
视觉革命　63
斯宾格勒　105,107,115
所指　21,40,171,179,197,221
索绪尔　40

T

汤因比　102,106,107,115,233
托夫勒　11,102,116,125,200,233
脱物化　46-48

W

唯发展主义　156
唯物史观　1,7,8,23,27,46,102,108,109,114,120,126,128,130,146,157,159,201,218,240
维科　115
文化工业　9,10,235
文化软实力　95,96,99-101,223
文化生产力　1-10,13,16,17,19,22,23,26-28,31,33-35,37,38,41,42,44,46,49,56,60-62,65-67,72,76-80,82,83,90,95-100,168,172,173,177,178,183-187,191,196,197,200,201,205,207,209,217,219,220,222,223,226,230,231,235,238-241
文化形态学　115
文明冲突论　151
文明形态史观　106,115
文艺复兴　103,130,136
五形态说　117-120
五种社会形态　114,118,119
物—符号　40
物本经济学　146
物本位　2,122,168
物的依赖　115,117-119,128,182,183,195
物质时代　1-3,8,102,113,120-124,139-144,146,148,151,153,154,157,158,160,162,168,169,200-202,221,226,229,237
物质主义　2,122,132,139,144-148,153,156,157,201,207,238,239

X

西学东渐　104
小文化　30,31,91
心性文明　104
辛亥革命　104
新媒体　69,70,81

休闲产业　34,35,44,178,184,185,
　　187,216,238
休闲学　50,51,166,185,236
徐复观　2
循环模式　206

Y

亚当·斯密　35,143,146
亚里士多德　50,132,171,180,190
以人为本　6,44,122-124,140,146,
　　157-165,178,212,225,231,238,239
异化　10,45,117,144,153,160,172,
　　183,195,212,213,231
有闲劳动　180,181

娱乐经济　70,72,116
约翰·凯恩斯　213
约翰·托夫勒　116,233
约瑟夫·奈　99

Z

知识经济　10,12,34,44,166,183,
　　184,235
自反性　2
自然物本主义　147
自由人联合体　119
自由时间　49,111,112,178,182,184,
　　196,204,239

后　记

本书是在我主持的国家社会科学基金项目最终成果《文化生产力：实现人类文明转换的一种直接现实力量》的基础上修改而成。

在本书即将交付之际，一种复杂的心情萦绕在心中。回顾这一课题的研究过程，那些美好而难忘的故事，将永远留在我的记忆中……几年来，我仿佛在深深的海洋里遨游，我看到了美妙的海底世界，享受到了遨游海洋带给我的快乐；但更多的时候是品尝探寻与思考中的苦涩……最后，我还是乘着一叶小舟回到了岸上。我拾到的贝壳也许并不闪光，但它毕竟凝结着我的心血，希冀着它能够抛砖引玉、有所作为。

在此，我要感谢那些在课题研究过程中，给予我指导和帮助的人们！

首先要感谢我的博士导师中国人民大学哲学院王霁教授。正是在导师的指导下，我才选择了研究"文化生产力"问题。因为我硕士期间在黑龙江大学师从丁立群教授，研究的是文化哲学。进入中国人民大学师从王霁教授研究当代马克思主义哲学。在论文的选题上，导师始终强调两点：一是要有问题意识，即这篇论文究竟要解决什么问题；二是要解决的问题一定是当代中国社会发展中的重大问题。在导师的指导下，我将自己原来的文化哲学研究与当代中国社会发展的重大问题——生产力问题结合起来，将论文的视阈定在了"文化与生产力"的关系上。导师严谨的治学态度、把握问题的敏锐性、对问题理解的深刻性、强烈的责任心和敬业精神，都给我以深刻的影响，尤其是高屋建瓴、鞭辟入里的指导和教诲，让我终身受益。

研究之初我曾遇到困难，这不仅有来自客观的原因，更主要的还是来自主观方面的障碍。因为文化生产力问题更多地涉及经济学领域，这与我原来的研究领域相距较远，更与我的理想主义情怀相矛盾。因为抱有理想主义的我，对文化的商品化天然地反感和排斥。在我看来，精神文化成果是无价的，是无法用金钱来衡量的。把文化商品化是对文化的贬低甚至是一种亵渎。然而，不可抗拒的历史的潮流总是无情地冲击一切陈旧观念，埋葬那些孤芳自赏、自欺欺人的挽歌！

感谢中国社会科学院马克思主义研究学部主任、马克思主义研究院原院长程恩富教授。我来中国社会科学院马克思主义研究院面试的那天，面前坐着好几位专家。其中有一位专家对我说："你的博士论文引用程恩富的《文化经济学》，我就是程恩富。"当时我又惊讶又紧张。程老师是我国最早开展文化经济学研究并取得重要成果的著名专家学者。20世纪90年代他主编的《文化经济学》是我国第一部全面系统地探讨社会主义"大文化"经济理论与实践问题的专著，开辟了我国经济学研究的新领域。来到社科院工作以后，我继续研究这个问题，得到了程老师的支持和指导。程老师以其超前的视野、深刻的见解、独特的观点，给了我许多非常有意义的建议。

感谢天津社会科学院的张景荣研究员。在研究期间，我经常向张老师请教问题，得到了张老师非常有价值的指导。张老师不仅在从"概念严谨、逻辑自洽、思路清晰"等整体上提出建议，而且对我初稿的每一章都仔细阅读，然后提出具体的修改意见。他的认真、热心和耐心，深深感动和激励着我。

感谢我的大学同窗好友青岛大学人文历史学院的蔡晓红、博士同学中国人民大学哲学院的王金会、我的研究生中国社会科学院研究生院朱亚洲和天津工业大学人文学院的彭浒，在研究期间给予的支持和帮助。

我还要特别感谢在大洋彼岸留学的我亲爱的儿子！他天资聪慧，后天勤奋，在学数学的爸爸和学哲学的妈妈的影响下，可谓是"贯通中西、熟悉古今和融合文理"。当我遇到问题时，总是第一个向他提问，并经常和他讨论，他的一些想法给了我很多启发。感谢我的儿子，他是我一生的骄傲！愿他在那里学业有成，健康快乐！

辛勤耕耘，天道酬勤。研究之路漫漫，虽有山重水复疑无路的困惑，但更多的是柳暗花明又一村的喜悦。在研究期间，我共发表了13篇论文，其中被《新华文摘》辑刊目录收入、《马克思主义文摘》转摘和被中国人民大学报刊复印资料全文转载的共有7篇，多篇被重要网络媒体全文转载，最终以良好的成绩完成课题的研究。当然，任何学术研究都不可能毕其功于一役，追求真理的道路永无止境——这不是在为自己研究中的不足寻找借口，而是对自己的一种激励和期望。

最后，我要向书中所借鉴的研究成果的作者表示深深的敬意！向给予我批评指正的专家们表示诚挚的谢意！对中国社会科学出版社马克思主义理论出版中心田文主任的认真负责和编辑校对李莉的辛勤劳动表示真诚的感谢！祝愿我的老师、同志、亲人们永远健康幸福！

李春华

2016 年春·北京·东亚瑞晶

图书在版编目(CIP)数据

文化生产力与人类文明的跃迁/李春华著.—北京：中国社会科学出版社，2016.3

（国家哲学社会科学成果文库）

ISBN 978-7-5161-7655-9

Ⅰ.①文… Ⅱ.①李… Ⅲ.①文化—关系—生产力—研究 Ⅳ.①G05

中国版本图书馆 CIP 数据核字（2016）第 030933 号

出 版 人	赵剑英
责任编辑	田　文
特约编辑	周慧敏
责任校对	李　莉
责任印制	戴　宽

出　　版	中国社会科学出版社
社　　址	北京鼓楼西大街甲 158 号
邮　　编	100720
网　　址	http://www.csspw.cn
发 行 部	010-84083685
门 市 部	010-84029450
经　　销	新华书店及其他书店
印刷装订	环球东方（北京）印务有限公司
版　　次	2016 年 3 月第 1 版
印　　次	2016 年 3 月第 1 次印刷
开　　本	710×1000　1/16
印　　张	16.25
字　　数	268 千字
定　　价	68.00 元

凡购买中国社会科学出版社图书，如有质量问题请与本社营销中心联系调换
电话：010-84083683
版权所有　侵权必究